Jürgen Wolf

Einführung in das Werk Hartmanns von Aue

Einführungen Germanistik

Herausgegeben von
Gunter E. Grimm und Klaus-Michael Bogdal

Jürgen Wolf

Einführung in das Werk Hartmanns von Aue

Die Deutsche Nationalbibliothek verzeichnet diese Publikation
in der Deutschen Nationalbibliografie;
detaillierte bibliografische Daten sind im Internet über
http://www.dnb.d-nb.de abrufbar.

Das Werk ist in allen seinen Teilen urheberrechtlich geschützt.
Jede Verwertung ist ohne Zustimmung des Verlags unzulässig.
Das gilt insbesondere für Vervielfältigungen,
Übersetzungen, Mikroverfilmungen und die Einspeicherung in
und Verarbeitung durch elektronische Systeme.

© 2007 by WGB (Wissenschaftliche Buchgesellschaft), Darmstadt
Die Herausgabe dieses Werkes wurde durch
die Vereinsmitglieder der WBG ermöglicht.
Satz: Lichtsatz Michael Glaese GmbH, Hemsbach
Einbandgestaltung: schreiberVIS, Seeheim
Gedruckt auf säurefreiem und alterungsbeständigem Papier
Printed in Germany

Besuchen Sie uns im Internet: www.wbg-darmstadt.de

ISBN 978-3-534-19079-9

Inhalt

I.	Epoche und Literatur	7
	1. Literaturtransfer – Internationale Hofkultur	10
	2. Höfische Sprache und Hofkultur	12
	3. Geistliche und weltliche Fundamente von Hof- und Ritterkultur	13
	4. Aufführungssituation	14
	5. Bildzeugnisse	15
II.	Forschungsbericht	21
	1. Die Anfänge der Hartmann-Forschung	21
	2. Hartmann-Forschung im 20. Jahrhundert	22
	3. Blütezeit und Klassikerideal – Forschungstopos oder Realität?	24
	4. Forschungsschwerpunkte	26
III.	Der Autor und sein Werk	31
	1. Biografiefragmente: facta oder ficta?	31
	2. Mäzene – Hartmann im Kontext	35
IV.	Artusepen	42
	1. König Artus und die Tafelrunde als gesamteuropäisches Phänomen	42
	2. Erec	46
	3. Iwein	69
V.	Legendarische Werke	94
	1. Gregorius	94
	2. Armer Heinrich	107
VI.	Klage und Lyrik	118
	1. Klage	118
	2. Lyrik	123
Zeittafel		132
Bibliographie		134
Register		148
	Personenregister	148
	Werk- und Autorenregister	150
	Ortsregister	152

I. Epoche und Literatur

Die im ausgehenden 12. Jh. auch in den deutschen Landen aufblühende Hofkultur sieht in Hartmann von Aue eine ihrer erfolgreichsten und zugleich produktivsten Dichterpersönlichkeiten. Gemeinsam mit Heinrich von Veldeke, der das *rîs*, d.h. den ersten Zweig der neuen volkssprachigen Dichtkunst pflanzte, Gottfried von Straßburg, Wolfram von Eschenbach und den Pfaffen Konrad sowie Lamprecht prägt Hartmann nicht nur einen neuen literarischen Stil, sondern mehr noch die Vorstellungen von Rittertum und Hofkultur schlechthin. Er greift dabei mehrfach auf französische Vorlagen zurück, scheint sich aber auch mit den lateinischen und den volkssprachigdeutschen Traditionen bestens auszukennen. In die Hartmannsche Erfolgsstory fügen sich nahtlos die unzähligen Rezeptionszeugnisse und die von Zeitgenossen wie Nachfolgern dargebrachte Wertschätzung. Der Dichter Hartmann von Aue selbst bleibt aber trotz aller Wertschätzung im Nebel der Geschichte verborgen. Es gibt das ganze Mittelalter hindurch keine Sammlung seiner Werke. Auch wissen wir über und von ihm nur aus seinen Texten und aus innerliterarischen Referenzadressen. Ob und wie weit man entsprechende Anspielungen in den Rezeptionszeugnissen sowie vor allem in seinen eigenen Texten und Liedern als Abbild der Realität bzw. einer eigenen Biografie lesen kann, ist in der Forschung seit je her umstritten. An keiner Stelle, ob bei der Suche nach seinen Gönnern, einem in einigen Liedern thematisierten Gönnerverlust, einem ebenda beklagten Gunstentzug einer Dame, einer eventuell gescheiterten Liebe, einer Kreuzzugsteilnahme oder der Lokalisierung seines Herkunfts- und Wirkungsortes, lassen sich textimmanente Indizien realhistorisch verifizieren. Auch die Versuche aus den Werken einen Werkentstehungszusammenhang herauszudestillieren, wird man bei genauerem Hinsehen als spekulativ bezeichnen müssen.

Dichterpersönlichkeiten

Fehlende Zeugnisse

Da normative Quellen – Akten, Urkunden, Briefe – zum Leben und Schaffen fehlen, erhält der Dichter Hartmann von Aue nur in der historischen Zusammenschau der Epoche bzw. letztlich sogar nur im höfischen Literaturdiskurs eine Kontur. Hartmanns Rolle in einem solchen Literaturdiskurs ist dann aber umso bedeutsamer. Er bringt neue Stoffe (Artus, Ritter-Legenden), neue theoretische Konzepte (Minne-, Ehe-, Herrschaftstheorie) und neue kulturelle Modelle (höfische Normen, Ritterkultur, Idee der Tafelrunde) in den höfisch-deutschen Literaturdiskurs ein. Zudem reflektiert er wie kaum ein anderer Dichter seiner Epoche Zeitströmungen, zeitgenössische Diskussionen, politische, juristische und wirtschaftliche Entwicklungen, Wissenshorizonte und Modeerscheinungen.

Historische Verortung

In den letzten Jahrzehnten des 12. Jh.s verändern politische, soziale und theologische Umbrüche das Leben der Menschen in Mitteleuropa. Zentrale Angelpunkte sind eine Rationalisierung der Welt, die bisweilen bürgerkriegsähnlichen Auseinandersetzungen zwischen Staufern und Welfen im Reich, zwischen Kapetingern (Frankreich) und Plantagenets (England) im Westen sowie vor allem die Sorgen um das Heilige Land und das Heilige Kreuz. Der

Umbrüche im 12. Jh.

Saladin — für die gesamte Christenheit traumatische Verlust des Heiligen Landes nahm 1183 mit den ersten Eroberungen Sultan Salahaddin Yusufs ibn Ayyub (genannt Saladin) seinen Anfang. 1187 fiel die Heilige Stadt Jerusalem in die Hände der Araber. Bei Hattin erbeutete Saladin auch das Heilige Kreuz.

Auf der einen – weltlichen – Seite sind es neue Sitten, Traditionen sowie komplexe Normen- und Wertesysteme, bau- und waffentechnische Innovationen, juristische und geistesgeschichtliche Entwicklungen sowie nicht zuletzt die Hoffnung auf die Wiedergewinnung des Heiligen Landes, die eine bis dato in dieser Form unbekannte Idee von Hof- und Ritterkultur formen. Auf der anderen – geistlichen – Seite sind es neben der ebenfalls wirkmächtigen Kreuzzugsidee und Bestrebungen, die Welt und Gott rational fassen zu wollen (vgl. Sturlese 1993), Reformbestrebungen und die gewaltige Expansion des Zisterzienserordens bzw. zisterziensischen Denkens, die das Sein von *clerici* und *laici* entscheidend verändern. Über Traktate und Predigten Bernhards von Clairvaux dringen diese neuen Ideen bis ins Innerste der neuen Ritteridee (*miles christi*) und des neuen höfischen Lebensgefühls hinein. Vor einem solchen Hintergrund wird man die sich seit Beginn des 12. Jh.s rasant entwickelnde laikale Hofkultur nicht allein als ein weltliches Phänomen betrachten können. Eher im Gegenteil sind der wirkende Gott und die Kirche mehr denn je auch in der Welt der Höfe allgegenwärtig. Bei Hartmann kommt dies überdeutlich im „Gregorius", im „Armen Heinrich" und in der Kreuzzugslyrik zum Ausdruck, aber auch die finalen Projektionen idealen Herrscher- und Rittertums im „Erec" und im „Iwein" sind von Heilsmomenten durchdrungen: Erst in der versöhnlichen Einheit von Gott und Welt ist die Welt des Hofs in Ordnung.

Heilsgeschichte — Dass auch Hartmanns Artusromane und selbst die Minnelyrik von göttlich-heilsgeschichtlichen Elementen durchdrungen sind, theologische Diskussionen aufnehmen und zwischen den Zeilen implizit Stellung beziehen zu Grundsatzfragen um das richtige Gottesverständnis, um Gottvertrauen und um die weltlichen Wege zum göttlichen Heil, ist in einem solchen Umfeld geradezu unvermeidlich. In fast jedem seiner Werke bietet Hartmann dem Publikum (und seinen Auftraggebern?) denn auch Lösungswege an, wie die schwirige Synthese von Gott und Welt in optimaler Weise zu verwirklichen sei; wie ein Ritter sich zugleich in der Welt als Liebender, Ehemann, idealer Streiter und Herrscher bewähren und dennoch den Weg zu *Gottesrittertum* — Gott bzw. ins Himmelreich finden könne. Im „Gregorius" diskutieren der ehrwürdige Abt und sein Schüler Gregorius diese Frage sogar explizit. Für Hartmann und sein höfisches Umfeld erscheint dabei die Feststellung des Gregorius wie das Programm der Hofkultur schlechthin: *er mac gotes rîter gerner wesen / danne ein betrogen klôsterman*: lieber will er Gottes Ritter sein als ein falscher Mönch (V. 1534f.). Dieses Gottesrittertum wird in den Artusepen mit einem fein skizzierten höfischen Wertekanon und einem komplexen System von Herrschaftsattributen verwoben. Dass die arturische Aventiurewelt dabei ein ums andere Mal ins Zwielicht gerät, scheint zum Kalkül Hartmanns zu gehören. Sein didaktisches Programm, und so wird man die einleitenden Verse des „Iwein"-Prologs lesen wollen, zielt auf eine bessere Welt, als es die des König Artus damals war. Die Vergangenheit gibt zwar *gewisse lêre* (V. 1–7), aber das von Hartmann schon im „Erec" und dann auch im „Iwein", sowie im „Armen Heinrich" und im „Gregorius" in verschiedensten Schattierungen gezeichnete Ideal reicht darüber hinaus.

Die *mære* über die *werc*, d.h. seine aktuellen Geschichten über die vergangenen ritterlichen Taten, bieten die Chance, im Sinne von Exempla das Richtige aus dem Berichteten bzw. der Vergangenheit für eine bessere Zukunft zu lernen.

Für Hartmanns Schaffen charakteristisch ist die Verzahnung seiner höfischen Welt mit der klerikal-lateinischen Gelehrtenkultur. Er bezeichnet sich selbst als *rîter*, der *sô gelêret was / daz er an den buochen las* (Prologe des „Armen Heinrich" und des „Iwein") und vereint so Weltliches und Geistliches in einer Person. Gelesen hat der offensichtlich klerikal gebildete Laie Hartmann in diesen *buochen* neben weltlicher Liebeslyrik und ritterlichen Aventiuren auch christliche Legenden, Naturkunde, Medizin, Theologie, Rechts- und Kreuzzugsliteratur. Allem Anschein kannte er sich mit den aktuellen theologischen Diskussionen – etwa um die Sündhaftigkeit der Minne, die Konsensehe oder das Gotteskriegertum –, mit juristischen Grundsatzfragen – etwa den Erfordernissen der Herrschaft, dem Landfriedensrecht, Terminfragen, Frauenrechten – und der aktuellen medizinisch-naturkundlichen Forschung – etwa den medizinischen Erkenntnissen aus Montpellier und Salerno – aus. Hartmann scheint damit in zwei Welten verankert: der des volkssprachigen, von aktuellen französisch-anglonormannischen Moden geprägten weltlichen Hofs und der der lateinisch-klerikalen Kloster- bzw. Gelehrtenkultur. Vor allem die im „Gregorius", im „Armen Heinrich" und in der „Klage" in den Protagonisten exemplifizierten Überlegungen zum freien Willen, zur Weltabkehr, zur Selbsterkenntnis, zur Gotteserkenntnis sowie zur Sünden- und Gnadenlehre scheinen bis in die aktuellen philosophischen Diskurse der Gelehrtenwelt hineinzureichen (vgl. Flasch 1988 u. Sturlese 1993 u. Imbach 2000). Die theoretischen Reflexionen der Protagonisten erweisen sich dann aber bei genauerem Hinsehen oft auf ein beinahe triviales Niveau heruntergebrochen. Ob Hartmann hier nur den Limitationen seines höfisch-illiteraten Publikums Rechnung trägt, oder ob er doch nicht über ein so detailliertes Wissen verfügte, wie es beispielsweise Gewehr aus der „Klage" herauszulesen versucht (Gewehr 1975), wäre noch zu überprüfen. Jedenfalls gelingt es Hartmann meisterhaft, sowohl die fremdländisch-französischen Liebes- und Rittergeschichten wie die aus der geistlichen Sphäre stammenden hagiographischen Motive rund um Inzest, Sünde, Buße, Weltabkehr (*contemptus mundi*), Gottesferne, Gottvertrauen und Erlösung in die Welt der heimischen Höfe zu transferieren.

Gott und Welt

Dass Hartmann immer wieder auch medizinische, juristische und naturwissenschaftliche Wissenstatbestände in den Texten beschreibt und z.T. erläutert, scheint einem Trend der Zeit zu entsprechen. An den großen Höfen war man brennend an entsprechendem Wissen interessiert. So verfassten im fraglichen Zeitraum *zwene kappelane* (Kapläne) im Auftrag Heinrichs des Löwen beispielsweise den „Lucidarius" – eine enzyklopädische Wissenssammlung auf Basis des längst allgegenwärtigen „Elucidarium" des Honorius Augustodunensis. Am Stauferhof arbeiteten etwa gleichzeitig berühmte Universalgelehrte wie Gottfried von Viterbo an umfassenden Wissenskompendien (vgl. Haverkamp 1992). Gottfrieds „Pantheon" und die einige Jahre später von Kaiser Otto IV., dem Sohn Heinrichs des Löwen, bei Gervasius von Tilbury in Auftrag gegebene „Otia Imperialia" wurden zu enzyklopädischen Grundlagenwerken.

Wissensdurst

Innovationen

In einem solchen Milieu des Aufbruchs erweisen sich Hartmanns Artusepen, die legendarischen Texte und die minnetheoretische „Klage" ihrerseits als hoch innovativ. Aber nicht alle seine Anregungen entwickeln sich zu grundlegenden literarischen Mustern. Die prägende Kraft und die Überlieferungserfolge der einzelnen Werke sind ganz im Gegenteil höchst unterschiedlich. So ist der vermeintlich epochemachende erste deutsche Artusroman, sein „Erec", extrem dünn überliefert, aber trotzdem in nahezu allen Artusepen der Folgezeit mit Figuren und Handlungsmustern präsent. Die ihrer Zeit weit vorauseilende minnetheoretische „Klage" ist sogar nur in einer einzigen Handschrift des frühen 16. Jh.s erhalten („Ambraser Heldenbuch"). Rezeptionszeugnisse fehlen fast ganz. Demgegenüber avancierte der „Iwein" schon im frühen 13. Jh. zu einem viel kopierten Bestseller. Der „Gregorius" wird bald nach der Fertigstellung durch Arnold von Lübeck sogar ins Lateinische übertragen („Gregorius Peccator") und auch vom „Armen Heinrich" besitzen wir einige Dutzend lat. Verse. Größere Überlieferungserfolge erlangen diese beiden legendarischen Werke jedoch erst in der von Hartmann selbst vollständig abgekoppelten Legendenüberlieferung des Spätmittelalters („Der Heiligenleben", „Gesta Romanorum"). Allgegenwärtige, letztlich bis in die Neuzeit präsente Muster werden nur die jeweiligen Heilsentwürfe, nicht Hartmanns Texte.

1. Literaturtransfer – Internationale Hofkultur

Dynastien und Kulturräume

Geradezu als Grundkonstante der neuen höfischen Laienkultur kristallisieren sich in den letzten Jahrzehnten des 12. Jh.s Grenzen überschreitende genealogische, politische und gesellschaftliche Verflechtungen durch alle mitteleuropäischen Dynastien und Kulturräume heraus. Über die weit verzweigten Verwandtschafts-, Heirats- und Lehnsverbindungen, aber auch über ein geradezu internationales höfisches Kommunikationssystem (vgl. das Hochzeitsfest im „Erec") sind Ideen, Werke und Denkmuster beinahe zeit- und grenzenlos verfügbar. Beim Nachweis konkreter Literaturbeziehungen oder gar der Suche nach den jeweiligen Buchvorlagen der Dichter und Übersetzer tut man sich jedoch schwer. Von einer ersten Tradierungsphase noch im ausgehenden 12. Jh., als man Chrétien in Deutschland bereits bestens kannte, haben sich im französischen Sprachraum nur spärliche Überlieferungsreste (ein Fragment) erhalten (Gesamtüberlieferung bei Busby/Nixon/Stones/Walter 1993). Die Überlieferungslage in Deutschland ist noch bescheidener. Aus der Zeit vor 1200 ist nicht eine einzige Hartmann-Handschriften auf uns gekommen (Wolf 2007). Der Text- bzw. Wissensimport erfolgte dennoch zweifelsfrei über Bücher. Hartmann von Aue verweist an vielen Stellen dezidiert auf diese Buchvorlagen. So nennt er im „Erec" bei der Beschreibung des *satel* und des *boumgarten* gleich mehrfach das Buch, *von dem ich die rede hân* bzw. in dem er die Geschichte *las* (Erec 7487–7491 u. 8698–8703). An anderer Stelle nennt Hartmann sogar den Autor dieser Buchvorlage. Es ist *Crestiens* (Erec 4629.12). Der Literaturtransfer ist demnach schon um 1180/1200 in einer prinzipiell illiteraten, von Mündlichkeit geprägten Hofkultur an das Buch (Manuskript) gebunden (vgl. Scholz 1980; Curschmann 1984 u. 1996; Green 1994, Raible 1998, Palmer 2005, Wolf 2005 u. 2007). Dieser Befund hat für die Beurteilung von Hartmanns Schaf-

Buchvorlagen

fen grundlegende Bedeutung, denn Bücher sind zu dieser Zeit unglaublich teuer, extrem rar und im laikal-höfischen Umfeld geradezu exotisch. Im Prolog des „Iwein" (V. 22) und des „Armen Heinrich" (V. 2) behauptet Hartmann aber, dass er in Mußestunden nicht nur ein Buch gelesen, sondern gleichsam eine ganze Bibliothek zur Verfügung gehabt habe. Für den „Armen Heinrich" will er sogar in vielen Büchern (V. 7–15) recherchiert haben. Mehr als das bloße Faktum, dass er ein *buoch* oder schriftliche Quellen etwa aus *karlingen* (Frankreich) benutzte, gibt er allerdings nicht preis. Da der Ministeriale Hartmann sicher nicht selbst in der Lage war, entsprechende Manuskripte zu erwerben, dürften sie von seinen Auftraggebern beschafft worden sein.

Eine Ahnung von den entsprechenden Transfervorgängen vermittelt Ulrich von Zatzikhoven in seinem zu Hartmanns Zeiten um 1190 vollendeten „Lanzelet". Ulrich nennt den Besitzer seiner Vorlage: Hugo von Morville (vgl. Bumke 1979, 153). Auch weiß er genau um den Nutzungshintergrund und die Umstände Bescheid, die seine Vorlage, das *welsche buoch von Lanzelete* – also das französische Buch vom Artusritter Lanzelet – nach Deutschland geführt haben:

<small>Lanzelet</small>

Hûc von Morville
hiez der selben gîsel ein,
in des gewalt uns vor erschein
daz welsche buoch von Lanzelete   (Lanzelet 9338–9342)

(Hugo von Morville hieß eine der Geiseln, in dessen Besitz uns das französische Buch von „Lanzelet" bekannt wurde.)

Das Beispiel lässt wichtige Ausgangspunkte und Mechanismen des Literaturtransfers erkennen. Fluchtpunkt ist der englische Königshof: Hugo von Morville kam als Geisel für den in Österreich gefangen gehaltenen englischen König Richard Löwenherz in den ‚wilden Osten'. Um seine Stunden zu verkürzen, brachte die *gîsel* das *welsche buoch von Lanzelete* mit. Besagter Hugo ist im engsten Umfeld des angevinischen Königshofs, respektive Eleonores von Aquitanien und Heinrichs II., anzusiedeln. Hugo von Morville erscheint so *in personam* als Bindeglied für den Buch-/Werk- bzw. Kulturtransfer von West nach Ost.

<small>Literaturtransfer</small>

Da Chrétiens „Erec et Enide" und der „Yvain" genau in diesem Umfeld zu verorten sind, wird man für Hartmann von Aue bzw. für seinen Gönner und vermeintlichen Vorlagenbeschaffer ähnliche Verbindungen zum englischen Königshaus vermuten können. Aber Hartmanns Wissensprofil erklärt sich an vielen Stellen nur durch Kenntnis der geistlich-lateinischen Standard- und Wissensliteratur. Entsprechende Bücher waren nur im Kloster, in der Domschule oder am Bischofshof in größerer Zahl verfügbar. Zu denken gibt allerdings ein Bericht Gottfrieds von Viterbo zur Ausstattung der Pfalz Kaiser Barbarossas in Hagenau: „Die Bücherschränke des Kaisers sind voll der besten Autoren der Antike und der Patristik. Wenn du die Geschichte lernen willst, bietet dir der Saal die Fresken. In der Bibliothek sind Texte des Rechts und der Artes, alle Dichter, der große Aristoteles, Hypokrates und die Ernährungslehre Galens erteilen dir Ratschläge und Verbote" (zitiert nach Sturlese 1993, 248). Viele der genannten lateinischen Grundlagenwerke scheint Hartmann gekannt zu haben – aus der kaiserlichen Bibliothek?

<small>Wissensprofile</small>

2. Höfische Sprache und Hofkultur

Französische Vorbilder

Dass seit der 2. Hälfte des 12. Jahrhunderts die französische Literatur das Werden einer volkssprachig-deutschen Literatur entscheidend mitgeprägt hat, gilt ebenso als Gemeingut wie die Feststellung, dass sich die deutsche Variante der ritterlichen Hofkultur aus französischen Quellen speist. Die neuen Stoffe scheinen dabei wie das neue Lebensgefühl gleichsam über Nacht populär geworden zu sein. So übertragen der Pfaffe Lamprecht den „Roman d'Alexander" (um 1150/60) eines gewissen *Alberich von Bisinzo*, der Pfaffe Konrad die „Chanson de Roland" (um 1172 oder um 1180), Heinrich von Veldeke den „Roman d'Eneas" (1170/1185) sowie Hartmann von Aue Chrétiens „Erec et Enite" (um 1180) und den „Yvain" (um 1190/1200) bald nach ihrer Fertigstellung aus dem Altfranzösischen ins Deutsche. Stoffe anderer Genres (Legenden, Exempla) werden jedoch ebenso selbstverständlich aus der lateinischen Literatur adaptiert. Die Ausgangssprache der gewählten Vorlagen scheint dabei letztlich gleichgültig gewesen zu sein, weil die sich aus dem Kreis der *clerici* am Hof (Hofgeistliche, Kapläne, Priester) und den klerikal gebildeten höfischen *laici* rekrutierenden Dichter bi- bzw. nicht selten sogar trilingual gebildet waren. Explizit betont werden entsprechende Sprachfertigkeiten z.B. vom Pfaffen Konrad im „Rolandslied", vom Pfaffen Lamprecht im „Alexander" und von Heinrich von Veldeke im „Eneas". Exakt diesen Bildungshintergrund wird man auch bei Hartmann von Aue veranschlagen wollen.

Französische Sprache

Auch Hartmanns Auftraggeber dürften entsprechende Kenntnisse gehabt haben. Grenznahe Geschlechter wie die Zähringer und die international agierenden Welfen und Staufer, aber auch die Hohenberger changieren zwischen deutsch und französisch. Schaut man sich die Übersetzungs- bzw. Übertragungstechnik Hartmanns genauer an, werden entsprechende Sprachfertigkeiten beim intendierten Publikum allerdings relativiert: Im älteren „Erec" – er ist überhaupt der erste Artusroman, der ins Deutsche übersetzt wird – sind nahezu alle wichtigen Termini der Hof- und Ritterkultur in deutscher Übersetzung präsent. Hartmann verwendet französische Fremdworte zwar durchaus in signifikanter Dichte, dies gilt aber nur für Namen, Kleidung, Turnierwesen und Ausrüstung, wobei das Material der unmittelbaren Vorlage zugunsten bereits eingeführter Fachtermini in der Regel eben gerade nicht benutzt wird (Gärtner 1991). Offensichtlich erwartete Hartmann zumindest bei seinem „Erec"-Publikum nur rudimentäre Kenntnisse der französischen Sprache und der neuen französischen Ritterkultur:

Französische Fachtermini

- Ausrüstung/Turnierwesen: *banier* (Banner, Fahne), *enschumpfieren* (besiegen), *kolze* (Fuss-/Beinbekleidung), *kroijieren* (Schlachtruf erheben), *panel* (Sattelkissen), *panzier* (Rüstungsteil), *ravîne* (Anrennen des Streitrosses), *saluieren* (begrüßen), *soldan* (Söldner), *surzengel* (Obergurt), *turnieren* (turnieren), *vespereide* (Lanzenrennen einzelner am Vorabend eines größeren Turniers, das Turnier selbst)
- Accessoires/Kleidung/Stoffe: *brûnât, hamît, pensel* (Pinsel), *parrieren* (verschiedenfarbig schmücken), *schapel* (Kranz von Laub und Blumen), *vaelen* (einhüllen, verschleiern), *zinober* (Zinnober)
- Sonstiges: *fâsan* (Fasan), *feine* (Fee).

Weil der „Erec" trotzdem besonders französisch wirken sollte, verwendet Hartmann französische Namen und Namensattribute exzessiv und sogar weit über die Angebote seiner Vorlage hinaus. Die Hintergedanken eines solchen Verfahrens sind offensichtlich: Ein Mehr von diesem französischen Hofgut bedeutete ein Plus an *hovescheit* (Lexer: „fein gebildetes und gesittetes wesen"), gefährdete aber nicht die Verständlichkeit des Textes. Die Beobachtungen lassen erahnen, wie souverän, behutsam und zielsicher Hartmann das Neue in seinen Kulturkreis transferierte. Die Andersartigkeit seines Kulturkreises scheint dabei oft der Anlass gewesen zu sein, gegen Chrétien oder den Autor der „Vie du pape Gregoire" in die französischen Vorlagentexte einzugreifen, spezielle Fachtermini zu verändern, Szenen umzuschreiben und Personen oder Handlungskonstellationen neu zu konturieren. Die Änderungen reichen letztlich bis hin zu juristischen Detailfragen und mentalen Befindlichkeiten, was etwa bei den literarisch um- und eingesetzten Gebärden und Gefühlen besonders deutlich hervortritt (Nachweis aller Gebärden bei Hartmann und Chrétien in Peil 1975, Anhang 307–330).

hovescheit

3. Geistliche und weltliche Fundamente von Hof- und Ritterkultur

Das ausgehende 12. Jahrhundert ist eine für die Schriftwerdung der Volkssprache entscheidende Interferenzphase klerikal-lateinischer Schriftlichkeit und laikal-volkssprachiger Mündlichkeit (vgl. den Tagungsband Aspekte des 12. Jahrhunderts 2000). Ideologisch ist über die Kreuzzugsidee und die Idee der *militia christi* die Bindung von Hof und Rittertum an Kirche und Christentum enger denn je. Viele weltliche Fürsten sind als Schutzherren und/oder Lehnsnehmer/-geber materiell sowie über verwandtschaftliche Beziehungen direkt mit der Kirche verwoben. Auf der anderen Seite sind die sich meist aus der adligen Oberschicht rekrutierenden geistlichen Fürsten (Bischöfe, Äbte) zugleich Lehnsherren und weltliche Obrigkeit. Die bedeutenderen weltlichen Höfe verfügten zudem allesamt über klerikal gebildete Seelsorger, Berater und Schreiber sowie eng mit den Dynasten verbundene Hausklöster und Stifte. In den literarischen Texten gehören denn auch geistlich ausgebildete, lese- und schreibfähige *pfaffen* und *kappelâne* selbstverständlich zum Inventar des weltlichen Hofs. Bezeichnend scheint eine Situation im „Erec", als der Burgherr *nâch der vrouwen Enite* schickt, während sie um ihren scheintoten Mann trauert. Um sie zu Tisch zu laden, schickt er *drîe sîner dienestman* und *zwêne kappelâne* (Erec V. 6360–6363). Die Verflechtungen von Welt und Geistlichkeit könnten enger nicht sein. Beide Seiten sind – am weltlichen wie am geistlichen Hof – zwei Seiten eines Gesellschaftssystems.

Klerus und Hof

Das Ideal der *militia christi* hat inmitten von Kreuzzugskämpfen und Kreuzzugsvorbereitungen seinen reinsten Ausdruck in den geistlichen Ritterorden gefunden. Richtungweisend ist dabei der 1118/19 in Jerusalem gegründete Templerorden. Bernhard von Clairvaux schuf in seinem Traktat „De laude novae militiae" (Vom Lob des Neuen Rittertums) die ideologische Basis für die Idee eines idealen christlichen Rittertums. Grundgedanken waren die Synthese von Ritterschaft (Schwert) und Mönchtum (*zingulum*), der Verzicht auf Prunk und Ruhm (Sieg statt Ruhm), der Kampf gegen Spiel- und Trinksucht, Eitelkeit und Lügen, absolute Gehorsamkeit, Armut, Ehelosigkeit, Gemeinschaft, Gewaltregulation (*bellum iustum*) und ein stringentes Gottesrechtsprinzip mit der konsequenten Bestrafung von Übeltätern (Gott als

Bernhard von Clairvaux

Realität oberster Richter). Die Ritter Christi (*christi milites*) sollten als Verteidiger der Christenheit für Gott streiten. Die Realität sah freilich anders aus. Das Abendland wurde durch Kriege und Fehden erschüttert. Raub, Mord, Habgier und verrohende Sitten bedrohten die Gesellschaft. In einer solchen von hohen geistlichen und weltlichen Idealen und einer z. T. diametral entgegen gesetzten Wirklichkeit geprägten Zeit werden Hartmanns Lieder, Ritter- und Heiligengeschichten aufgezeichnet, rezipiert und vervielfältigt. Genau diese Widersprüche spiegeln auch die Handlungen: Selbst die vorbildlichen Helden Erec, Iwein, Heinrich und Gregorius sind über lange Strecken weit entfernt von jeder Idealität, die sich am Ende freilich immer an und in diesen Helden erweist. Hartmanns Texte spiegeln und reflektieren also die Gegenwart, um letztlich den Weg in eine bessere, menschlichere Zukunft zu weisen. Zotz sieht in dieser Beobachtung wohl zu Recht ein Grundprinzip volkssprachiger Literatur der Zeit schlechthin: „Was uns in der höfischen Dichtung um 1200 begegnet, ist ganz offensichtlich ein Diskurs über Adel und Ritterschaft, wozu auch die Leistung der *misericordia*, das Erbarmen mit dem Gegner, gehört" (Zotz 2006, 324; grundlegend zum Rittertum Borst 1976, Duby 1976, Bumke 1977, Jaeger 2001, Zotz 2002 u. Hechberger 2004 sowie die Sammelbände Curialitas 1990 u. Rittertum 2006).

4. Aufführungssituation

Lesen und Vorlesen Über die konkrete Aufführungssituation der höfischen Werke wissen wir wenig. Am ehesten wird man an private Lese- bzw. Vorlesebücher im Besitz adliger Herren und – vorzugsweise – Damen denken müssen, aus denen etwa eine *vrouwe* oder eine *maget* im kleinen, exklusiven Rahmen vorlas. In Chrétiens „Yvain" (V. 5354–90) und analog dazu in Hartmans „Iwein" (V. 6455 ff.) wird eine solche Szenerie detailliert geschildert:

Apoiié voit dessor son cote Un prodome, qui se gisoit Sor un drap de soie, et lisoit Une pucele devant lui An un romanz, ne sai de cui. Et por le romanz escouter S'i estoit venue acoter Une dame, et c'estoit sa mere (Yvain 5362–69)	unde vor in beiden saz ein magt, diu vil wol, ist mir gesagt, wälsch lesen kunde: diu kurzte in die stunde. ouch mohte si ein lachen lîhte an in gemachen: ez dûhte sî guot swaz si las wande si ir beider tohter was. (Iwein 6455–62)
(Da erblickte er einen Edelmann, der mit aufgestütztem Arm auf einem Seidentuch gelagert war, und vor ihm las ein Mädchen aus einem Roman vor; von wem er war, weiß ich nicht. Und um den Roman mit anzuhören, hatte sich eine Dame dort niedergelassen.)	(Und vor ihnen beiden saß ein Mädchen, das sehr gut, wie ich gehört habe, Französisch lesen konnte. Die vertrieb ihnen die Zeit. Sie brachte sie zum Lächeln. Es schien ihnen köstlich, was sie vorlas, denn es war ihrer beider Tochter.)

Höfisches Fest Auch beim höfischen Fest war die Lektüre aus einem höfischen Roman eine der Attraktionen (Guter Gerhard V. 5982 ff.). Von einem „Erec"-Vortrag beim (Fest)mahl berichtet z. B. Hugo von Macon in seinen „Gesta militum" (Kapitel 9.169 ff.). Aus intratextuellen Hinweisen ist bekannt, dass entsprechende Bücher auch auf Reisen gingen (Lanzelet V. 9338 ff.), verschenkt und verliehen (Liet von Troye V. 92 ff.) oder sogar geraubt wurden (Eneas V. 13444 ff.). Deutlich zu unterscheiden ist allerdings zwischen einer singulären Vortragssituation bei einem Fest, einem Festmahl oder im kleinen Kreis und dem überregionalen Transfer der Geschichten. Ersteres scheint weitgehend mündlich vonstatten gegangen zu sein. Entfernte Kulturräume erreichen die Texte jedoch nicht auf mündlichem Weg über das Hörensagen oder die Memorierung eines Vortrags. Der Transfer verlief schrift- bzw. buchgebunden, und zwar primär über persönliche Beziehungen. Insgesamt scheinen die Verflechtungen innerhalb der mitteleuropäischen Hofgesellschaft in der Realität kaum weniger international gewesen zu sein als die literarische Artusgesellschaft oder der illustre Kreis der Hochzeitsgäste im „Erec".

5. Bildzeugnisse

Hartmanns Artusromane avancierten schon früh zu fundierenden Grundelementen der neuen Hofkultur. Müller merkt dazu treffend an, „dass die frühe Artusepik sich als kommunikative Handlung in die Formen der höfischen Repräsentationskultur einreihte. […] Materialität und Medialität der Text- und Bildüberlieferung sind also mehr als nur Reflexe der Rezeption, sie sind Gegenstand der literarischen Sinnkonstitution selbst" (Müller 2005, 435). Die Wirkung der beiden Artusgeschichten in das höfische Leben hinein war jedoch höchst unterschiedlich. So finden wir „Erec"-Darstellungen nur auf dem Kronenkreuz im Krakauer Dom. Eine weit größere Bedeutung für die höfische Sachkultur erlangte der „Iwein". Mit „Iwein"-Szenen ausgeschmückt wurden repräsentative Räume in Schloss Rodenegg, im Hessenhof in Schmalkalden, in Burg Runkelstein bei Bozen und in Grabštejn bei Liberec. Die „Iwein"-Szenen des Maltererteppichs weisen sogar auf ein Freiburger Kloster als Rezeptionsraum dieser Rittergeschichte. Sehr früh erlangte auch der Dichter selbst ikonografischen Rang. Die beiden Liederhandschriften C und B enthalten jeweils ganzseitige Hartmann-Darstellungen.

Hofkultur

Analog zur dünnen schriftlichen Überlieferung fanden die Abenteuer Erecs nur vereinzelt den Weg vom Pergament direkt in das visuelle Gedächtnis der Hofgesellschaft. Nur ein Bildzeugnis ist überliefert. Es handelt sich um „Erec"-Figuren auf dem Kronenkreuz im Krakauer Dom (vgl. Mühlemann 2000 mit Beschreibung und Abbildung der Erec-Bilder u. Mühlemann 2002 u. Bumke 2006, 152): Die „Erec"-Krone wurde im zweiten Viertel des 13. Jh.s in Auftrag gegeben und enthält Motive aus dem ersten Teil des Romans. Nach Mühlemann gehören die Bilder zur deutschen „Erec"-Tradition und weisen „zum Teil sehr genaue Übereinstimmungen mit dem Inhalt der Ambraser Fassung auf, dennoch kann diese nicht direkt mit ihrer Vorlage gleichgesetzt werden" (Mühlemann 2000, 89 u. 97f.). Mühlemann sieht die Entstehung im direkten Zusammenhang einer Verlobung oder Hochzeit, denn der Zyklus schließt mit der Hochzeit von Erec und Enite (Mühlemann 2000, 100; vgl. dazu Kraß 2006, 116). Die Funktion der „Erec"-Bilder auf der Krone ist allerdings unklar, denn anders als die großflächigen „Iwein"-Bildzeugnisse auf Schloss Rodenegg oder im Hessenhof in Schmalkalden waren die Details des Krakauer Bildzyklus nur aus nächster Nähe zu entschlüsseln, d.h. nur ein kleiner Kreis um die gekrönte Person konnte das Bildprogramm überhaupt erkennen.

Krakauer Kronenkreuz

16 I. Epoche und Literatur

Abb. 1: Kronenkreuz im Krakauer Dom mit „Erec"-Figuren
(aus: Mühlemann 2000, zw. S. 96/97 Abb. 6)

Rodenegg   Wesentlich präsenter als der „Erec" war der „Iwein". Die vielleicht noch zu Lebzeiten Hartmanns in al secco-Technik entstandenen „Iwein"-Fresken auf Schloss Rodenegg (um 1210/20) lassen erahnen, wie schnell und nachhaltig die „Iwein"-Geschichte in den Schatz der fundierenden Grundmuster der höfischen Kultur aufgestiegen sein muss. Es handelt sich allerdings ausschließlich um Szenen aus dem ersten Teil des „Iwein" (vgl. Ott/Walliczek 1979 u. u. Bonnet 1986 u. Masser 1993 u. Schupp/Szklenar 1996 u. Curschmann 1993 u. 1997 u. http://www.geocities.com/rodenegg/). Die Herren von Rodank gehören als Ministeriale des Bischofs von Brixen in ein Milieu, in dem auch Hartmann selbst verortet werden kann. Als der „Iwein" vollendet wurde, waren sie aber bereits zur adligen Elite in Tirol aufgestiegen: Arnold II. von Rodank nahm vermutlich am Kreuzzug Barbarossas teil; sein Vetter Konrad wurde im Jahr 1200 Bischof von Brixen (Nachweise bei Schupp/Szklenar 1996). Ob und welche Rolle bei der schnellen Rezeption des gerade erst vollendeten „Iwein" die enge Verbindung der Herren von Rodank zu den Staufern spielt, bleibt ebenso unklar wie die genaue Funktion der Malereien. Sicher dokumentieren sie ein ausgeprägtes Standesbewusstsein und sind Statussymbol. Vielleicht lässt sich der Zyklus auch als Exemplum für die Bewährung des Rittertums in der Aventiure interpretieren, denn der aventiure-kritische zweite Teil bleibt sicher nicht zufällig vollständig ausgespart.

Nur wenige Jahrzehnte später (Mitte 13. Jh.) wurden ebenfalls in al secco-Technik die „Iwein"-Fresken im Gewölbekeller des Hessenhofs in Schmalkalden fertig gestellt (vgl. Ott/Walliczek 1979 u. Bonnet 1986 u. Schön 2004 u. Hafner 2006). Der Hessenhof war unter den thüringischen Landgrafen Hermann I. oder Ludwig IV. um 1210/1220 vermutlich als Sitz eines landgräflichen Vogts entstanden. Wie in Rodenegg verweisen auch hier die Malereien ins Milieu der Ministerialen, d.h. einer Aufsteigerschicht. Anders als in Rodenegg scheint in Schmalkalden nahezu die gesamte Geschichte verbildlicht worden zu sein. Der erhaltene Teil des Bildzyklus reicht bis zu Iweins Drachenkampf. Was nach der Rettung des Löwen folgte, ist heute derart zerstört, dass sich über den Inhalt der folgenden vier oder fünf Szenen jedoch nichts mehr sagen lässt. Es fällt allerdings auf, dass Iweins Schuldigwerden (Fristversäumnis), Lunetes Anklage und der Wahnsinn samt Rettung komplett ausgeblendet bleiben. Dass dies nur der Handlungsarmut der genannten Szenen geschuldet war, ist wohl auszuschließen. Vermutlich sollte das positive Bild des Helden – vielleicht als Identifikationsfigur für den Auftraggeber – nicht in Frage gestellt werden. „Man fühlt sich dabei unweigerlich an das „Wigalois"-Modell des immer idealen Ritters erinnert. Auf alle Fälle erlebt [der Betrachter] im Schmalkaldener „Iwein" einen vorbildlichen Ritter, der gut kämpft, gut heiratet und gut feiert" (Hafner 2006, 97).

Hessenhof

Die Fresken auf Burg Runkelstein bei Bozen (zwischen 1400 und 1413; vgl. Ott 2000 u. Wetzel 2000)) und die Fresken auf Burg Grafenstein, heute Grabštejn bei Liberec, (14./15. Jh.; vgl. Mertens 1978, 89) dokumentieren schließlich den Vollzug einer schon in den ältesten Bildzeugnissen manifesten Entwicklung der „Iwein"-Geschichte hin zu einem festen Basisinventar des kulturellen Gedächtnisses der Hofkultur. Ihre Protagonisten und einzelne Handlungssequenzen erlangen, wie schon bei Thomasin von Zerklaere und Hugo von Trimberg angedeutet, exemplarische Bedeutung. Das Runkelsteiner Bildzeugnis konzentriert sich auf einzelne Handlungssequenzen bzw. Figuren, die außerhalb des Artuskontexts in einen neuen übergeordneten Zusammenhang eingebunden werden: Neben einem Katalog höfischer Lebensformen, der im Palas in verschiedenen Sälen vorgeführt wird, bietet das neue Sommerhaus auf den Außen- und Innenwänden eine Litera-

Runkelstein und Grafenstein

turschau der alten, idealen Vergangenheit. Als die besten Ritter der Tafelrunde sind in diesem Kontext Parzival, Gawan und Iwein dargestellt (vgl. umfassend zur Gesamtkonzeption Ott 2000). Die Runkelsteiner Bilder verbleiben dabei im traditionell-höfischen Kontext, jetzt allerdings mit bürgerlichem Hintergrund. Die Vintler versuchten als städtisches Patriziergeschlecht die alte Ritterkultur für sich zu adaptieren. Burg und Bilder dienten als ritterlich-höfische Identifikationsmuster. Iwein ist damit Teil eines Programms der adligen Selbstdefinition des frisch geadelten Patriziergeschlechts der Vintler.

Maltererteppich   Der Maltererteppich in Freiburg i. Br. (um 1320/30) offenbart andere Interessenkonstellationen. Der 491 cm lange und durchschnittlich 66 cm breite Bank- oder Wandbehang (Wollstickerei auf Leinen) wurde von dem urkundlich in Freiburg belegten Freiburger Ritter und Rat Johannes Malterer († 1360) sowie seiner Schwester oder Tante Anna um 1320 gestiftet. Bei Anna dürfte es sich um die im Anniversarbuch des Dominikanerinnenklosters St. Katharina als Nonne urkundlich belegte *Suester Anne Malterinen* handeln (Bock 2001, 88f.). Die Rittergeschichte bzw. genauer: einzelne ausgewählte Episoden bzw. Figuren haben also auch in geistlichen Kreisen Gefallen gefunden, wobei in der Forschung umstritten ist, wie sich die Iwein-Szenen in den Gesamtkontext des Teppichs einordnen lassen: Bild 8 zeigt eine Quelle und ein Marmorblock, darauf ein goldenes Becken. Hinter der Quelle sind zwei Kämpfer, über ihnen eine dunkle Wolke. Dargestellt ist der Brunnenkampf zwischen Iwein und Ascalon mit dem tödlichen Schwerthieb; Bild 9 zeigt Lunete und Iwein, der am Löwenschild erkennbar ist. Sie stehen vor Laudine, der Witwe Ascalons. Laudine hat den Kopf in Trauer gesenkt und die Hände gefaltet. Iwein erhält von Lunete den unsichtbar machenden Zauberring; vermutlich sieht der nun unsichtbare Iwein die trauernde Laudine und entbrennt in *minne*. Die Bedeutung der Bilder wird in der Forschung kontrovers diskutiert (vgl. Mertens 1978, 85–89 u. Eisengarten 1985, 23ff. u. Rushing 1992 u. Wegner 1992 u. Bock 2001, 88–93 mit Zusammenfassung der Forschungspositionen und Farbreproduktionen: Tafel II–IV). Wegners Vorschlag, alles unter dem „Thema von gefährlicher Weltminne und wahrer Minne" (Wegner 1992, 193) zu subsumieren, trägt gerade bei den „Iwein"-Bildern nicht. Auch Rushings Versuch, die Bilder generell als Warnung vor den Folgen weltlicher oder fleischlicher Liebe zu lesen (Rushing 1992, 134), kann hinsichtlich der „Iwein"-Szenen nicht überzeugen. In jedem Fall ist das Handlungsgefüge im Maltererteppich ebenso wie in den Runkelsteiner Fresken bereits vollständig aufgelöst. Die Ausschnitte bedürfen keiner erzählten Geschichte mehr. Diese wird als bekannt vorausgesetzt.

Liederhandschriften   In der „Weingartner Liederhandschrift" (B) und der „Großen Heidelberger Liederhandschrift" (C) wird das Hartmann-Korpus jeweils mit einem Autorbild eröffnet. Das Autorbild in der „Weingartner Liederhandschrift" (Anfang 14. Jh.) zeigt Hartmann als dahersprengenden Ritter in voller Rüstung, der drei weiße Adlerköpfe im dunklen Schild führt. Das Autorbild in der „Großen Heidelberger Liederhandschrift" (nach 1300) zeigt Hartmann als dahersprengenden Ritter in voller Rüstung, der drei weiße Adlerköpfe im dunklen Schild und auf dem Banner führt. In C ist der Adler zugleich Helmzier. Die Bildzeugnisse in den beiden großen Liederhandschriften sind in ihrer Interpretation problematisch.

5. Bildzeugnisse **19**

Abb. 2: Hartmann von Aue in der „Großen Heidelberger Liederhandschrift"
(aus: Codex Manesse 1988a, Tafel 60)

Mertens vermutet, dass „dieses Wappen authentisch sein" könnte, schränkt aber ein dass „eine Verbindung zu Hartmann schwer herstellbar ist. Näher liegt die Ableitung des Hartmann beigelegten Wappens vom Adler der Zähringer" (Zähringer 1986, 71 u. 110f.). Deren Adler sieht aber völlig anders aus. Das Adlerwappen in Schwarz mit drei weißen abgerissenen Adlerköpfen ist in ähnlicher Form in dem allerdings deutlich jüngeren Wappenbuch des Gallus Öhem (um 1495) für die seit 1238 belegte Ministerialenfamilie der Wespersbühler im Thurgau nachweisbar. Die Wespersbühler sind

Adlerwappen

Wespersbühler

Dienstleute der Grafen von Kiburg, die nach dem Aussterben der Zähringer im Mannesstamm (mit Bertholds V. Tod im Jahr 1218) teilweise das zähringische Erbe antraten. Das aus Allod, Reichs- und Kirchenlehen bestehende Erbe wurde teils auf dem Fehdeweg zwischen den Ansprüche anmeldenden Parteien aufgeteilt. Hierzu gehörten die Grafen von Urach und die Grafen von Kiburg, in deren Familien Bertholds Schwestern Agnes und Anna, eingeheiratet hatten. Die Familie wird sowohl mit dem Kloster Reichenau als auch mit dem zu Eglisau am Rhein sitzenden Zweig der Freiherren von Tengen und den Kiburgern in Zusammenhang gebracht (zu den Lehnsbeziehungen vgl. grundlegend Kultur der Abtei Reichenau 1925, 580), was zu der Hypothese geführt hat, Hartmann von Aue habe sich als Angehöriger dieser Familie in den Dienst der Freiherren von Tengen begeben, sich nach seinem Dienstort genannt, jedoch sein Familienwappen beibehalten (zur These Schupp/von Lassberg 1998, 127–139). Ein ähnliches Wappen mit drei ausgerissenen Hahnenköpfen begegnet auch für das Winterthurische Rats- und Schultheißengeschlecht der Nägeli (Abbildung bei Merz/Hegi 1930, Nr. 152).

Abb. 3: Adlerwappen der Wespersbühler (aus: Kultur der Abtei Reichenau 1925, Tafel; vgl. Drös 1994, Nr. 449)

Wappen als Phantasieprodukte

Dass die Adler-Wappen etwas mit der Herkunft des Dichters zu tun haben, ist jedoch eher unwahrscheinlich, denn „die Redaktoren der Bilderhandschriften haben den Dichtern, deren Lebensumstände ihnen unbekannt waren, die Wappen namhafter schwäbischer Adelsfamilien zugelegt" (Bumke 2006, 2). Zudem waren zu Zeiten Hartmanns entsprechende Wappen im niederen Adel noch nicht in Gebrauch. Möglicherweise wurde für eine ältere schon bebilderte Liederhandschrift aus den Liedern, den biographischen Indizien in seinen epischen Texten und dem kursierenden Hartmann-Wissen (Heinrich von dem Türlin weiß in der „Crône" zu berichten, dass er *von der Swaben lande* kam) ein korrelierendes Wappen erfunden. Eine große Zahl der Wappen in den Liederhandschriften sind nach diesem Verfahren erdachte Phantasieprodukte (vgl. Drös 1988, 127–152, bes. 132 f.).

II. Forschungsüberblick

Nach rund 200 Jahren Hartmann-Forschung füllen Hartmann-Editionen und die sie begleitende Forschungsliteratur mittlerweile eine kleine Bibliothek. Einen schnellen und nahezu lückenlosen Zugriff auf die Forschung erlauben die in den vergangenen Jahrzehnten immer wieder aktualisierten und grundlegend überarbeiteten Hartmann-Bibliographien von Klemt (1968), Neubuhr (1977), Haase (1988) und Hörner (1998). Die aktuelle Forschung ist in den Auswahlbibliographien bei Scholz (2004, 1009–1067), Mertens (2004, 1065–1105), Gärtner (2006, XLIV–XLIX), Bumke (2006, 153–170) und Cormeau/Störmer (^{3}2007, Anhang von Thomas Bein) erschlossen.

Bibliographien

1. Die Anfänge der Hartmann-Forschung

Hartmann von Aue gehört seit den Anfängen der modernen Germanistik im frühen 19. Jh. zu einem ihrer bevorzugten Forschungsobjekte. Die Gründe, dass Hartmann und seine Werke von Anfang an eine so große Rolle spielten, liegen aber zunächst außerhalb des eigentlichen Forschungsbetriebs. Eine letzte große Blüte erleben Hartmanns Artusromane um 1500 am Münchner Herzogshof – als Bestandteil von Füetrers „Buch der Abenteuer" – und am Wiener Kaiserhof – als Bestandteil des für Kaiser Maximilian angelegten „Ambraser Heldenbuchs". Diese Blüte markiert zugleich das Ende der mittelalterlichen Tradition. Den Sprung in das Druckzeitalter schaffte keines seiner Werke. Analog stellte sich die Situation bei den legendarischen Texten dar. Mit dem Ausgang des Mittelalters war das Interesse an Hartmanns Werken zwar erlahmt, aber als Teil von „Der Heiligen Leben" und den „Gesta Romanorum" war zumindest die Gregorius-Legende schon im Spätmittelalter in den allgemeinen christlichen Legendenschatz inkorporiert worden. Für die Vermittlung des Gregorius-Stoffs in die Moderne sorgte schließlich Martin von Cochems pietistischer Bestseller „Außerlesen-History-Buch". Seit der 2. Auflage (1692) gehörte die Gregorius-Legende zum Grundbestand. Im frühen 19. Jh. hielt der so in das kulturelle Gedächtnis vermittelte heilige Sünderpapst sogar Einzug in die populäre Volksbuchliteratur. Eine ähnliche Karriere machte der „Arme Heinrich". Christoph Heinrich Myller hatte ihn in seiner 1784 in Berlin erschienen Sammlung deutscher Gedichte aus dem XII., XIII. und XIV. Jahrhundert nach der heute verbrannten Straßburger Hs. A abgedruckt. Der Stoff traf den Nerv des Zeitgeists. Bereits wenige Jahre später fertigten Johann Gustav Büsching eine Übersetzung (Zürich 1810) und die Brüder Grimm eine wissenschaftliche Ausgabe an (Berlin 1815). Von wissenschaftlicher Seite wurde die Grimmsche Ausgabe zwar kaum rezipiert, aber die beigegebene Nacherzählung Wilhelm Grimms machte den Stoff in bürgerlichen und adligen Kreisen populär. Der „Arme Heinrich" stieg in den Rang einer alten Volkssage auf. Eine vergleichbare Renaissance erlebte Hartmanns „Iwein". Im Zuge der Mittelalter-Renaissan-

Das Ende der mittelalterlichen Tradition

Legendenschatz – Lesestoff

Myller – Büsching – Grimm

„Ritter Twein" ce des 18. und 19. Jh.s wurde dieser Artusroman als spannend-charakteristisches Mittelalterszenario wiederentdeckt: Gerhard Anton von Halem bot in seiner Hartmann-Adaptation „Ritter Twein" (1789) allerdings ein verklärtes Mittelalterbild, das mit Hartmanns Werk nur wenig gemein hatte (vgl. Beutin 1994 mit Text der Ausgabe von 1789). Hartmanns mittelalterliche Romanhelden Iwein, Gregorius und Heinrich waren damit an der Wende vom 18. zum 19. Jahrhundert wieder im kulturellen Gedächtnis der Gegenwart aktiv präsent.

Lachmann und Benecke Die eigentliche Geschichte der Hartmann-Forschung beginnt dann in den 1820er Jahren mit der kritischen Edition des „riter mit dem lewen / getihet von dem Hern Hartman Dienstman ze Ouwe" – das ist der „Iwein" – durch Karl Lachmann und Georg Friedrich Benecke (1. Auflage 1827). Neben Lachmann, Benecke und den Grimms, den Begründern der modernen historisch-kritischen Editionspraxis, beschäftigten sich in den folgenden Jahrzehnten nahezu alle namhaften Altgermanisten von Haupt, Bech, Paul, Saran, Henrici, Schönbach, Kraus bis Sparnaay und Zwierzina mit dem längst als Klassiker etablierten Hartmann von Aue. Vordringliches Ziel waren zunächst zuverlässige wissenschaftliche Ausgaben. Auch schon ganz früh versuchte man die Dichterpersönlichkeit Hartmann, der mit Wolfram von Eschenbach, Gottfried von Straßburg und Walther von der Vogelweide zu den berühmtesten Dichtern des Mittelalters gezählt wurde, ein biografisches Profil zu geben. In den Ausführungen Karl Lachmanns in der Vorrede der zweiten „Iwein"-Ausgabe (1843) wird ein vom Geist eines romantisch-antik geprägten Geniebegriffs durchdrungenes Idealbild entworfen: „seine erzählenden gedichte, und noch mehr seine lieder zeigen den gebildeten, liebenswürdigen, biedern mann, dessen freundschaft von mitlebenden gewiss umso eifriger gesucht wurde, je mehr sie selbst edel und bieder waren. die zeitgenossen verschwiegen, was jeder wußte: umso mehr ist die nachwelt verpflichtet eine schuld abzutragen, die nie verjährt und nie verjähren darf" (Vorrede IV). Diese „schuld", d. h. die Suche nach authentischen Lebenszeugnissen und biografischer Gewissheit, beschäftigt die Hartmann-Forschung bis heute.

2. Hartmann-Forschung im 20. Jahrhundert

Sparnaay In den 1930er Jahren unternahm Hendricus Sparnaay den ambitionierten Versuch, in seinen zweibändigen „Studien zu einer Biografie" (1933/1938 – Nachdruck: 1975) die ältere Hartmann-Forschung bilanzierend zusammenzuführen, den Umfang des authentischen Werks zu sichern, die Werke zu analysieren und Hartmann von Aue in einem historischen Bezugsrahmen als Dichterpersönlichkeit zu konturieren. Trotz einiger Kritik gilt Sparnaays faktenreiche Studie als Meilenstein auf dem Weg zu einem kritisch reflektierten Hartmann-Bild. Beanstandet wurde Sparnaays stellenweise unkritischer Umgang mit Selbstzeugnissen, Textstellen und Zeugnissen der Dichterkollegen. Sie als authentisch zu lesen war verlockend, aber letztlich durch nichts abzusichern. Im Vorwort des Nachdrucks merkt Cormeau dazu an: „Die Skizze ist konsequent, wenn auch zu sehr von der Kraft einiger mehrdeutiger Argumente überzeugt, ihr stehen heute wie damals ganz oder teilweise andere Ansätze gegenüber" (ebd. V).

Zur weiteren Popularisierung Hartmanns in der universitären Lehre trug der 1962 von Peter Wapnewski unter dem Titel „Hartmann von Aue" erschienene Überblicksband in der Sammlung Metzler bei (Wapnewski 1962). Neben Skizzen zu den Inhalten, zur Herkunftsfrage, zur Biografie, zur Werkchronologie, zu Sprache und Metrik bot Wapnewski auch eine neuerliche kritische Reflektion der Hartmann-Forschung. Obwohl Wapnewskis Arbeit durch die rasant vorangeschrittene aktuelle Forschung partiell überholt ist, sind Einzelaspekte seines Überblicks noch heute von Bedeutung. Nicht zuletzt durch Wapnewski angeregt, gewann die Hartmann-Forschung weiter an Dynamik. Hervorzuheben sind vor allem die umfassenden Arbeiten von Hansjürgen Linke (Linke 1968) zu den epischen Strukturen, von Eva Maria Carne (Carne 1970) und Volker Mertens (1978) zu den Frauengestalten sowie von Gert Kaiser (Kaiser 1973) und Ragotzky/Weinmeyer (1979) zur soziologischen Verortung. [Wapnewski]

Einen Forschungsquerschnitt legten im Jahr 1973 Hugo Kuhn und Christoph Cormeau in der WBG-Reihe „Wege der Forschung" vor. In 23 Beiträgen der namhaftesten Hartmann-Forscher aus den Jahren 1920–1970 wurden ebenso Detailfragen etwa zur Medizin im „Armen Heinrich" oder den allegorischen *kleit* im „Gregorius"-Prolog wie allgemeine literatur- und kulturhistorische Überlegungen etwa zu *Saelde und êre*, zum Rittertum oder zu Sage und Legende verhandelt. Aus seiner intensiven Beschäftigung mit Hartmann heraus erarbeitete Christoph Cormeau im Jahr 1981 für die Neuauflage des Verfasserlexikons schließlich einen bis heute gültigen Forschungsüberblick (Cormeau 1981). Zusammengetragen wurden alle wichtigen Fakten zu Person, Werk, Überlieferung, Wirkung, Edition und Forschung. Für den schnellen Zugriff ist dieser Lexikonartikel nach wie vor unentbehrlich, bei der gerade in den letzten beiden Jahrzehnten rasant voranschreitenden Hartmann-Forschung aber letztlich nicht mehr ausreichend. [Kuhn/Cormeau] [Verfasserlexikon]

Die bis heute letzte und gleichzeitig umfassendste Übersichtsdarstellung besorgte Mitte der 1980er Jahre ebenfalls Christoph Cormeau, jetzt gemeinsam mit Wilhelm Störmer (Cormeau/Störmer 1985). Der 1993 und 2007 jeweils neu aufgelegte, aber nur leicht überarbeitete Band sollte, gegliedert in 8 Arbeitsbereiche, „die literarischen Texte in ihrer Geschichtlichkeit nahebringen" (ebd. 11). Neben den Werkanalysen und der historischen Phänomenologie, d. h. dem Versuch einer vorsichtigen, alle Forschungsergebnisse berücksichtigenden biografischen Annäherung an den Dichter Hartmann von Aue, stand im Zentrum des Bandes die Rekonstruktion der historischen Rahmenbedingungen. Im „Arbeitsbereich II" werden dazu die zeitgenössischen Charakteristika von Adel und Ministerialität anhand normativer und literarischer Quellen herauspräpariert. Auch wenn gerade in diesem Problembereich die Forschung in den letzten Jahrzehnten grundlegende neue Erkenntnisse gewinnen konnte (vgl. zum Rittertum bei Hartmann z. B. Jackson 1994 u. Haupt 2006), bleibt der Überblicksband ein wichtiges Handwerkszeug für die Hartmann-Analyse. Zu Hartmanns „Erec" ergänzend und zugleich grundlegend heranzuziehen ist die im Jahr 2006 von Joachim Bumke vorgelegte „Erec"-Einführung (Bumke 2006). In bewährter Manier werden dort ein umfassender Forschungsabriss, eine erschöpfende Textanalyse, ausgewählte Forschungsschwerpunkte, Aspekte der Stoff-, Quellen- und Wirkungsgeschichte sowie eine kurze biografische Skizze geboten. Entsprechend aktuelle Gesamtüberblicke zu anderen Hartmann-Werken liegen zwar nicht vor, [Cormeau/Störmer] [Bumke] doch sind inhaltliche, formale, stilistische, kultur- und literaturhistorische, juristische, medizinische, religiöse Details in kaum überschaubarer Fülle in zahllosen Monographien und Aufsätzen mehr oder weniger erschöpfend aufgearbeitet.

Editionen Wie die Forschungslage insgesamt ist auch die Editionssituation komfortabel. Nahezu das gesamte Werk Hartmanns von Aue ist durch kritische Ausgaben, neuhochdeutsche sowie englische Übersetzungen, Kommentare, Wörterbücher, Konkordanzen und eine wahre Flut literar- wie kulturhistorisch fokussierter Detail-, Einzel- und Überblicksstudien sowohl für die wissenschaftliche wie die studentische Nutzung hervorragend erschlossen. Zuverlässige Textausgaben auf höchstem philologischen Niveau bieten etwa die vielfach neu bearbeiteten und neu aufgelegten ATB-Ausgaben von Gärtner (2006) zum „Erec", von Wolff (1968) bzw. Cramer (2001) zum „Iwein", von Wachinger (2004) zum „Gregorius" und von Gärtner (2001) zum „Armen Heinrich". Zur Lyrik liegt die mittlerweile 38., erneut revidierte Auflage von des Minnesangs Frühling vor (MF 1988). In den beiden Bänden der 2004 *Mertens und Scholz* erschienenen zweisprachigen Klassiker-Ausgabe (Mertens 2004, Scholz 2004) in Verbindung mit der ebenfalls in dieser Reihe erschienenen Lieder-Auswahl (Kasten 1995/2005) sind zudem – fast – alle Hartmann-Texte auch ausführlich kommentiert (dazu auch Okken 1993). Außerdem enthalten alle drei Bände jeweils eine leicht eingängliche Inhalts- und eine aktuelle Forschungsskizze mit aktueller Auswahlbibliografie. Als vorbildlich kann man *Internet* auch die elektronische Erschließung der Hartmann-Ressourcen im Internet bezeichnen: So bietet das Hartmannportal (http://www.fgcu.edu/rboggs/hartmann/HvAMain/HvAHome.html) neben elektronischen Textausgaben zahlreiche Hilfsmittel wie Register, Indizes, Wörterbücher, Konkordanzen und E-Faksimiles. Weitere Textausgaben enthält das Augustana-Portal (http://www.fh-augsburg.de/~harsch/germanica/Chronologie/12Jh/Hartmann/har_intr.html). Alle Textzeugen sind im Handschriftencensus erfasst und detailliert beschrieben (http://cgi-host.uni-marburg.de/~mrep/liste_inhalt.php#H).

Desiderata Von der Forschung sträflich vernachlässigt ist nur die schon seit den Anfängen der Hartmann-Philologie im frühen 19. Jh. von der Germanistik gleichsam vergessene „Klage". Viel versprechende Ansätze von Wisniewski (1963), Gewehr (1975) und Mertens (1988) erbrachten zwar wichtige Einzelergebnisse, aber die „Klage" blieb ein kaum wahrgenommenes Randphänomen des Hartmannschen Schaffens. Daran änderten auch die Ausgaben von Zutt (1968), Wolff (1972) und Tax (1979) kaum etwas. Ohne neuhochdeutsche Übersetzung und ohne detaillierten Kommentar – der der Ausgabe von Tax beigegebene Kommentar samt Wörterverzeichnis reicht nicht aus – war und ist das theoretisch hoch reflektierte Werk im akademischen Unterricht kaum vermittelbar.

3. Blütezeit und Klassikerideal – Forschungstopos oder Realität?

Blütezeit In der Zeit um 1200 entwickelte sich im deutschen Literaturdiskurs eine Klassikervorstellung, die bis in die Moderne das Bild von der mittelalterlichen Literatur bestimmt. Diese schon im Mittelalter selbst präsente Idee einer von den Dichtern Heinrich von Veldeke, Hartmann von Aue, Gottfried von Straßburg, Walther von der Vogelweide und Wolfram von Eschenbach geprägten strahlenden höfischen Blütezeit wurde von einer von genieästhetischen Vorstellungen geprägten germanistischen Forschung gerne aufgenommen. Karl Lachmann und seine Kollegen verquickten dabei mittelalterliche Vorstellungen mit einem aus der Beschäftigung mit der antiken Klassik gewonnnen Dichterideal (vgl. zusammenfassend Johnson 1999). Stützen konnte man sich auf eine bereits im beginnenden 13. Jahrhundert in den Literaturkatalogen Gottfrieds von Straßburg, Rudolfs von Ems und Heinrichs von dem Türlin formulierte Klassikeridee: Gottfried listet die vermeintlich besten Autoren seiner Zeit auf und charakterisiert und bewertet jeden Einzelnen von ihnen. In Gottfrieds Dichterkatalog (Abdruck bei Schweikle 1970, 5–11) werden in diesem Sinn vor allem die überragenden Qualität Hartmanns herausgestellt:

Gottfrieds Dichterkatalog

> Hartmann der Ouwaere
> âhî, wie der diu mære
> beide ûzen unde innen
> mit worten und mit sinnen
> durchverwet und durchzieret!
> wie er mit rede figieret
> der âventiure meine!
> wie lûter und wie reine
> sîniu cristallînen wortelîn
> beidu sint und iemer müezen sîn!
> si koment den man mit siten an,
> si tuont sich nâhen zuo dem man
> und liebent rehtem muote.
> swer guote rede ze guote
> und ouch ze rehte kann verstân,
> der muoz dem Ouwaere lân
> sîn schapel und sîn lôrzwî.   (Tristan V. 4621–37)

(Hartmann von Aue, ja, wie der seine Geschichten sowohl formal wie inhaltlich mit Worten und Gedanken völlig ausschmückt und verziert! Wie er mit seiner Sprache den Sinn der Erzählung durchformt! Wie klar und wie durchsichtig rein seine kristallenen Worte sind und immer sein werden! Mit edlem Anstand nahen sie dem Leser und gefallen allen, die rechten Geistes sind. Wer gute Sprache gut und auch richtig zu verstehen vermag, der muss Hartmann seinen Siegerkranz und Lorbeer lassen)

Hartmanns Dichtkunst – Gottfried spricht über ihn als Lebenden – ist nach Gottfried so überragend, dass ihm *schapel und lôrzwî*, d.h. Siegerkranz und Siegerlorbeer zukommen. Was genau das Herausragende an Hartmanns Kunst ist, begründete Gottfried wie folgt: Es ist die Art, wie er *diu mære beide ûzen unde innen / mit worten und mit sinnen / durchverwet und durchzieret*, und es sind die *cristallînen wortelîn*, d.h. eleganter Stil, perfekte Form und kristallklare Sprache. Wolfram von Eschenbach lässt im „Parzival" ebenfalls keinen Zweifel daran, dass er Hartmann nicht nur für den Begründer der deutschen Artusepik hält, sondern als Autorität in Fragen der Artus-Thematik (Parzival 143,21–25). Allerdings werden Hartmanns weibliche Heldinnen Enite und Lunete im „Parzival" mehrfach Zielscheibe herber Kritik (Parzival 143,29ff zu Enite und 253,10ff. + 436,5ff. zu Lunete). Die nach 1225 entstandene „Crône" Heinrichs von dem Türlin ist dann schon eine Totenklage auf einen längst als Klassiker etablierten Hartmann: *Owe, toetlicher slach, /*

Lob der Zeitgenossen

Wie dv an im hast gesiget, / Daz er in touber molte liget, / Der ie schein in vreuden schar! (Crône V. 2412–2415; Abdruck bei Schweikle 1970, 12–16). Heinrich von dem Türlin gelten Hartmanns Artusromane als Exempel höfischer Kultur und die Lieder als perfekter Frauenpreis (Crône V. 2348–2437). Ähnlich beschreibt Rudolf von Ems im „Alexander" (nach 1230; Abdruck bei Schweikle 1970, 16–22) und im „Willehalm von Orlens" (um 1240; Abdruck bei Schweikle 1970, 23–28) seinen Dichterkollegen. Rudolf rückt Hartmann an die Seite von Wolfram von Eschenbach und Gottfried von Straßburg, womit vor der Mitte des 13. Jh.s die bis heute gültige Klassiker-Trias der höfischen Blütezeit endgültig im Literaturdiskurs verankert ist. Im „Meleranz" des Pleier (um 1270; Abdruck bei Schweikle 1970, 58 u. 92), im „Gauriel von Muntabel" des Konrad von Stoffeln (um 1270; Abdruck bei Schweikle 1970, 59f.) und in der „Österreichischen Reimchronik" Ottokars von Steiermark (um 1310; Abdruck bei Schweikle 1970, 111f.) werden der Dichter Hartmann und speziell seine Artusromane in diesem Sinn als Klassiker gewürdigt. Der Schweizer Minnesänger von Gliers (2. Hälfte 13. Jh.; Abdruck bei Schweikle 1970, 33–38) rühmt Hartmann wie Heinrich von dem Türlin (dort mit Reinmar dem Alten zusammengestellt) zudem als hervorragenden Minnesänger. „Es ist bemerkenswert, dass die sich dem Mittelalter zuwendende junge Nationalphilologie des 19. Jahrhunderts den von Gottfried etablierten Kanon nahezu unverändert übernahm, lediglich ergänzt durch den schon im weiteren 13. Jahrhundert, bald nach Gottfried, in den Kanon aufgenommenen Wolfram von Eschenbach" (zur Klassikeridee vgl. grundlegend Henkel 2005, Zitat ebd. 449).

Fiktionalitäts-debatten

In der jüngeren Forschung hat neben der schon von den Zeitgenossen formulierten Klassikeridee vor allem eine eher beiläufige Gottfried-Passage zur Gestaltung der Aventiure Aufmerksamkeit erregt: *wie er mit rede figieret / der âventiure meine*. Haug sah in diesen Versen eine beinahe wörtliche Übersetzung von Chrétiens *molt bele conjointure* (Erec et Enite V. 14). Im Sinne Chrétiens übersetzte Haug dies so, dass Hartmann der ist, der der Artusgeschichte eine richtige Struktur und einen guten Sinn gibt (Haug 1975, 102). Haugs Überlegungen waren das Fundament bisweilen heftiger Forschungsdebatten um die Dimensionen von Fiktionalität in den Artusromanen. Grünkorn (1994) und Burrichter (1996) stehen hier mit einem offensiven, von modernen literaturtheoretischen Modellen geprägten Fiktionalitätskonzept gegen Knapp (1997; vgl. auch Knapp/Niesner 2002). Diese und andere literaturtheoretische Grundsatzdebatten werden in einem bilanzierenden Forschungsüberblick von Schirok (1999) zusammengefasst und vor dem Hintergrund der großflächig erfassten Forschungsliteratur bewertet.

4. Forschungsschwerpunkte

Werkchronologie

Datierungsmodelle

Wegen der fehlenden normativen Quellen stellen sich seit den Tagen Lachmanns stets aufs Neue die Fragen nach der relativen und der absoluten Werkchronologie. Um die Reihenfolge der Werke zu bestimmen und sie in historischen Zusammenhängen verorten zu können, versuchte man aus den Texten und den Referenzadressen der Dichterkollegen jedes noch so kleine chronologisch verwertbare Elemente herauszulesen. Eher beiläufige Äußerungen im „Erec" (V. 1603 u. 7480) und in der „Klage" (V. 3), wo sich Hartmann von Aue – oder genauer: Das Dichter-Ich – als *jungelinc* und *tumben knecht* bezeichnet, haben die Forschung beispielsweise dazu bewogen, die beiden genannten Werke in den Anfängen des Hartmannschen Schaffens zu verorten. Intertextuelle Verweise im „Iwein", inhaltliche Indizien und stilistische Merkmale wurden zur Untermauerung der Thesen angeführt. Die Entstehung des „Iwein" seinerseits wurde wegen einer Anspielung im „Parzival" Wolframs von Eschenbach (Pz. 253,10ff.) auf die Jahre vor 1203 eingegrenzt. Die Datierung der Lyrik war und ist dagegen umstritten. Die Kreuzlieder wurden entweder mit dem 3. Kreuzzug oder dem sog. deutschen Kreuzzug in Verbindung gebracht. Insgesamt ergaben sich diverse mehr oder weniger plausibel begründetet Modelle, wobei Sparnaay (1933/1938) eine erste geschlossene, alle Einzelzeugnisse und Textindizien integrierende biografische motivierte Gesamtinterpretation vorlegte. Sein vieldiskutiertes Modell wurde in den 60er und 70er Jahren unter anderem von Wapnewski (1962) und Bertau (1972/1973) modifiziert, wobei sich als Forschungskonsens relativ feste Anfangs- („Erec" und „Klage") und Endpunkte („Iwein") herauskristallisiert haben. Umstritten bleiben die absolute Chronologie, die Verortung der Minnelyrik und die Datierung der Kreuzzugslyrik.

Modelle zur Werkchronologie (Zusammenstellung bei Cormeau/Störmer 1985, 32)

Wapnewski		Bertau		Wolf	
1180–1190	„Klage" + Minnelyrik + „Erec"	1180–1185	„Klage" + Minnelyrik + „Erec"	um 1180	„Klage" + „Erec"
				ab 1180	Minnelyrik (evtl. über den gesamten Schaffenszeitraum)
1190–1197	„Gregorius" + Kreuzlieder	vor 1187	„Gregorius" + Kreuzlieder	um 1185	„Gregorius"
nach 1197	„Armer Heinrich"	nach 1191	„Armer Heinrich"	um 1190 oder 1197	Kreuzlieder
				um 1200	„Armer Heinrich"
um 1203	„Iwein"	nach 1191	„Iwein"	vor 1203	„Iwein"

Fassungsbildung
Schon Lachmann war aufgefallen, dass nahezu alle Werke Hartmanns in zwei oder mehr häufig stark von einander abweichenden Fassungen vorliegen. Da Hartmann-Autographen nicht erhalten sind, versuchten die Philologen mit Hilfe von Textkritik und Stemmatologie Abhängigkeiten herauszupräparieren, zu fixieren und so dem jeweiligen Autororiginal nahezukommen. Man folgte den Vorgaben Karl Lachmanns und dessen prototypisch wirkender „Iwein"-Ausgabe. Die zum Teil sperrige Überlieferung bereitete den Editoren jedoch erhebliche Probleme. Die in zahlreichen Neubearbeitungen immer wieder modifizierten Lösungen blieben unbefriedigend: Ent-

Fassungen

weder man integrierte die abweichenden Varianten per Lesartenapparat und/oder Textmodifikation in den einen rekonstruierten Text oder man blendete ‚störende' Abweichungen bzw. Fassungsvarianten komplett aus. Ein besonderes Problem ergab sich beim „Erec". Dort existierte neben wenigen alten Fragmenten überhaupt nur ein einigermaßen vollständiger, zugleich aber sehr junger, sprachlich und inhaltlich stark modernisierter Textzeuge im „Ambraser Heldenbuch". Moritz Haupt entschied sich dafür, diesen frühneuhochdeutschen „Ambraser Erec" in ein konstruiertes, mehr oder weniger fiktives Normalmittelhochdeutsch rückzuübersetzen. Das Problem potenzierte sich noch, denn für seine im Jahr 1839 erschienene Erstausgabe hatte Haupt nur auf eine schlechte Abschrift dieses Textzeugen zurückgreifen können. Auch die unter Mitwirkung von Karl Lachmann stark veränderte zweite „Erec"-Auflage (1871) blieb überlieferungsfern. Vorsichtig zum Ambraser Text kehrten erst Scholz (2004) und Gärtner (2006) zurück, wobei letzterer erstmals auch die Wolfenbütteler und Zwettler Neufunde komplett abdruckt. Nach Bumke bleibt aber „das dringendste Desiderat der philologischen „Erec"-Forschung ein vorsichtig normalisierter und nur in den evidenten Fehlern korrigierter Abdruck des Ambraser „Erec" (vgl. Bumke 2006, 15–17, Zitat 17).

Bumke spielt mit dieser Forderung auf eine literaturtheoretische Grundsatzdebatte aus den 1990er Jahren an. Damals rückte die Hartmann-Forschung in den Blickpunkt aktueller literaturtheoretischer Debatten um eine auf das Material, die Handschriften, fokussierte Philologie als Widerpart einer auf die Rekonstruktion eines (fiktiven) Originals gezielten, von Karl Lachmann begründeten alten Philologie. Als Ziel hatten die neuen Philologen formuliert, dass das gesamte handschriftliche Material in einer adäquaten Ausgabe berücksichtigt werden müsse und dass die Rekonstruktion eines Autororiginals nicht sinnvoll bzw. schlicht unmöglich sei. Joachim Bumke (1996) war es, der in seiner richtungweisenden Studie zu den vier Fassungen der „Nibelungenklage" die Besonderheiten der „Iwein"-Überlieferung theoretisch reflektierte: Bumke war aufgefallen, dass für die sich in zwei z.T. deutlich unterschiedliche Fassungsstränge aufspaltende „Iwein"-Überlieferung, repräsentiert durch die Handschriften A und B, mittels philologischer Methoden kein genetisches Abhängigkeitsverhältnis zu ermitteln war. Bumke nahm deshalb beide Fassungen als gleichwertig an. Als grundlegend gilt bis heute Bumkes Erkenntnis, dass entsprechende Fassungsphänomene für die frühe Epenüberlieferung generell charakteristisch sind: „Die Frühgeschichte der epischen Überlieferung ist gekennzeichnet durch eine auffallende Instabilität der Texte. Für die meisten Epen bezeugen die ältesten Handschriften verschiedene Textfassungen, deren Verhältnis zueinander sich nicht eindeutig bestimmen läßt. Je weiter man textgeschichtlich zurückgeht und je näher man dem Autor kommt, um so größer werden die Unsicherheiten und um so größer wird der Spielraum für Vermutungen. Da sich für die meisten Epen dasselbe Bild ergibt, ist anzunehmen, daß nicht Überlieferungszufälle dafür verantwortlich sind" (Bumke 1996, 30–60, Zitat 60). Der von Bumke skizzierte „Iwein"-Befund gilt in gleichem Maße auch für die sich ebenfalls in zwei oder mehr Stränge aufspaltende „Erec"-, „Gregorius"- und „Armer Heinrich"-Überlieferung. Neue Nahrung erhielten die Fassungsdiskussionen in jüngster Zeit durch die sensationellen „Erec"-Neufunde in Zwettl (zusammenfassend Gärtner 2004 u. 2006, Nellmann 2004

u. 2006, Springeth et al. 2005) und neue Erkenntnisse zur „Iwein"-Handschrift B (Hausmann 2001, Wolf 2007).

Wenn auch mittlerweile fast immer versucht wird, zumindest die wesentlichen Überlieferungsdifferenzen in den Lesartenapparaten und/oder Editionsbeigaben abzubilden, haben die aktuellen Ausgaben hinsichtlich der Repräsentation von Fassungscharakteristika und Fassungsvarianten nach wie vor Schwächen. Um die Fassungsdimensionen richtig abschätzen zu können, sind deshalb Parallelabdrucke und Faksimileausgaben einzelner Handschriften und Fragmente wichtige Forschungsdesiderata. Richtungweisend ist hier das Faksimile der Gießener Handschrift der B-Fassung des „Iwein" (Heinrichs 1964), wo in die Abbildungen der Handschrift die Verszahlen der A-Fassung eingeblendet sind.

Edition und Fassung

Lyrik

Von Karl Lachmann noch hoch geschätzt, geriet Hartmanns Lyrik seit dem frühen 20. Jh. in die Kritik. Während Hartmanns Kreuzlieder von der Forschung immer anerkannt wurden, gab es zur Qualität seiner Minnelyrik wachsende Bedenken. Der große Germanist Konrad Burdach kam in seinen 1928 erstmals aufgelegten Studien zu Reinmar und Walther von der Vogelweide zu dem vernichtenden Urteil: „Hartmann von Aue ist kein Lyriker; die Empfindung quillt ihm nicht unmittelbar aus der Seele, und seine Darstellung ist zu glatt, zu kalt, zu hell, als dass sie die tieferen leidenschaftlichen verborgenen Regungen des Herzens erreichen könnte. Echte Lyrik bedarf eines Helldunkels des Ausdrucks und der Wärme einer schwungvollen Natur" (zitiert nach Ehlert 1995, 38). In der Folgezeit standen denn auch im Zentrum der Hartmann-Lyrikforschung weniger eingehende Untersuchungen der Lieder, sondern Überlieferungsfragen. Es ging darum, überhaupt erst einmal die Konturen der Hartmannschen Lyrik zu erfassen. Neben *mouvance*-Phänomenen mit wechselnden Strophenfolgen und sich auflösenden Liedzusammenhängen (Beispiele bei Cramer 1998, 77–81) stellten Echtheitsfragen ein kontrovers diskutiertes Problem dar (Beispiele und Grundsatzdiskussion bei Ehlert 1995). Vor allem die Mehrfachzuschreibungen in den verschiedenen Liederhandschriften und die große stilistische wie thematische Breite gaben immer wieder dazu Anlass, das Lied-Œuvre Hartmanns zur Disposition zu stellen: Hartmanns Lieder variieren in selbständig fortentwickelten Kanzonenstrophen. Von den 17 oder 18 Tönen (Melodien) werden Hartmann mindestens 4 abgesprochen und nach Hs. E in der Regel Walther von der Vogelweide oder Reinmar zugeschrieben. Die Argumente blieben vage (vgl. zusammenfassend Reusner 1985, 97–161 u. kritisch Ehlert 1995).

Qualitätsurteile

Echtheitsfragen

Wesentliche Forschungsanstrengungen konzentrierten sich auch darauf, autobiografische Züge in den Liedern aufzudecken und einen genetischen Zusammenhang der einzelnen Lieder zu finden. Die Versuche, mit Hilfe von Reim- und Motivresponsionen einen Teil oder alle Lieder zu einem narrativen Zyklus wechselnder Minnebeziehung mit autobiografischem Hintergrund zu verbinden, führten jedoch zu keinen überzeugenden Ergebnissen, zumal schon die einzelnen Lieder in den Handschriften teilweise sehr unterschiedlich zusammengestellt sind und alle Anknüpfungsversuche an realhistorische Ereignisse (Kreuzzug, Saladin, Tod des Gönners, Gunstverlust und Tod einer Dame) nicht über den Bereich der Spekulation hinauskamen (vgl.

Zyklustheorie

Blattmann 1968 u. kritisch zusammenfassend Reusner 1985, 172–176 u. Kühnel 1989).

Erst in jüngerer Zeit ist man wieder zum Kern der Hartmannschen Lyrik vorgestoßen, wozu die übersetzten und kommentierten Neu- bzw. Teilausgaben von Reusner (1985) und Kasten (1995/2005) maßgeblich beigetragen haben. Die auch in der Lyrik herausragenden Fähigkeiten Hartmanns stehen mittlerweile nicht mehr im Zweifel. Die Bedeutung seiner Lieder für die Fortentwicklung der Gattung bzw. insbesondere für das bald in Frage stehende Konzept der Hohen Minne ist aber in seiner Tragweite noch nicht erfasst (vgl. Reusner 1985, 170f. u. Ehlert 1995).

Gattungsfragen

Legende oder Roman?

Was den „Gregorius", den „Armen Heinrich" und die „Klage" betrifft, war die Gattungszuordnung lange ein zentraler Forschungsschwerpunkt. Vor Grimm und Lachmann las man den „Gregorius" und den „Armen Heinrich" als Werke aus dem christlichen Legendenschatz. Die Gregorius-Legende war sogar integraler Bestandteil der einschlägigen Legendensammlungen geworden. In der Folge der wissenschaftlichen Aufarbeitung verwischte sich diese vermeintlich eindeutige Zuordnung jedoch zusehens. Es wurde sogar diskutiert, ob es sich bei der Lebensgeschichte des größten Sünders überhaupt um eine Heiligenlegende oder vielleicht eher um einen höfischen Roman handele – ggf. sogar mit dem Doppelwegmuster (vgl. Hirschberg 1983 u. Johnson 1999, 407). Der Doppelweg wäre dann freilich kein arturischer, sondern ein christlich-biblischer. Insgesamt scheinen die legendarischen Züge zu überwiegen. Eine solche Einschätzung legt auch die mittelalterliche Überlieferung und die Rezeption in den großen Legendensammlungen nahe. In diese Richtung deuten auch die Untersuchungsergebnisse von Ulrich Ernst, wenn er eine „Werkdeutung im Horizont der patristischen und monastischen Tradition" unternimmt (Ernst 1978/79) bzw. nach theologischen Grundlagen und legendarischen Strukturen fragt (Ernst 2002). Nicht weniger problematisch stellt sich die Gattungszuordnung beim „Armen Heinrich" dar. Die Überlieferung in den Märenhandschriften Ba und Bb spräche dafür, dass der Text im Mittelalter als Exempel (*bîspel*) und als Mirakel (Gotteswunder) verstanden wurde. Dagegen wurde die fehlende Anbindung an einen Heiligen (Mirakel) und das Fehlen der typischen Lehrformel, des Pro- oder Epimythions (Märe), ins Feld geführt. Doch auch die Kategorisierung als höfische Erzählung ist wegen der religiösen Dimensionen problematisch. Man spricht deshalb von einer Gattung *sui generis*, was allerdings nur den Zustand der Hilflosigkeit bei der Gattungszuordnung umschreibt. Dem mittelalterlichen Publikum scheint es übrigens kaum anders gegangen zu sein.

„Klage"

Ebenfalls nur schwer in ein Gattungsschema einzuordnen ist die „Klage". Ingeborg Glier kann zwar aufzeigen, wie Hartmanns „Klage" auf die Minnereden des Spätmittelalters voraus weist. Ein solcher Texttyp ist aber in der fraglichen Zeit und im fraglichen Raum in der deutschen Literatur ohne Beispiel (vgl. Glier 1971, 20–24). Nach wie vor gültig ist die von Cormeau/Störmer (1985, 98) ihrem kleinen Überblick zum „Klage"-Büchlein vorangestellte Bemerkung: „An seinen literarischen Voraussetzungen ist vieles noch unklar, seine historische Situation kaum hypothetisch erfaßt."

III. Der Autor und sein Werk

1. Biografiefragmente: facta oder ficta?

So bekannt Hartmann von Aue und so erfolgreich seine Werke auch waren, er selbst ist als Person kaum fassbar. Normative Quellen fehlen vollständig. Selbstzeugnisse finden sich jedoch in nahezu allen Werken. Sie zeugen von einem ausgeprägten Autorbewusstsein. Auch seine Dichterkollegen lassen einiges von der Persönlichkeit des Autors erahnen. In einigen älteren Arbeiten hat man jedes Wort Hartmanns und seiner Dichterkollegen als Schlüssel zur historischen Person lesen wollen, was bisweilen zu abenteuerlichen Biografiefiktionen geführt hat. Spätestens seit den kritischen Anmerkungen Cormeaus zu Sparnaays Biografisierungsversuchen (im Vorwort zur 2. Auflage von Sparnaay 1975, S. V) bewertet man entsprechende Indizien in den Werken Hartmanns und in den Werken der Dichterkollegen weitaus zurückhaltender.

Quellenlage und Auorbewusstsein

Hartmann von Aue taucht weder in Akten, Urkunden, Verzeichnissen noch in anderen normativen Quellen der Zeit auf. Kein Gönner nennt ihn, kein Fest kennt ihn, keine Urkunde sieht ihn als Zeugen oder Beteiligten. Alles, was wir über Hartmann wissen bzw. glauben zu wissen, stammt aus seinen Texten und den Referenzadressen seiner Dichterkollegen und muss folglich mit äußerster Zurückhaltung gelesen werden, denn die Dichter dieser Epoche spielen bekanntermaßen gerne mit Biografiefragmenten, deren reale und fiktionale Elemente oft so artifiziell verflochten sind, dass ein realer Kern (so es ihn gibt) Jahrhunderte später nicht zu verifizieren ist. Dieses Verfahren ist Teil eines autonomen höfischen Literaturdiskurses und wahrscheinlich den Performanzanforderungen beim Vortrag/Vorlesen der Werke geschuldet. Jahrhunderte später erschwert es den Zugang zur historischen Person bis hin zur Unkenntlichkeit. Es bleiben allerdings zahlreiche Indizien, die zwischen spekulativer Biographisierung und spekulativer Gönnerforschung Plausibilitäten verschiedener Intensität ergeben. Durchmustert man vor diesem Hintergrund beispielsweise alle Prologe auf biographische Indizien, entfaltet sich ein dichtes Biografiegebilde, das allerdings an keiner Stelle definitive Sicherheit bietet.

Spekulative Gönnerforschung

Im „Gregorius" gibt der Prolog Auskunft über Name und Herkunftsort des Dichters:

Biografie im Prolog

> Der diese rede berihte,
> in tiusche getihte
> daz was von Ouwe Hartmann (Gregorius V. 171–173)
>
> (Der diese Erzählung übersetzte, und auf deutsch abgefaßt hat, der war Hartmann von Aue)

Im Prolog des „Armen Heinrich" erfährt der Leser zusätzlich Details über Stand und Bildungshintergrund:

> Ein rîter sô gelêret was
> daz er an den buochen las
> swaz er dar an geschriben vant (Armer Heinrich V. 1–3)
>
> (Ein Ritter war so gelehrt, dass er in Büchern studierte, was er dort geschrieben fand.)

In direkter Beziehung zum Prolog des „Armen Heinrich" ist der Prolog des „Iwein" zu sehen. Auch hier bietet Hartmann eine dichte Folge biographischer Details (V. 21–29). Sie reichen vom Stand bzw. der Aufgabe (*rîter*), über die gelehrt-lateinische Bildung und das Buchwissen (*der gelêret was / unde ez an den buochen las*) bis hin zu einem Hinweis auf seine literarische Tätigkeit (*tihtens pflac*) und den Herkunftsort *Ouwe* (Aue). Fasst man die Beobachtungen zusammen, so ergeben sich als Eckpfeiler der Name Hartmann, die Herkunftsangabe von Aue, ein außergewöhnlicher Bildungshorizont und die in der Zeit allerdings schwer zu fassenden Standesbezeichnungen *rîter* (*miles*) und *dienstman* (*ministerialis*).

rîter Im „Armen Heinrich" (V. 1) und im „Iwein" (V. 21) bezeichnet sich Hartmann jeweils explizit als *rîter*. Was so vermeintlich exakt Stand und dienstrechtliche Stellung zu beschreiben scheint, ist zu Hartmanns Zeiten jedoch kaum zu fassen. Mit dem Terminus *rîter* werden ebenso Kaiser und Könige wie dienst- und lehnsrechtlich Abhängige, Unfreie bezeichnet. Laudage spricht von einem ‚doppelten Ritterbegriff': „*Miles* bezeichnete in den Urkunden zumeist den kleinen Vasallen oder Ministerialen, der sich durch Burgsässigkeit, Herrschaftsaufgaben, Hofdienste und Bewaffnung von der Masse der Bauern und Feldarbeiter abhob, aber keinen eigenen Hof bilden konnte. […] Auf der anderen Seite konnte Rittertum aber auch ein militärisches und kulturelles Phänomen umschreiben und die Gemeinschaft aller zu Pferde kämpfenden Menschen, vom einfachen Ministerialen bis hinauf zum Kaiser, akzentuieren" (Laudage 2006, 19, 22–26; vgl. Bumke 1977 u. Bumke 1986, 64–71 u. Curialitas 1990 u. Jaeger 2001 u. Zotz 2002, u. Rittertum 2006).

dienstman Auch der weiterführende Hinweis im „Armen Heinrich", dass er *dienstman was ze Ouwe* (V. 5), bringt keine Klärung, denn wir wissen weder welche lehnsrechtliche oder gesellschaftliche Stellung dieser Ministeriale zu Aue einnahm, wer sein Lehns- oder Dienstherr war, noch wissen wir, um welchen Ort oder welche Herrschaft es sich hier handelt. Gegen Ende des 12. Jh.s befindet sich das für das Reich typische System unfreier, abhängiger Dienstmänner bzw. Ministerialen in einem grundlegenden Umbruch. Die Ministerialen lösen sich aus ihrer direkten Bindung an den Dienstherren und steigen z. T. in den niederen Adel auf (vgl. Bumke 1986, 48–51, passim. u. Cormeau/Störmer 1985, 40–79 u. Curialitas 1990 u. Schulz 2000, 636–639 u. Laudage 2006, 15–18). In Frankreich wird das Bild demgegenüber vor allem von der Masse kleiner Vasallen bestimmt, die an den Höfen des Königs oder der hohen Lehnsaristokratie zu verorten sind und bereits zum niederen Adel gehören (Duby 1976). Beide Modelle scheinen in Hartmanns Texten und d. h. in seinem Verständnis von Rittertum und Dienstmannschaft zusammenzufließen. Möglicherweise bietet dabei das in den adaptierten frz. Texte präsente frz. Modell die Folie für eine neue Sicht oder sogar für eine Revision der eigenen Gegenwart: Im Reich lösen sich gerade jetzt die ehedem unfreien Dienstmannen allmählich aus der Abhängigkeit. Ihre Ämter und Lehen werden erblich. Der Aufstieg in den niederen Adel ist das erstrebte Ziel. Hier stellt sich die Frage, ob die von Hartmann offensichtlich bewusst unterschiedlich eingesetzten Termini *rîter* (*miles*) und *dienstman* (*ministerialis*) bereits einen solchen Wandel bzw. Aufstieg widerspiegeln. Oder sind es doch nur synonyme Begriffe? Jedenfalls wird man Bumke zustimmen, wenn er feststellt, dass „an Ritterstand und Ritterweihe dabei sicherlich nicht zu denken ist" (Bumke 2006, 2). In der Forschung wurde in diesem Kontext auch diskutiert, ob der hochadlige Held des „Armen Heinrich" ein Schlüssel zur Biografie des Dichters sein könnte. Anstoß zu solchen Überlegungen gab der mit den Biografieinformationen Heinrichs von dem Türlin (Krone V. 2353) korrelierende Hinweis, dass er *was von Ouwe geborn* (V. 49f.) und *ze Swaben gesezzen* (V. 31). Wegen seiner herausgehobenen Position als Edelfreier kommt der arme Heinrich zwar nicht direkt als biographische Folie für den Ministerialen Hartmann in Frage, es wurde aber erwogen, ob Hartmann ein illegitimer Sohn einer solchen hochadligen Familie gewesen oder ob mit besagtem Heinrich auf seine Gönnerfamilie angespielt sein könnte.

Der sich selbst als *rîter* und *dienstman* bezeichnende Hartmann von Aue stellt mehrfach in seinen Prologen heraus, dass er als Laie über eine gelehrt-lateinische Bildung und Buchwissen verfügt. Gelehrte Bildung und Buchwissen setzen aber unbedingt eine klerikale Schulbildung voraus. Diesem vermeintlichen Antagonismus wird man zu Zeiten Hartmanns allerdings keine zu große Bedeutung beimessen wollen, denn die höfischen Dichter des ausgehenden 12. Jh.s verfügten allesamt über eine klerikale Ausbildung bzw. waren selbst *clerici*. Einen solchen Bildungsgang scheint Hartmann im „Gregorius" am klostergelehrten Titelhelden überdies exemplarisch durchzuspielen. Glaubt man Thomasin von Zerklaere, scheint die Laienbildung zu Hartmanns Zeiten sowieso zur Normalität gehört zu haben. Im „Welschen Gast" (1215/16) preist Thomasin nur wenige Jahre nach Hartmann die ehedem hohe Bildung der höfischen Kinder im Sinn der *laudatio temporis acti* (dem Lob der vergangenen Zeit) als Relikt einer besseren Vergangenheit:

Bildungshorizont

> Bî den alten zîten was
> daz ein ieglîch kint las:
> dô wâren gar diu edeln kint
> gelêrt, des si nu niht ensint.
> Dô stuont ouch diu werlt baz
> âne nît und âne haz;
> dô het ein ieglîch man êre
> nâch sîner kunst und sîner lêre.
>
> (Der Welscher Gast. Hg. v. Heinrich Rückert. Quedlinburg/Leipzig 1852, V. 9198–9204: In den guten alten Zeiten war es so, dass jedes Kind lesen konnte. Damals waren sogar die adligen Kinder gelehrt. Das sind sie nun nicht mehr. Damals stand die Welt insgesamt besser da – ohne Neid und Hass. Damals hatte jedermann Ehre gemäß seines Könnens und seiner Bildung.)

Wie um die Standesfragen und das Bildungsphänomen kreist auch um den vermeintlich sichersten Hinweis zur Hartmann-Biografie: den Ort *Ouwe*, seit vielen Jahrzehnten eine rege Forschungsdiskussion. Folgt man dem Hinweis im „Armen Heinrich" und den Andeutungen Heinrichs von dem Türlin sollte dieser Ort im *lant ze swaben* zu verorten sein, aber Auen gibt es selbst im fraglichen Gebiet viele. Im Mittelpunkt des Forschungsinteresses stehen

Ouwe (Aue)

mit wechselnder Intensität sechs Orte: Owen/Teck, Obernau (Niederau) bei Rottenburg am Neckar, Reichenau, Weißenau bei Ravensburg, Eglisau am Rhein und Au bei Freiburg (vgl. Bumke 2006, 1f.).

Ortsrätsel
– Weißenau bei Ravensburg (*augia minor*) wird unter anderem von Thum (Thum 1978) favorisiert. Kloster Weißenau gehört zum Machtbereich der süddeutschen Welfen. Allerdings lässt sich dort keine Ministerialenfamilie *von Owe* nachweisen. Dialektgeographisch würde der Ort zum Überlieferungsschwerpunkt der meisten Werke Hartmanns passen.
– In Obernau/Niederau bei Rottenburg am Neckar ist ein Geschlecht *von Owe* seit dem frühen 13. Jahrhundert belegt. Die Familie stand im Dienst der zum Geschlecht der Zollern gehörenden Grafen von Hohenberg. Harter (Harter 1995 u. 2002) kann nachweisen, dass sich diese Grafen von Hohenberg am Hof Kaiser Barbarossas und Heinrichs VI. bewegten. Sie kannten Friedrich von Hausen, den von Gutenburg und Bligger von Steinach und waren verwandt mit Herzog Leopold von Österreich, was den zum Ort selbst nicht passenden südostdeutschen Überlieferungsfokus erklären könnte (Harter 2002, 99ff., 113ff.). Ein Hartmann von Aue lässt sich in der Ower Genealogie zwar nicht nachweisen, aber die bei den Owern vorkommende Namenskombination Hartmann-Hermann für Vater und Sohn gäbe Anlass zu Spekulationen. Der erste (im frühen 13. Jh.) nachweisbare Ower hieß Hermann.
– Au im Hexental bei Freiburg im Breisgau wird unter anderem von Mertens (ausführlich Mertens 1978 u. 1986; dazu kritisch Harter 1995, 180f.) favorisiert. Der Ort gehörte zum Machtbereich der Zähringer. Außerdem ist er Sitz eines Ministerialengeschlechts, für das im Traditionsbuch des zähringischen Hausklosters St. Peter ein *Heinricus de Owen* ab 1112 mehrfach bezeugt ist. Zwischen 1170 und 1180 wird ebenda ein *Liutfridus miles de Owa* genannt, der St. Peter Weinberg und Wiese schenkt (Nachweise: Zähringer 1986, 75). Au bei Freiburg passt jedoch kaum zur Dialektgeographie der Überlieferung.
– Owen an der Lauter bei der Burg Teck wird von Müller (Müller, 1974, 17f.) als wahrscheinliche Wirkungsstätte Hartmanns angeführt. Dieses Owen war durchgängig im Besitz der Zähringer und eine Seitenlinie dieses Fürstenhauses benannte sich nach der Burg. Eine Ministerialenfamilie *von Owe* ist nicht belegt.
– In Eglisau am Rhein im Schweizer Thurgau ist 1238 ein *Henricus de Ouwe* bezeugt. Dieser gehört allerdings zur Familie der Freiherren von Tengen, bei denen die Möglichkeit, als Hartmanns Auftraggeber fungiert zu haben, wegen ihre untergeordneten Position unwahrscheinlich ist. Von der älteren Forschung (vgl. zusammenfassend Harter 1995, 173f.) wurde diese Familie ins Zentrum der Gönnersuche gerückt, da Beziehungen zur Dienstmannenfamilie von Wespersbühl bestanden, die ein dem Hartmann-Wappen in den Liederhandschriften vergleichbares Adlerwappen geführt haben.
– Für die Klosterinsel Reichenau im Bodensee (*augia maior* oder *augia felix*) ist keine Ministerialenfamilie entsprechenden Namens bezeugt. Klosterministerialen benannten sich nicht nach dem Ort des Klosters, sondern in der Regel nach dem Klosterheiligen. Dialektgeographisch würde der Ort zum Überlieferungsschwerpunkt der meisten Werke Hartmanns passen.

Nüchtern betrachtet bleiben alle Ortsangaben enigmatisch. Letztlich lässt sich nur der Grad der Plausibilitäten mit einiger Genauigkeit angeben, wobei Weißenau, Obernau/Niedernau bei Rottenburg und vielleicht Au bei Freiburg plausibler erscheinen als Owen/Teck, Eglisau und die Reichenau.

In den Minne- und Kreuzliedern streut Hartmann ebenfalls Biografiefragmente in großer Dichte. Entsprechende Passagen haben allerdings meist topischen Charakter und können kaum auf eine historische Realität zurückbezogen werden. So spricht das Dichter-Ich in der dritten Strophe des Liedes „Sît ich den sumer truoc" beispielsweise vom Verlust des Gönners, vom Verlust der Gunst einer Dame und von einer unerfüllten Liebeswerbung (MF 206,14 ff.), ohne das etwaige Bezüge zur Lebenswirklichkeit aufzudecken wären. In der 4. Strophe des selben Liedes (MF 210,23 ff.) betont das Dichter-Ich, wie groß sein Schaden durch diese Verluste war: *grôz waz mîn wandel*. Auf einen Gönnerverlust und den Verlust der Lebensfreude spielt auch das Kreuzlied „Dem kriuze zimet wol reiner muot" (MF 209,25) an. Zwischen den Zeilen scheint der Sänger sogar eigene Kreuzzugserfahrungen anzudeuten. Ob und was davon Faktum ist, lässt sich nicht entscheiden.

Lyrik und Biografie

Den größten Widerhall in der Forschung hat der Saladinpassus im Kreuzlied „Ich var mit iuwern hulden" (MF 218,5) gefunden, denn über die historische Figur Saladin († 1193) wäre ein Datierungsrahmen objektiv fixiert. Die Stelle: *und lebte mîn her Salatîn und al sîn her / dien braehten mich von Vranken niemer einen fuoz* (MF 218,19 f.), ist jedoch äußerst problematisch. Je nach Interpretation bzw. Lesart ergeben sich zwei syntaktisch gleichwertige, aber inhaltlich völlig gegensätzliche Varianten. Bei der schon 1874 von Paul in die Diskussion eingebrachten Lesung „und wenn mein Herr noch lebte, dann würden Saladin und sein ganzes Heer mich nicht dazu bringen ..." (Kasten 1995/2005, 229) spräche Hartmann von einem lebenden Sultan und einem verstorbenen Gönner. Das Lied müsste demnach vor 1193 entstanden sein, würde sich auf den 3. Kreuzzug unter Kaiser Barbarossa (1189–1192) und vielleicht direkt auf dessen Tod 1191 beziehen. Dagegen steht der Vorschlag, den syntaktischen Einschnitt hinter *Salatîn* zu setzen. In diesem Fall hieße es: „und lebte mein Herr Saladin noch und sein ganzes Heer, die brächten mich nicht dazu ...". Das Präteritum *lebte* bezöge sich nun auf den toten Saladin. Das Lied müsste also nach 1193 verfasst worden sein und bezöge sich auf den sog. Deutschen Kreuzzug unter Führung Heinrichs VI. (1197) (Zusammenfassung des Forschungsstreits bei Wis 1990 u. Kasten 1995/2005, 743–747). Weitere Indizien insbesondere zum dichterischen Schaffen, der Qualität seiner Werke und der Wertschätzung seiner Zeitgenossen lassen sich aus Referenzen seiner Dichterkollegen herauslesen.

Saladin-Krux

2. Mäzene – Hartmann im Kontext

Hartmanns Werke werden bereits von den Zeitgenossen so hoch gelobt, dass der Dichter wohl schon zu Lebzeiten eine feste Größe im Diskurs der dichterischen Elite seiner Zeit war. Da in der relevanten Epoche volkssprachige Dichter niemals autonom agieren und Literatur weder voraussetzungs- noch interesselos ist, stellt sich die Frage, wer ein so reiches Œuvre initiiert

Literarische Interessenbildung

und wer diesen herausragenden Dichter gefördert hat. Wegen der skizzierten Umstände wird man diesen Gönner sicher im erlesensten Zirkel der Reichsaristokratie zu suchen haben. Auch gute Kontakte in den frz. Kulturraum scheinen wegen der benutzten frz. Stoffe unabdingbar. Es gibt aber einmal mehr weder konkrete Belege noch nennt Hartmann selbst einen Gönner. Nur ein Gönnerverlust bzw. der Tod eines Herren wird – freilich anonym und mit stark topischen Zügen – in den Lieder mehrfach thematisiert. In der Forschung werden seit je her die drei führenden Geschlechter der Zeit: die Staufer (und die mit ihnen verbundenen Hohenberger), die Welfen und die Zähringer, mit Hartmann in Verbindung gebracht. Doch alle drei bzw. vier als Gönner ins Auge gefassten Geschlechter verfügten über die postulierten Voraussetzungen, d. h. sie hatten Verbindungen in den frz. Sprachraum, waren literarisch interessiert, betrieben eine aktive politische Propaganda und konnten auf die notwendigen materiellen Ressourcen zurückgreifen. Auch in den Werken finden sich letztlich Hinweise auf alle Geschlechter – allerdings mit verschiedenen Plausibilitätsgraden.

Staufer   Die für ihre prachtvolle Hofhaltung und ihr literarisches Mäzenatentum berühmten Staufer stiften und alimentieren zahlreiche Klöster. Im kaiserlichen Umfeld arbeiteten herausragende Gelehrte und Dichter. Kaiser Heinrich VI. scheint ausweislich der Zeugnisse in der „Großen Heidelberger Liederhandschrift" sogar selbst als Liederdichter aktiv gewesen zu sein. Auch verfügten die Staufer in ihrer Pfalz Hagenau über eine bedeutende Bibliothek. Auf dem Mainzer Hoftag Christi von 1188 nimmt Kaiser Barbarossa das Kreuz (3. Kreuzzug). Er führt 1189 das Kreuzfahrerheer persönlich an, stirbt allerdings vor Erreichen des Ziels. Heinrich VI., der zweite Sohn Barbarossas, versucht das Erbe seines Vaters zu vollenden. Auf dem Reichstag von Bari im März 1195 verkündet er einen eigenen Kreuzzugsplan. Während eine Vorhut des Kreuzzugsheeres unter der Leitung des Mainzer Erzbischofs Konrad schon in See gestochen ist, stirbt Heinrich am 28. September 1197 im Alter von 32 Jahren wie sein Vater vor Erreichen des Ziels (vgl. Bumke 1979, 148–154, passim u. Bumke 1986, 639–654 u. Wis 1991 u. Haverkamp 1992 u. Heiliges Römisches Reich 2006, 178–366). Die Verbindungen in den frz. Sprachraum waren über politische und lehnsrechtliche Verflechtungen traditionell eng. So wurde Agnes, die Tochter Kaiser Barbarossas, Anfang 1184 mit dem englischen Königssohn Richard Löwenherz verlobt. Agnes starb allerdings noch im selben Jahr (Decker-Hauff, 1977, 352 u. Weller 2004, 172–175).

Welfen   Der Welfe Heinrich der Löwe ist als Herzog von Sachsen und Bayern der mächtigste Reichsfürst. Umfangreiche Bauprojekte in Braunschweig (Löwenpfalz, Löwenmonument, Blasiuskirche) dokumentieren seinen königsgleichen Herrschaftsstil. Heinrich begibt sich 1172 auf eine große Pilgerfahrt in das Heilige Land. Er stiftet in Braunschweig die Blasiuskirche, den Marienaltar, versorgt die Kirche mit kostbarsten Reliquien und stattet zahlreiche Klöster mit umfangreichen Mitteln aus. In einem weltlich-höfischen sowie zugleich heilsgeschichtlichen Kontext steht auch sein literarisches Mäzenatentum. Neben prachtvollen Evangelien und Psalterien wären hier vor allem das „Rolandslied" des Pfaffen Konrad, der „Lucidarius" und vielleicht Eilharts von Oberge „Tristrant" zu nennen. Heinrich der Löwe war in zweiter Ehe mit Mathilde von England, der Tochter des englischen Königspaares Heinrichs II. und Eleonores von Aquitanien verheiratet (Eheversprechen

1165 / Heirat 1168) (Weller 2004, 262–267). Damit verfügte Heinrich über eine direkte Verbindung zum als Kulminationspunkt der frz. Literaturproduktion bekannten englischen Königshof. Dazu könnte passen, dass zumindest der „Erec" in der Überlieferung dezidiert mittel- bzw. niederdeutsche Schwerpunkte erkennen lässt. Nach der Entmachtung des Löwen 1180/81 war das nördliche Kulturzentrum allerdings nicht mehr existent, doch in der Familie gab es mit Welf VI. einen weiteren bedeutenden Kunst- und Literaturliebhaber.

Heinrichs Onkel Welf VI., bekannt für seinen höfischen Lebensstil und seine gewaltigen Feste, spielte im höfischen Diskurs des ausgehenden 12. Jh.s eine wichtige Rolle. Walther von der Vogelweide wird ihn bald nach seinem Tod 1191 als den *milten Welf* – den freigiebigen Welf – preisen. Über ihn heißt es in der Steingadener Fortsetzung der „Historia Welforum":

Da der ältere Welf (Welf VI.) nach dem Tode seines Sohnes von seiner Gemahlin keinen Erben mehr zu erwarten hatte, weil er sie nicht sehr liebte und den Umgang mit anderen Frauen vorzog, war er nur darauf bedacht, glänzend zu leben, das Waidwerk zu betreiben, sich an Gastmählern und anderen Genüssen zu erfreuen und sich durch Veranstaltung von Festlichkeiten sowie durch verschiedene Schenkungen freigebig zu erweisen. Damit ihm die Mittel zu solchen Dingen nicht fehlten, übergab er dem Kaiser Friederich, seinem Schwestersohn, das Fürstenthum Sardinien, das Herzogthum Spoleto, die Mark Tuscien und den herrlichen Hof Elisina, welcher Hausgut der Frau Mathildis genannt wird, mit allem dazu Gehörigen und empfing von ihm so viel Gold und Silber, als er verlangt hatte. Einen bedeutenden Theil von diesem Geld verteilte er an verschiedene Klöster zum Heil seiner Seele. Am meisten gab er aber der von ihm gegründeten Kirche zu Steingaden. Auch wollte er deren Werkleute, sowohl Maurer als Zimmerer, so lange er lebte, jedes Jahr selbst bezahlen. Um die selbe Zeit feierte er auch auf der Lechebene jenseits von Augsburg, an dem Gunzenlee genannten Ort, mit großer Pracht das Pfingstfest, wozu er die Großen sowohl von Bayern als von Schwaben geladen hatte, und bewirtete die von allen Seiten her zusammengeströmte Menge aufs Glänzendste. Den an seinem Hofe befindlichen Rittern und Gefährten verehrte er zu geeigneten Zeiten prächtige Waffen und kostbare Kleider; die Verbannten und Flüchtlinge, woher sie kommen mochten, nahm er gütig auf und unterstützte sie. Manches verschleuderte er in Frauenliebe; nicht minder war er auf Almosengeben bedacht und trug Sorge für Pflege der Armen, insbesondere der Blinden und Aussätzigen. Was weiter? Je mehr er auszugeben bestrebt war, desto mehr würdigte sich die Gottheit ihm zu bescheren, so dass man mit Recht sagen kann, dass dies der Mann gewesen, welchem das Glück nicht mit verbundenen sondern mit offenen Augen zugelächelt hat (Historia Welforum: Steingadener Fortsetzung).

Manche dieser Ausführungen zum Leben des *milten Welf* lassen auffällige Parallelen zum „Armen Heinrich" Hartmanns und den Festschilderungen etwa im „Erec" erkennen. Für eine enge Beziehung Hartmanns zu den Welfen könnte auch sprechen, dass sein „Gregorius" bereits zu Beginn des 13. Jh.s im Auftrag des Welfenherzogs Wilhelm von Lüneburg, einem Sohn Heinrichs des Löwen und Mathildes von England, für den Lüneburger Welfenhof ins Lateinische übersetzt wurde (vgl. Bumke 1979, 137–154, passim u. Bumke 1986, 660f., 668f. u. Welfen und ihr Braunschweiger Hof 1995 u. Heinrich der Löwe 1995).

Die Zähringer bemühten sich als dynastische ‚Aufsteiger' des 12. Jh.s vielleicht noch mehr als die alten Herrschergeschlechter der Staufer und Welfen ihre politische und wirtschaftliche Potenz nach außen zu zeigen. Glaubt

Marginalia: Welf VI.; Zähringer

man den Berichten Rudolfs von Ems im „Alexander" waren die Zähringer auch als Mäzene tätig. Nicht erwähnt ist dort allerdings, ob bereits Berthold IV. von Zähringen als Mäzen aktiv geworden ist. Er war seit 1183 mit Ida von Boulogne-sur-Mer (1183) verheiratet, deren Onkel und Vormund Philipp von Flandern zeitweilig Chrétien des Troyes förderte (Mertens 1986, 125 u. Tervooren 1991 u. Weller 2004, 419–422). Sicheren Boden betritt man erst mit seinem Sohn Berthold V., der 1186 die Regierungsgeschäfte übernahm. Nach Rudolfs Bericht soll das Alexanderepos Bertholds von Herbolzheim für diesen *edelen Zäringaere* gedichtet worden sein (Alexander V. 15772 ff.). Clementia von Zähringen, die Gattin Bertholds V., gab zudem die „Wallersteiner Margarete" in Auftrag (um 1235). Von besonderem Interesse sind auch die Verbindungen der Zähringer zur Kirche. Bertholds IV. Bruder Rudolf von Zähringen wird sogar zum Erzbischof von Mainz gewählt. Auf Intervention Kaiser Barbarossas bleibt ihm der Erzbischofsstuhl allerdings verwehrt, was über viele Jahrzehnte eine innige Feindschaft zwischen Zähringern und Staufern sowie den mit ihnen verbündeten Welfen begründet. Rudolf erhält 1167 jedoch den Bischofsstuhl von Lüttich. Territorien dieses Bistums Lüttich spielen im „Gregorius" eine markante Rolle, wenn V. 1573 ff. die Ritterschaft im Nordwesten des Reichs besonders gelobt wird:

> ich enwart nie mit gedanke
> ein Beier noch ein Vranke:
> Swelh riter ze Henegouwe
> ze Brâbant und ze Haspengouwe
> ze orse ie aller bester gesaz,
> sô kan ichz mit gedanken baz
>
> (In meinen Vorstellungen machte ich mich nie zu einem Bayern oder Franken, sondern den Rittern vom Hennegau, aus Brabant und Haspengau, der am edelsten zu Pferde saß, den übertreffe ich in meinen Gedanken.)

Haspengau und Hennegau
Der Haspengau wurde bis zu seinem Tod 1191 direkt von Rudolf von Zähringen regiert; der Hennegau von Balduin V. Graf von Hennegau und Flandern. Besagter Balduin ist nicht nur der bedeutendste Lehnsnehmer des Bischofs von Lüttich, sondern beerbte 1191 auch den als Gönner Chrétiens bekannten Grafen Philipp von Flandern. Man wird diese Lehnsverflechtungen allerdings vorsichtig zu beurteilen haben, denn in den 1180er Jahren gab es erhebliche Differenzen zwischen dem staufertreuen Balduin und den seit den 1160er Jahren mit den Staufern verfeindeten Zähringern (vgl. Müller 1974 u. Bumke 1979, 172, passim u. Mertens 1978 u. 1986 u. Zähringer 1986 u. Tervooren 1991).

Geldhandel
Der von der Forschung (zuletzt Mertens 2004 im Kommentar der Klassiker-Ausgabe) dezidiert mit den Zähringern in Verbindung gebrachten Iwein-Stelle zur Metaphorik des Geldhandels (V. 7184–7227) kommt wohl keine beweiskräftige Bedeutung zu. Geldhandel war nicht nur bei den durch den Silberbergbau finanzstarken Zähringern von Bedeutung. Intensive Wirtschaftsförderung und Städtepolitik gehörte als Markenzeichen auch zur Politik Heinrich des Löwen. Er gründete unter wirtschaftspolitischen Gesichtspunkten beispielsweise Lübeck und München. Welf VI. war in den italienischen Städten, die als Zentren des Merkantilismus bekannt sind, besonders engagiert. Noch mehr gilt dies für die ebenfalls in Italien besonders engagierten Staufer.

Bereits im 19. Jahrhundert wurde mit zum Teil wenig stichhaltigen Argumenten der Versuch unternommen, Hartmann von Aue den Rittern von Ow und diese als Ministeriale den Grafen von Hohenberg zuzuordnen (Zusammenfassung der Thesen bei Harter 2002, 113–117). Harter konnte neuerdings in zwei größeren Arbeiten die Hohenberger-These mit neuen Indizien beleben. Unter anderem gelang es ihm, den Stammbaum der relevanten Geschlechter bis in den fraglichen Zeitraum nachzuzeichnen und gleichzeitig enge Beziehungen der Hohenberger zum literarisch aktiven Kaiserhof Heinrichs VI. und zu Graf Philipp von Flandern aufzudecken. Gut in das Tableau der Indizien könnten auch die Kreuznahme Graf Burkhards I. von Hohenberg und der Aufenthalt Graf Burkhards 1192 in Lüttich passen (vgl. Harter 2002). Auch wenn alle aufgezeigten Motiv- und Darstellungsparallelen in Hartmanns Werken zur Geschichte der Hohenberger bzw. ihrer politischen wie literarischen Aktivitäten vage bleiben und bisweilen hochspekulative Analogieschlüsse verlangen, entfalten die aufgelisteten Argumente vor allem im Verbund mit der Staufertiese eine gewisse Relevanz (vgl. Harter 1995 u. die ältere Forschung zusammenfassend Harter 2002).

Hohenberger

Ein bisher wenig beachtetes Korrektiv im Wust der Gönnerspekulationen könnte ein Blick auf die Überlieferungsrealitäten bieten, denn hier zeichnen sich geographisch markante Schwerpunkte ab. So zeigen alle älteren Handschriften des „Erec" mehr oder weniger deutlich nieder- bzw. mitteldeutsche Dialektmerkmale, was darauf hinzudeuten scheint, dass zumindest der „Erec" in nördlicheren Zusammenhängen verortet werden muss. Auch beim „Iwein" kommen nieder- (Hs. A) und mitteldeutsche (Hss. C, G, W, X) Handschriften vor, wobei der Überlieferungsschwerpunkt im ostoberdeutschen Raum (bairischer und bairisch-ostalemannischer Grenzraum) liegt. Erst aus dem 14. und 15. Jahrhundert sind uns vier „Iwein"-Handschriften aus dem alemannischen Raum überliefert, von denen nach Klein jedoch zwei auf mitteldeutsche Vorlagen zurückgehen (Klein 1985, 122 f.). Alle anderen Werke Hartmanns haben ihre Überlieferungsschwerpunkte im Süden bzw. im Südosten. Auch die ältesten erhaltenen Illustrationen zum „Iwein" und zum „Erec" sind im Südosten (Rodenegg, Krakau) bzw. im Nordosten (Schmalkalden) zu verorten. Dezidiert in den Südwesten gehören nur die junge Hs. E des „Armen Heinrich" (grundlegend Klein 1985) und der Malterer Teppich. Dieser Befund spräche gegen die im Westalemannischen verorteten Zähringer, ohne aber die Staufer bzw. die am Neckar beheimateten Hohenbergern und die norddeutschen („Erec") sowie die oberschwäbischen Welfen als Auftraggeber zu beweisen. Wahrscheinlich wird man überhaupt mit mehreren potentiellen Gönnern zu rechnen haben, die sich am ehesten aus dem eng verwobenen staufisch-welfischen Kreis der Hocharistokratie rekrutierten. Ob es sich dabei um den Kaiser- und/oder die Welfenhöfe selbst bzw. mit ihnen verbundene Fürstengeschlechter (Hohenberger?) handelte, ist derzeit nicht zu entscheiden.

Überlieferungs-
realität

Wegen der nieder- bzw. mitteldeutsch gefärbten „Erec"-Neufunde in Wolfenbüttel und Zwettl erscheint ein gesonderter Blick in den Norden nötig: Der Welfenhof in Braunschweig sieht um 1180 mit Heinrich dem Löwen, seines Zeichens Herzog von Sachsen und Bayern, einen der größten Literaturförderer der Zeit auf dem Zenit seiner Macht (vgl. Heinrich der Löwe 1995 u. Welfen und ihr Braunschweiger Hof 1995). Einen wesentlichen Anteil an den kulturellen Aktivitäten dürfte Heinrichs Frau Mathilde gehabt ha-

„Erec" und
der Norden

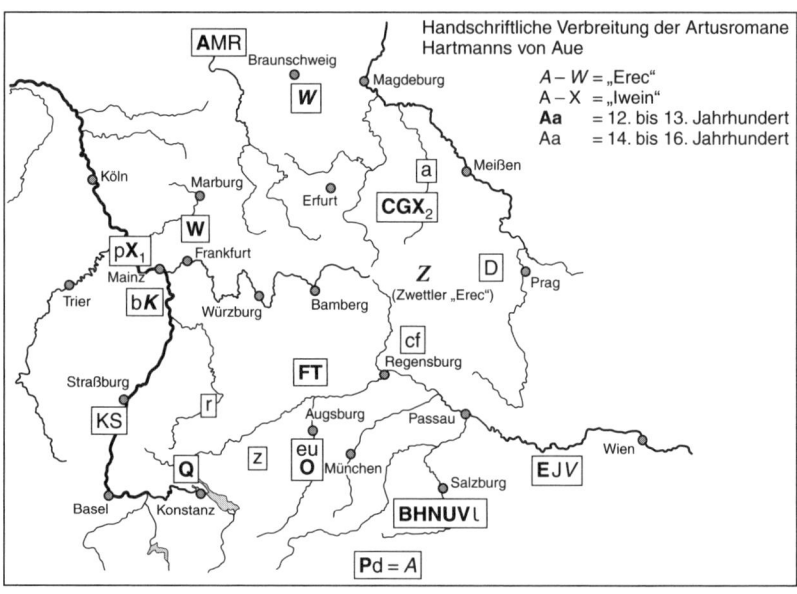

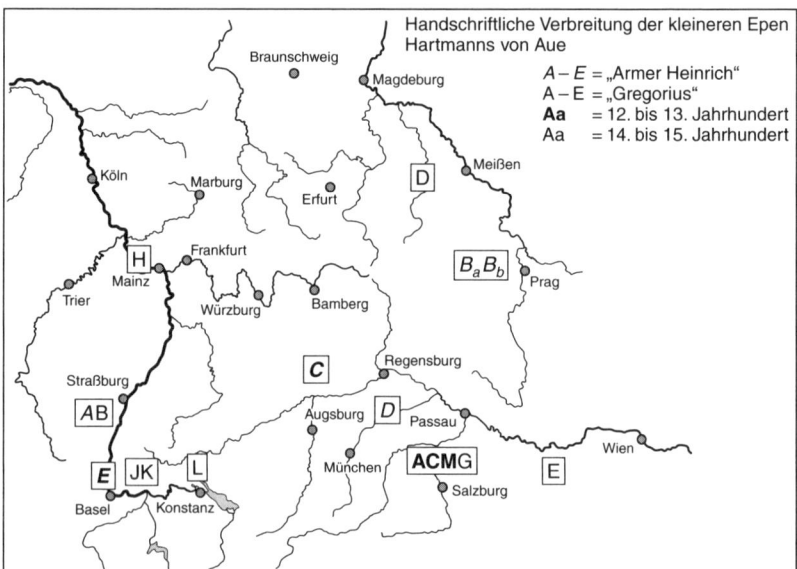

Abb. 4: Karten zur Überlieferung der Werke Hartmanns von Aue
(nach Klein 1988, S. 117; aktualisiert von JW)

ben. Die Tochter Eleonores von Aquitanien soll nach Aussagen des Pfaffen Konrad beispielsweise die *materie* des „Rolandsliedes" selbst *begert* haben (Rolandslied V. 9024). Falls Hartmann den „Erec" tatsächlich im Umfeld des Löwen gedichtet hat, könnte die französische Vorlage über die Vermittlung von Mathilde in die Hände Hartmanns gelangt sein. Dass die jüngeren Werke Hartmanns dann ein dezidiert süd- bzw. südostdeutsches Überlieferungsprofil zeigen, wäre vor diesem Hintergrund nicht verwunderlich, denn Heinrich der Löwe wird nach seinem heftigen Streit mit Kaiser Barbarossa 1180 gebannt und auf dem Reichstag von Gelnhausen aller seiner Ämter enthoben. Nach der Unterwerfung im November 1181 in Erfurt muss Heinrich ins unbefristete Exil zu seinem Schwiegervater Heinrich II. gehen (zunächst von Sommer 1182 bis Oktober 1185). Für Hartmann wäre damit die Arbeitsgrundlage entzogen gewesen (Gönnerverlust?). Er hätte sich nach einem anderen Gönner – vielleicht Heinrichs Onkel Welf VI., einem Zähringer oder einem Staufer – umsehen müssen. Eine solche Vermutung setzte allerdings voraus, dass der Wolfenbüttler und Zwettler „Erec" überhaupt von Hartmann verfasst wurde. Die erheblichen Fassungsunterschiede und die besondere Nähe zur Chrétienschen Vorlage lassen auch an eine separate Entstehung bzw. generell an zwei zunächst unabhängig voneinander existierende „Erec"-Romane denken, wobei dann noch zu fragen wäre, in welchem Verhältnis ein Autor Hartmann zu den einzelnen Fassungen stünde (vgl. Nellmann 1982 u. 2006).

IV. Artusepen

1. König Artus und die Tafelrunde als gesamteuropäisches Phänomen

Artus zwischen Realität und Mythos

Die ersten Berichte von Schlachten und Ereignissen des frühen 6. Jh.s in und um Wales, einem Teil des ehemals römischen Britanniens, finden sich bei dem britischen Kirchenhistoriker Gildas in seinem Hauptwerk „De excidio et conquestu Britanniae" (um 540). Arthur/Artus selbst ist unbekannt (Zimmermann 2006, 53 f.). Detaillierter berichtet der englische Kirchenhistoriker Beda Venerabilis († 26. Mai 735) in seiner im Jahr 731 abgeschlossenen „Historia ecclesiastica gentis Anglorum", aber Artus ist auch ihm unbekannt. Der Name taucht das erste Mal eher beiläufig in einer Namenliste im kymrischen „Y Goddodin" (6./7. Jh.) auf (Zimmermann 2006, 65–69 mit Abdruck und Übersetzung der Stelle). In der wohl fälschlich Nennius zugeschriebenen „Historia Brittonum" (um 830) werden die Berichte um einen *dux bellorum* (Heerführer) und seine Schlachten konkreter. Man findet dort erstmals den Hinweis auf die trojanische Herkunft des Artus-Urahns Brutus (Zimmer 2006, 54–56 mit Abdruck und Übersetzung der Stelle). Zu einer festen historischen Größe wird *Arthurus* in den ein Jahrhundert später verfassten „Annales Cambriae" (um 970). Von der schon vorher immer wieder erwähnten Entscheidungsschlacht gegen die Sachsen am *mons Badonis* (Berg Badon) wird nun berichtet, dass der britische Heerführer Artus unter dem Banner der Jungfrau Maria kämpfte (Zimmer 2006, 60–62 mit Abdruck und Übersetzung der Stellen). Es dauert allerdings noch fast zwei Jahrhunderte, bis Artus zu dem idealen König der lateinischen und französischen Chroniken, Lais und Romane aufsteigt (vgl. Gotzmann 1989; Mertens 1998; Johnson 1999, 245–251; Arthur of the Germans 2000; Zimmer 2006).

Mündlichkeit und Schriftlichkeit

Ein breiter Strom historischer Erinnerung und mündlicher Erzähltraditionen mündet im frühen 12. Jh. zunächst in die gelehrt-lateinische Historiographie. Die Weichen stellt Geoffrey of Monmouth mit seiner 1138 im Dienste des englischen Königshauses vollendeten „Historia regum Britanniae" (dt. Übersetzung aller Artus-Passagen in: König Artus und seine Tafelrunde, 1980, 5–71). Dort rückt der Troja-Flüchtling Brutus, ein enger Verwandter des Eneas, zum mythischen Stammvater der Briten auf. In seiner Nachfolge begründen Utherpendragon und sein Sohn Artus Größe, Macht und Ruhm des neuen britannischen Reichs. Fixiert in Geoffreys lateinischer

Geoffreys „Historia"

„Historia" wird der zuvor mündlich tradierte und nur sporadisch auch in lateinischen Chroniken und Annalen schriftlich fassbare Brutus-/Artusstoff der zweifelhaften Mündlichkeit enthoben. Zugleich werden die Protagonisten als realhistorische Herrschergestalten im gelehrten Wissenskanon verankert (Johanek 1987 u. 2002). Scharfe Angriffe gegen einzelne ‚Lügengeschichten' finden sich zwar in den „Gesta Regum Anglorum" des William of Malmesbury, der „Historia rerum Anglicarum" des William of Newbury und im „Pantheon" Gottfrieds von Viterbo (Johanek 1987, 376–378 u. Johanek

2002, 22 f.). Ungeachtet der Vorbehalte avancierte Geoffreys lateinische „Historia regum britannie" aber noch im 12. Jh. zu einem der populärsten Geschichtswerke überhaupt. „Die Akzeptanz der ‚Historia' als authentische Geschichtsüberlieferung schuf für einen großen, und zwar sehr großen Komplex der epischen Literatur Europas sozusagen einen historisch belegten Ankergrund" (Lutz 2000, 99 f.). Ein entscheidendes Bindeglied scheint dabei Waces „Roman de Brut" gewesen zu sein (dt. Übersetzung aller Artus-Passagen in: König Artus und seine Tafelrunde 1980, 72–161). Wace hatte ebenfalls im Auftrag des englischen Königshofs durch gezielte Ergänzungen der lat. „Historia" den höfischen Charakter verstärkt. Er lässt Artus während zweier Friedenszeiten erstmals als strahlenden König mit höfischem Benehmen und vorbildlicher Hofhaltung hervortreten, in deren Zentrum die von Wace ‚erfundene' Tafelrunde rückt (vgl. Green 2002). Einen Höhepunkt erreichte die Höfisierung der Artus-Materie schließlich bei Chrétien de Troyes. Er kreierte im Rückgriff auf mündliche Stofftraditionen eine weitgehend enthistorisierte ritterlich-höfische Artuswelt (vgl. zusammenfassend Burrichter 1996, 137–140; Literatur ebd. 138 Anm. 1). Insgesamt sieht man nun im Artus-Diskurs ein charakteristisches Nebeneinander von facta und ficta, wobei den ‚wahren' historiographischen Werken Williams, Geoffreys und Waces letztlich genauso wie den ‚fiktionalen' Lais der Marie de France und den Romanen Chrétiens ein überragender Erfolg beschieden war.

Der Ruhm Chrétiens, seiner Werke und seiner arturischen Helden verbreitete sich wie ein Lauffeuer durch ganz Europa. Anders als im anglonormannischen Raum, wo Artus und die Tafelrunde von Beginn an Teil der Herrschaftskultur waren, fehlen der Artushistoria in Deutschland historisch-dynastische Bezüge. König Artus und sein Reich waren über Berichte in Gottfrieds von Viterbo „Pantheon" (Kap. 18: *De Anglis et Saxonibus*) und in der „Otia imperialia" des Gervasius von Tilbury (Buch II,17) zwar als historische Größe bekannt, spielten aber als marginale Erscheinungen vom fernen Rand der Welt für die eigene Geschichte keine Rolle. Artusepen waren ‚leichte Kost', nützliche Accessoires der Hofkultur, die man als Spiegel des eigenen Lebensgefühls oder Anleitungen zur richtigen Lebensführung schätze und etwa zur Auflockerung eines Hoffestes oder eines festlichen Mahls bei Tisch vortrug (vgl. mit zahlreichen Belegen Bumke, 1986, 306, 313, 721–725 u. Curschmann, 1996, 149–169).

Mit den französischen Texten wurden König Artus, seine Tafelrunde, die ritterlichen Ideale und neue höfische Fachtermini ins Reich importiert. Allerdings muss nun deutlich zwischen der realpolitischen Relevanz des Artusstoffs in der französisch-anglonormannischen Welt und dem Fehlen gleicher Anbindungsmuster in Deutschland unterschieden werden (vgl. Johanek 2002, 23). Der deutschen Artusepik kommt damit ein grundlegend anderer Platz im Literaturdiskurs zu. Die arturischen Helden werden samt den Accessoires ihrer Welt – Tafelrunde, Artushof, Avalon – zu Idealmustern einer eigenen deutschen Hof- sowie später auch Patrizierkultur. Mit Beginn des 14. Jh.s werden in zahlreichen norddeutschen Städten sogar Artushöfe (*curia regis Arthus*) gegründet (Jackson 2000). Die Tafelrunde gehörte allerdings nicht zur ursprünglichen Artushistoria. Sie wird erst um 1155 von Wace in seinem altfranzösischen „Roman de Brut" eher beiläufig ‚erfunden': Wace berichtet, wie sich die Gefolgsleute von Artus nach dem Krieg anlässlich eines Fests um eine *table ronde*, um eine runde Tafel, versammeln: alle von

Wace

Chrétien de Troyes

Artus in Deutschland

Identifikationsmuster

Tafelrunde

Hartmanns Artusepen

gleichem Rang, alle von gleicher Ehre (Roman de Brut V. 9747ff.). Die Idee war erfolgreich. Bei Chrétien de Troyes gehört die Tafelrunde bereits zum festen Inventar der arturischen Welt. Hartmann von Aue überträgt sie ganz selbstverständlich in seine Übersetzungen (Erec V. 1613–1616). Mit dem Chrétienschen Inventar der Artuswelt überführt Hartmann aber nicht nur die Tafelrunde in die Sphäre der heimischen Höfe, sondern auch ihr Personal, ihre historisch-mythischen Hintergründe und altes kymrisches (walisisches) Sagengut, wobei die hinter den adaptierten Begriffen, Namen, Orten und Geschehnissen stehenden Ideen und Traditionen dem deutschen Publikum – wenn überhaupt – nur in Umrissen präsent waren. Hartmann scheint um diese Defizite bei seinem Publikum recht genau Bescheid gewusst zu haben. Er umschreibt bzw. erklärt deshalb vor allem im „Erec" ein ums andere Mal schwierige Sachverhalte ebenso wie komplizierte Herkunftsfragen. Seine Kenntnisse reichen dabei z. T. über das bei Chrétien vorgefundene Wissen hinaus.

Aufführung und Literaturtransfer

Hartmanns „Erec" und „Iwein" sind unverkennbar aus den gleichnamigen Epen Chrétiens geschöpft, aber sie wurden weder wörtlich übertragen noch wurden die einmal übersetzten Versionen in einer konstanten Form tradiert. Für beide Epen liegen schon in den ältesten Handschriften unterschiedliche Fassungen vor. Bumke macht für diese eigentümliche Überlieferungsvielfalt (Varianz) die Nähe zur Aufführungssituation verantwortlich (Bumke 1996, 53–68). Über die Mechanismen von Literaturtransfer und Aufführung wissen wir allerdings wenig.

Doppelter Kursus

Kuhn und Fromm

Von der Forschung wurde früh bemerkt, dass der „Erec" zweigliedrig aufgebaut ist. Hugo Kuhn (1948) brachte diese Beobachtung als ‚doppelter Kursus' in die Literaturtheorie ein. Hans Fromm entwickelte das von ihm als ‚Doppelweg' definierte Modell weiter (grundlegend Fromm 1969 u. Kuhn 1973 u. Haug 1992, 92–100). Von der deutschen Altgermanistik wurde der zweigliedrige Aufbau bald als ein generelles Wesensmerkmal des neuen Genres Artusroman begriffen:

Doppelweg

Hartmann konstruiert den ersten deutschen Artusroman, den „Erec", in zwei typologisch aufeinander bezogenen Teilen. Einem ersten Handlungsstrang mit der Hochzeit, dem Hochzeitsturnier, der Herrschaftsübergabe in *Karnant* als Höhepunkten und der Katastrophe des *verligens*, folgt in einem zweiten Handlungsstrang eine Art von Bewährungsweg, an dessen Ende der Protagonist und seine Ehefrau zur Idealität geführt sind. Persönlich-weltliches Glück, Liebe und Herrscherpflichten sind im Herrscherpaar in idealer Symbiose vereint. Ihnen steht außerdem das Himmelreich offen. Ein solcher Doppelter Kursus zeichnet sich durch zwei aufeinander bezogene Wegstrecken aus, die der Held durchlaufen muss. Der Weg des Protagonisten ist jedoch kein stetiger Aufstieg, sondern in seinem Verlauf durchaus wechselhaft. Im ersten Handlungsteil gelingt es dem Protagonisten, neben Ehre und Ansehen auch persönliches Glück zu erwerben. Nach der Heirat mit einer schönen Frau ist der Held auf dem Scheingipfel seines Weges angekommen. Dem Aufstieg folgt die Katastrophe. Der Auslöser für den Fall des Helden ist dessen fehlerhaftes Verhalten. Er ist entweder rein egoistisch nur dem persönlichen Glück verpflichtet (*verligen* im „Erec") und/oder verletzt das Recht sowie ritterliche und herrschaftliche Pflichten (*verrîten* im „Iwein"). Dem Held fehlt das rechte Maß der Dinge. Nach der

Katastrophe, die als konstitutives Element des doppelten Kursus genau diese Defizite offen legt, muss der Held in einem zweiten Aventiureweg noch einmal von vorne beginnen, um in der Revision der vergangenen Fehler seine gesellschaftliche Rehabilitation und die ritterlich-höfische Idealität zu erreichen. Dabei ist die zweite Handlungskette länger und schwieriger als die erste Aventiurereihe. Sie bietet einen Handlungsneueinsatz auf höherer Ebene. Dem Doppelweg-Modell inhärent ist eine moralisch-ethische Entwicklungsidee.

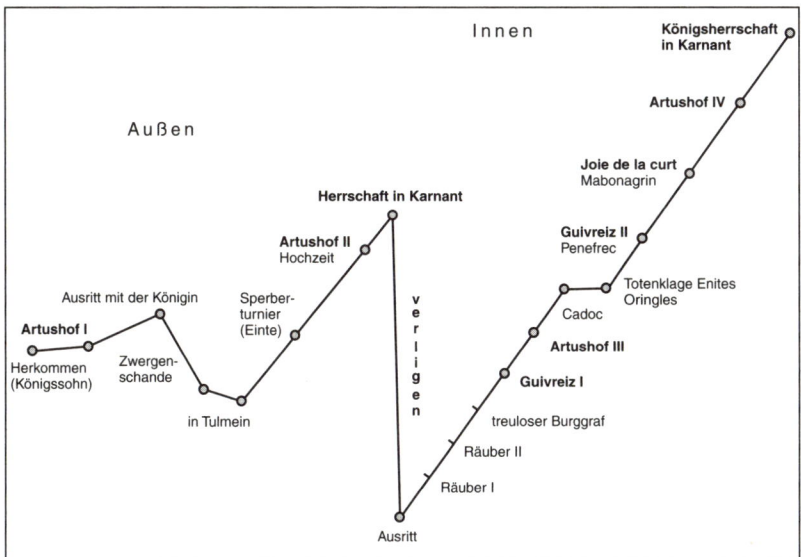

Abb. 5: Doppelter Kursus im „Erec" Hartmanns von Aue

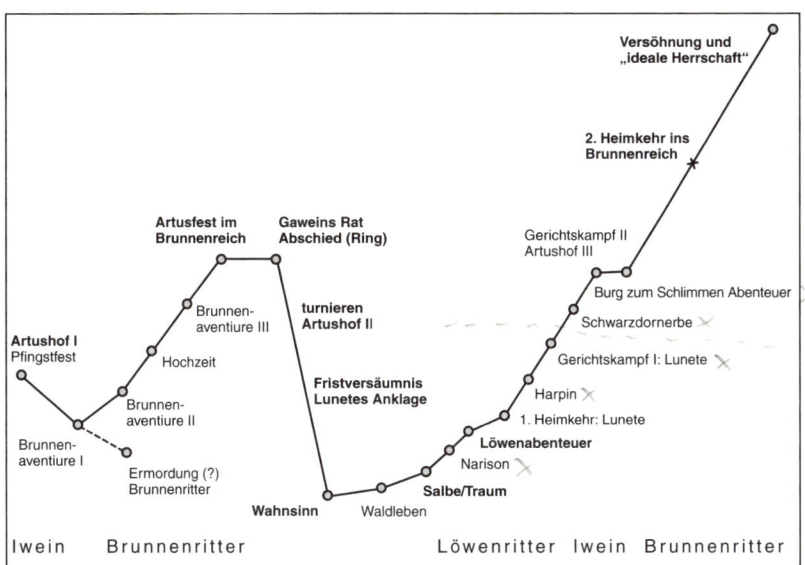

Abb. 6: Doppelter Kursus im „Iwein" Hartmanns von Aue

Das von germanistischer Seite auf alle deutschen Artusromane zur Anwendung gebrachte Modell hat für die internationale Artusforschung keine Bedeutung erlangt. Was daran liegen dürfte, dass in Chrétiens „Erec et Enite" eine bewusste Zweiteilung zwar auch angelegt zu sein scheint, aber nur Hartmann von Aue die Aventiurewege so deutlich zueinander kombinierte, dass sich daraus sichtbar ein doppelter Kursus ergibt. Viele jüngere Artusromane weisen keine oder allenfalls vage Doppelwegmomente auf. Was bei Hartmann durchaus einem bewussten Gestaltungswillen entsprochen haben könnte, hat also gerade keine normative Kraft für die Gattung entfaltet.

Weg mit dem Doppelweg? Mit dem plakativen Slogan „Weg mit dem Doppelweg" stellte Elisabeth Schmid (1999) das Doppelweg-Modell und damit „eine Selbstverständlichkeit der germanistischen Artusforschung" grundsätzlich zur Disposition. Schmidts Argumente bleiben allerdings schwach und entfalten nur aus der Perspektive der außerdeutschen bzw. nachklassischen deutschen Artusüberlieferung eine gewisse Relevanz. Mittlerweile hat man von einer solch radikalen Abkehr wieder Abstand genommen, denn für Hartmanns „Erec" und bedingt für den „Iwein" liefert das Modell wichtige Verständnishilfen. Nicht außer Acht lassen sollte man in diesem Kontext auch die tatsächliche mittelalterliche Präsenz entsprechender Modelle. So macht Cramer mit Nachdruck darauf aufmerksam, dass in christlich-biblischen Zusammenhängen die typologische Verschränkung von zwei Wegsträngen unterschiedlicher Wertigkeit – dem Alten und dem Neuen Testament – zum Alltag der mittelalterlichen Menschen gehörte (Cramer 2001, 165). In Hartmanns Artusepen geht es zwar nicht um Vorprägung und Ausprägung, sondern um im falschen Tun des ersten Teils sichtbar werdende Defizite und deren Revision im zweiten Teil; was aber durchaus auch dem theologischen Prinzip entspräche, denn die Geschehnisse des Neuen Testaments werden als eine gesteigerte, verbesserte Erfüllung der im Alten Testament vorweggenommenen unvollkommenen Geschehnisse verstanden.

2. Erec

Überlieferung: 1 Handschrift + 4 Fragmente

Handschrift A Wien, ÖNB, Cod. ser. nova 2663, Bl. 30rb–50vb („Ambraser Heldenbuch") (nach 1504).

Fragmente K Koblenz, Landeshauptarchiv, Best. 701 Nr. 759, 14b (1. Hälfte 13. Jh.).
V Wien, Niederösterr. Landesarchiv, Nr. 821 (Ende 14. Jh.).
W Wolfenbüttel, Herzog August Bibl., zu Cod. 19.26.9 Aug. 4° (um 1250).
Z Zwettl, Stiftsbibliothek, Fragmentenschachtel, ohne Sign. (Mitte 13. Jh.).
– Sonderfall: Einige Exzerpte aus dem „Erec" sind im „Friedrich von Schwaben" (nach 1314) überliefert. Sie wurden direkt und unverändert aus einer „Erec"-Handschrift in das neue Werk interpoliert (vgl. Gärtner 1984).

Fassungen Vom viel zitierten und rezipierten „Erec" Hartmanns von Aue haben sich nur eine sehr junge nahezu vollständige Handschrift (A) und vier bzw. fünf Fragmente erhalten (K, V, W, Z). Die in Wolfenbüttel und zuletzt in Zwettl gefundenen Fragmente W und Z zeigen im Textbestand nur wenige Übereinstimmungen zur Ambraser Fassung (A). Man spricht neben der A-Fassung des-

halb von einem separaten „Wolfenbüttler Erec" und einem „Zwettler Erec".
Markante Eigenheiten von W und Z sind die eindeutigen mittel- bzw. niederdeutschen Sprachmerkmale und vor allem die größere Nähe zu Chrétiens
„Erec et Enide". Nur im „Wolfenbüttler Erec" wird Chrétien als Verfasser der
Vorlage genannt: *alse uns Crestiens saget* (V. 4629.12). A hat dort eine Lücke. Den übrigen Fragmenten fehlt der komplette Abschnitt. Wie die Fassungen zueinander stehen und wie sie ggf. voneinander abhängen, ist unklar.
Man könnte bei der W-Z-Fassung ebenso an eine völlig selbstständige
„Erec"-Version denken wie an eine Überarbeitung mittels einer separat genutzten zusätzlichen französischen Chrétien-Vorlage (Nellmann 2004 u.
2006, Gärtner 2006, Bumke 2006, 14). Nicht ausgeschlossen ist aber auch,
dass in W und Z die Überreste einer eigenständigen, vielleicht ursprünglicheren Chrétien-Übersetzung (Hartmanns?) vorliegen, die dann zeitnah
überarbeitet wurde (Autorfassung). Ähnliche Fassungs- bzw. Bearbeitungsphänomene sind z. B. vom „Iwein", Herborts von Fritzlar „Liet von Troye",
Wirnts von Grafenberg „Wigalois" und von Wolframs von Eschenbach „Parzival" bekannt (grundlegend Bumke 1996, 30–60).

Entstehung
Über die Entstehung des „Erec" ist wenig bekannt. Hartmann nennt zwar | Lokalisierung
den Verfasser seiner Vorlage (nur in W!) *crestiens*, gibt aber keine Hinweise
auf den Auftraggeber, den Beschaffer der französischen Vorlage oder das Entstehungsumfeld. Über den Dichter des *Ereken* (Crône V. 2352) weiß Heinrich von dem Türlin in der „Crône" zu berichten, dass er *von der Swaben
lande* kam (Crône V. 2353). Das entspricht der aktuellen Forschungslage, die
allerdings die Tragweite der Wolfenbütteler und Zwettler Funde erst andeutungsweise diskutiert hat. Die Überlieferungscharakteristika des „Erec" mit
einem dezidiert niederdeutschen Überlieferungsfokus fügen sich nicht in
das gängige Bild. Das der *swabe* (?) Hartmann den „Erec" vielleicht auch andernorts gedichtet haben könnte, wird meist ausgeblendet. Die so deutlich
in den Norden weisenden Überlieferungsbefunde lassen aber auch – vielleicht sogar wahrscheinlicher – an die im Norden ebenso wie im Süden präsenten Welfen als Auftraggeber und Initiatoren denken.

Als Zeitfenster für die Entstehung ergeben sich aus inhaltlichen und stilisti- | Datierung
schen Indizien sowie Beobachtungen zur Rezeption die Jahre um 1180. Ein
wichtiger Anhaltspunkt für den *terminus post quem* (nach dem) könnte dabei
neben der Werkentstehung seiner französischen Vorlage (um 1170) der
zobel aus connelant sein, der seit dem Besuch Heinrichs des Löwen beim
Sultan von Ikonium während seiner Jerusalem-Pilgerreise im Jahr 1172 im
Abendland bekannt gewesen sein dürfte. Die Herrschaft des Sultans, den
Hartmann ausdrücklich erwähnt (V. 2004), endete nach der Eroberung Ikoniums durch das Kreuzfahrerheer im Jahr 1190. Da bei der Sattelbeschreibung in charakteristischer Weise auf die Trojageschichte angespielt wird und
einige Beschreibungsmuster auffallende Parallelen zu Veldekes „Eneas" zeigen, scheint Hartmann auch den „Eneas"-Roman Heinrichs von Veldeke gekannt zu haben. Der „Eneas" dürfte zwischen 1170/74 und 1185 entstanden
sein. Für den *terminus ante quem* (vor dem) spielt die Rezeption des „Erec"
in Hartmanns „Iwein" und in Wolframs von Eschenbach „Parzival" eine
zentrale Rolle. Der „Iwein" wird vor 1203 und der „Parzival" nach 1203 angesetzt. Für die Entstehung des „Erec" ergibt sich somit ein Zeitfenster von

nach 1172 bis vor 1190 bzw. deutlich vor 1203. Ein erheblicher Unsicherheitsfaktor bleibt mit der Beobachtung von zwei grundsätzlich unterschiedlichen (eigenständigen?) Fassungen.

Wirkung
Die „Erec"-Manuskripte des 13. Jh.s sind unspektakuläre Gebrauchshandschriften auf niedrigem Ausstattungs- und Schriftniveau. Die Überlieferungsdecke ist dünn. Das Werk sollte demnach eher unbedeutend gewesen sein. Die Zahl und vor allem die Intensität der Rezeptionszeugnisse ist jedoch auffällig groß (vgl. Haase 1988, 336–341 u. Gärtner 1984, 60–72 u. Bumke 2006, 151f.). Folgt man Wolfram von Eschenbach, muss Hartmanns erster Artusroman zu den höfischen Standardwerken der Zeit gehört haben, denn für sein „Parzival"-Publikum setzte Wolfram ohne weitere Erläuterungen intime „Erec"-Kenntnisse voraus (zu den „Erec"-Stellen im „Parzival" vgl. den „Parzival"-Kommentar von Nellmann 1994). Ähnlich verfahren Gottfried von Straßburg im „Tristan" (vgl. Goller 2005, 295–308) sowie einige Jahrzehnte später Heinrich von dem Türlin in der „Crone" (V. 2163–82 u. 24560–72) und der Dichter des „Jüngeren Titurel" (Str. 2398f.; Abdruck bei Schweikle 1970, 92). Auch im „Wigalois" Wirnts von Grafenberg und im „Gauriel von Muntabel" spielt man wie in vielen nachklassischen Artusromanen ohne größeres Lamento auf das für den „Erec" charakteristische *verligen*-Motiv an. Probleme machte dem Publikum die Entschlüsselung dieser intertextuellen Bezüge anscheinend zu keinem Zeitpunkt. Im frühen 14. Jh. werden sogar einzelne „Erec"-Passagen mehr oder weniger wörtlich in den „Friedrich von Schwaben" interpoliert. Aber wie erklärt sich die auffällige Diskrepanz zwischen Überlieferungs- und Rezeptionsfrequenz? Möglicherweise gründet sich die geringe Überlieferungsdichte auf schlechte Startbedingungen bzw. ungünstige Rahmenbedingungen: Falls der „Erec", wie die Dialektgeographie der ältesten Textzeugen vermuten lässt, seinen Nukleus im Norden (Welfen als Gönner?) hatte, könnten die Wirren um den Fall Heinrichs des Löwen, die Entmachtung der Welfen und die bürgerkriegsähnlichen Auseinandersetzungen um den Welfen-Kaiser Otto IV. die Verbreitung des Werks entscheidend behindert haben.

Textanalyse
Der Anfang des überhaupt nur in der sehr jungen Ambraser Handschrift A einigermaßen vollständig überlieferten „Erec" ist in allen Textzeugen verloren. Es fehlt der Prolog und der Beginn der Handlung (ca. 80 Verse bei Chrétien). Nach Chrétiens „Erec et Enide" ließe sich der Anfang wie folgt rekonstruieren: An einem Ostertag im Frühling hatte Artus auf seiner Burg Caradigan so prächtig Hof gehalten, wie man es noch nie gesehen hatte (Erec et Enide V. 27–34). Vor dem Ende der Festlichkeiten sagte er, dass er den weißen Hirsch jagen wolle, um einen alten Brauch wieder aufleben zu lassen: Wer den weißen Hirsch tötet, darf nach der Regel das schönste Mädchen am Artushof küssen (Erec et Enide V. 35–48). Es handelt sich dabei um eine Rechtsgebärde, die entfernt an das *ius primae noctis*, das Recht der ersten Nacht, erinnert (vgl. Peil 1975, 214f.). Ritter Gauvain gibt zu bedenken, dass sich dies als sehr problematisch erweisen könne, denn „es gibt hier wohl 500 Fräulein aus vornehmen Familien, edle und verständige Königstöchter". Jeder Ritter würde nun beweisen wollen, dass seine Angebetete die

Schönste und Vornehmste sei. Artus antwortet Gauvain, dass er sehr wohl um die Probleme wisse, aber es wäre ihm egal. Das Wort des Königs gelte. Die Idealität des Königs erscheint ernsthaft in Frage gestellt. Er denkt offensichtlich ohne Rücksicht auf die Probleme nur an sein persönliches Vergnügen. Am nächsten Morgen beginnt die Jagd auf den weißen Hirsch. Die Jagdgesellschaft bricht auf. Nicht mit ihnen reiten die Königin Ginover und ein Ritter: *diz was êrec fil de roi Lac*. Wenn einer der besten Ritter und die Königin nicht an der vom König initiierten Jagd teilnehmen, lässt auch das Defizite in der Artusgesellschaft erahnen. Mit folgender Szene setzt Hartmanns Text ein:

Hartmanns Text

> bî ir und bî ir wîben.
> diz was Êrec fil de roi Lac, der vrümekeit und saelden phlac,
> durch den diu rede erhaben ist.   (V. 1–4)
>
> (bei ihr und ihren Frauen. Das war Erec, fils du roi Lac, der tapfer war und unter Gottes Segen stand; von ihm handelt die Erzählung.)

Durch die königliche Stellung des Vaters hat Erec automatisch eine herausgehobene gesellschaftliche Position. Seine Qualitäten sind *vrümekeit* und *saelde*, was sich mit den höfischen Kardinaltugenden Tapferkeit, Tüchtigkeit, Güte, Wohlgeartetheit, Glück und Segen umschreiben lässt.

Auf ihrem Ausritt begegnet die kleine Schar um Ginover und Erec einem unbekannten Ritter, seiner Dame und einem Zwerg. Auf die Frage, wer er sei, schlägt der Zwerg die von der Königin mit der Frage beauftragte Zofe mit einer Peitsche.

Zwergenschande

> daz getwerc werte ir den wec:
> daz sach diu künegîn und Êrec
> daz ez si mit der geisel sluoc   (V. 52–54)
>
> (Der Zwerg versperrte ihr den Weg: die Königin und Erec mussten da mit ansehen, wie er sie mit der Peitsche schlug.)

Der unbewaffnete Erec kann die unritterliche Tat weder verhindern noch das *getwerc* bestrafen. Er, der Ritter, wird sogar selbst Ziel der Attacken des rechtlosen Zwergs. Ungerüstet wäre es allerdings lebensbedrohlich, sich zur Wehr zu setzen. Erec gelingt es in dieser Situation, seine Affekte zu beherrschen (V. 99 ff.). „Im Mittelpunkt der Eingangsaventiure steht somit ein Konflikt von Aggression und Aggressionsabwehr, in dem das ‚unzivilisierte‘ *getwerc* für eine primitive Aggressionsbereitschaft steht und als Teil eines ritterlichen Gefolges die Verkörperung der hässlichen, gewalttätigen Seite ritterlich-kriegerischer Existenz darstellt. Demgegenüber führt Erec in Begleitung der Dame die ‚zivilisierte‘ Seite eines höfischen Rittertums vor […] Gemessen an einem ritterlichen Ehrenkodex endet die Szene für Erec jedoch defizitär, denn er steht zunächst einmal als der Unterlegene da. Gelungene Selbstkontrolle allein meint noch keine adäquate Bewältigung der Situation" (Gephart 2005, 19 f.). Bumke spricht hier sogar von „Selbstbezogenheit und Rücksichtslosigkeit" (Bumke 2006, 23).

Affektkontrolle

Erec nimmt nach dem entehrenden Ereignis die Verfolgung der drei auf. Der unbekannte Ritter wird auf der Burg Tulmein des Herzogs Imain prächtig empfangen (V. 175 f.). Hartmann spielt hier eventuell auf einen ihm bekannten Ort bei Friaul an: Tolmein am Isinzo. Über *Tulmein* berichtet Hartmann, dass dort jedes Jahr ein Sperber-Wettbewerb ausgerichtet werde. Bei dem Wettbewerb handelt es sich um eine Art ‚Miss-Wahl'. Die Schönste der Frau-

Tulmein

en erhält den Sperber als Trophäe. Die Frau des unbekannten Ritters hatte diesen Wettbewerb bereits zweimal in Folge gewonnen und wollte es nun zum dritten Mal schaffen, denn dann dürfte sie den Sperber für immer behalten. Bei den vergangenen Schönheitswettbewerben war es allerdings nicht immer mit rechten Dingen zugegangen. Der Erzähler merkt an, dass diese Frau keineswegs die Schönste sei, aber ihr Mann sorgte durch seine *vorhtsame* (furchteinflössende) *vrümekeit* (Tapferkeit) stets für das ‚richtige' Ergebnis:

> dô was sîn vrümekeit dar an schîn:
> er was alsô vorhtsam
> daz er in mit gewalte nam.
> in getôrste dâ nieman bestân:
> strîtes wart er gar erlân.   (V. 213–217)

(Doch hier zeigt sich, wie kampftüchtig er war: er konnte solche Furcht einflößen, dass er ihn einfach gewaltsam gewonnen hatte. Niemand hatte es gewagt, gegen ihn anzutreten; er brauchte gar nicht zu kämpfen.)

Koralus

Auch der ungerüstete Erec erreicht die Stadt, muss aber bei einem verarmten Ritter in einem verfallenen Gemäuer (*altez gemiure*) Unterschlupf suchen, denn Erec hatte bei dem Ausritt mit der Königin weder Ausrüstung noch Geld mitgenommen. *habelôs* hätte ihn niemand in seinem Haus aufgenommen (vgl. die Ausführungen des Abts im „Gregorius" zum Geld). Wieder fällt ein negativer Schatten auf die höfische Welt, die sich augenscheinlich an äußeren Dingen orientiert und die wahren Werte vernachlässigt.

Graf Koralus lebt in einem alten *gemiure* mit seiner Tochter Enite. Beide sehen ärmlich aus, aber *sîn gebaerde was vil hêrlîch / einem edeln manne gelîch* (V. 288f.). Auch Enite verfügt nur über zerrissene Kleider, aber *der roc was grüener varwe* (V. 324). Grün ist nach Hugo von St. Viktor die schönste aller Farben und Sinnbild der künftigen Auferstehung (vgl. Kraß 2006, 171f.). Es wird auch gleich mehrfach hervorgehoben, dass man nie ein schöneres Mädchen gesehen habe, wobei der höfische Terminus *schoene* in seiner Tragweite deutlich über den modernen Begriff Schönheit hinausreicht und ein ganzes Spektrum herausragender höfischer Tugenden und die Gottesausgewähltheit umschreibt (vgl. Bumke 1986, 419–425). Ritterliche Ausstattung und die standesgemäße Kleidung werden damit als zentrale Attribute von Rang und Stellung in der höfischen Gesellschaft relativiert (vgl. Kraß 2006, 171f.). Das von Hartmann im weiteren Verlauf der Beschreibung anzitierte Bild der weißen Lilie unter schwarzen Dornen verweist unmittelbar auf die Bibel und die Gottesmutter Maria.

Marienanalogie

> ir lîp schein durch ir salwe wât
> alsam diu lilje, dâ si stât
> under swarzen dornen wîz.
> ich waene, got sînen vlîz
> an sî hâte geleit
> von schoene und von saelekeit.   (V. 336–341)

(Ihr Leib schimmerte durch die ärmlichen Kleider wie eine weiße Lilie, die inmitten schwarzer Dornen steht. Ich glaube, Gott hat seine ganze Sorgfalt auf sie verwendet, dass sie so schön und so anmutig wurde)

In Hohelied 2,2 heißt es: „Wie eine Lilie inmitten der Dornen, so ist meine Freundin inmitten der Töchter". Dieses Bild wird im Mittelalter allgemein als

Marienanalogie gedeutet. Die Lilie beschreibt dabei die Sündenreinheit Mariens. Vor allem in den Marienpredigten Bernhards von Clairvaux ist dieses Bild zu Zeiten Hartmanns populär. Wie so oft bei Hartmann ermöglicht die Stelle jedoch vielfältige Zugänge. Man kann die Passage oberflächlich als Beleg der unglaublichen Schönheit Enites lesen bzw. hören. Zusätzlich wird auf einer zweiten Ebene die Marienanalogie mit dem Verweis auf die Reinheit, d. h. die höchste moralisch-ethische Integrität aufgerufen. Der weitere Handlungsverlauf lässt vermuten, dass Hartmann aber noch mit einer dritten Bedeutungsebene spielt: Enites Schönheit wird im weiteren Verlauf der Handlung nicht nur die Ritter der Tafelrunde (ver)blenden und den untadeligen Burggrafen sowie Oringles *den rîchen man* ins Verderben führen, sondern auch ihren Mann Erec ins *verligen*.

Hartmann scheint hier wie an anderen Stellen mit mehreren Bedeutungsebenen zu operieren, die je nach Verständnis eine z. T. weit über die Oberflächenerzählung hinausreichende Erkenntnis erlauben. Wie konsequent Hartmann das vor allem in der Bibelauslegung verwandte Prinzip des mehrfachen Schriftsinns auf seinen weltlich-höfischen Erzähltext überträgt, bleibt zwar unklar, doch für das 12. und 13. Jahrhundert lässt sich feststellen, dass Produzenten wie Rezipienten auf das wechselseitige Herstellen und Entschlüsseln von mehrfachem Schriftsinn geradezu trainiert waren. Ohly gibt mit Recht zu bedenken, dass „tausend Bibelkommentare und tausend Predigten dieses Denken für Epochen praktiziert und eingeübt und popularisiert haben, so dass es in der Dichtung bis an das Ende des 17. Jahrhunderts manifest bleibt" (Ohly 1995, 452).

Mehrfacher Schriftsinn

Der Sperberkampf steht nun unmittelbar bevor (V. 160–623). Koralus klärt Erec über die Hintergründe des Sperber-Wettstreits und die Rolle des unbekannten Ritters auf (V. 447ff.). Dessen Name ist Iders (V. 465). Erec bittet seinen verarmten Gastgeber um Beistand, um die Zwergenschmach zu sühnen. Er erhält von Koralus daraufhin dessen alte Rüstung, um durch Kampf zu beweisen, dass Enite schöner ist als die Frau Iders. Erec verspricht Koralus, dass er dessen Tochter Enite heiraten werde, wenn er den Sperber erringe. Die Tochter selbst wird in diesen Kontrakt zwischen dem Vater und Erec rechtskonform nicht miteinbezogen. Der Vater verfügt nach mittelalterlichem Rechtsverständnis als Vormund über die Entscheidungsgewalt. Vor dem Zweikampf werden Erec und Enite von Herzog Imain herzlich empfangen (V. 624ff.). Imain bietet an, dass er die in zerlumpten Kleidern angereiste Enite mit kostbaren Gewändern ausstatten wolle. Erec lehnt vehement ab (V. 641 f.) und macht in einem von der geistlichen Kleiderkritik inspirierten Diskurs über den Wert der inneren Werte einmal mehr deutlich, dass die wahre Schönheit einer Frau durch sich selbst heraus strahlt und durch das Äußere nur verdeckt werden würde (vgl. Kraß 2006, 170).

Sperberkampf

Kleiderkritik

,er haete harte missesehen
swer wîp erkande
niuwan bî dem gewande.'   (V. 643–645)
(Der täuscht sich, der eine Frau nur aufgrund ihrer Kleidung beurteilt)

Anlässlich des bevorstehenden Turnierkampfs wird auch die Idee des christlichen Rittertums exemplifiziert. Vor dem Zweikampf besucht der Ritter die Messe, denn:

Messe

> des phlegent si aller meiste
> die ze ritterschefte sinnent
> und turnieren minnent.   (V. 665–667)

(das ist eine Gewohnheit aller, die zum Ritterkampf gehen und gern an Turnieren teilnehmen)

Aber die christliche Ritteridee scheint hier kaum mehr als Fassade zu sein. Letztlich geht es Erec allein darum, seine Schmach zu tilgen und seine *êre* wieder herzustellen. Egoistische Motive dominieren.

Rittertum — Anlässlich des Turniers erfährt man zahlreiche Einzelheiten über die weltlich-technische Seite des Rittertums. Umfangreiche Ausführungen zur prototypischen Ausstattung des neuen Rittertyps zeigen das Bild des Ritters mit allen gängigen Attributen. Die verwendete Terminologie verrät französischen Einfluss. So verfügt der Ritter über *harnasch* (= Reiterspeer, Roßschutz, Waffenrock) und *sper geverwet* (= bemalte Lanze). Er ist *gezimiert* (= Helmzier), trägt *wâpenroc* (= Waffenkleid) und *schilt* (= Schild) und sein Pferd eine *kovertiure* (= Schabracke, Pferdedecke) (vgl. Gärtner 1991). Doch obwohl Hartmann eine große Zahl französischer Fachausdrücke benutzt, schöpft er kaum etwas aus seiner französischen Vorlage. Er greift auf bereits im Diskurs der deutschen Höfe präsentes französisches Wortmaterial zurück.

erbarmen — Nach hartem Ringen gewinnt Erec den Zweikampf gegen Iders. Wie von Bernhard von Clairvaux in seinem Traktat zum neuen Rittertum gefordert, zeigt Erec gegenüber dem besiegten Gegner *erbarmen* (V. 1010), obwohl dieser vor Beginn des Kampfes angekündigt hatte, keine Gnade walten zu lassen (V. 715–720). Erec erweist sich einmal mehr als Prototyp des affektkontrollierten, zivilisierten Ritters. Selbst das üble *getwerc* wird weder getötet noch wird ihm die rechte Hand abgeschlagen, was beides durchaus rechtens gewesen wäre. Seinem niederen Stand gemäß wird es allerdings so heftig verprügelt, dass die Striemen noch 12 Wochen zu sehen sind (V. 1064 ff.).

daz getwerc — In der mittelalterlichen Theologie und Naturkunde wird die Frage diskutiert, ob Zwerge dem Schöpfungsakt Gottes entstammten oder dämonischen Ursprungs seien. Eine zentrale Rolle spielen dabei die über Augustin und Isidor vermittelten antiken Vorstellungen von Wesen mit außergewöhnlicher Körpergröße und -form (vgl. LMA 9, 727–729). Im Mittelhochdeutschen scheinen die Rechtsfragen insofern geklärt, als der Zwerg Neutrum, d.h. eine Sache, ist. Diesem Status würde auch die Prügelstrafe entsprechen, die den Charakter einer Knechtsstrafe hat (HRG I, 270). Neben der *milte* Erecs ist für die Rechtssituation die Öffentlichkeit der Szene von entscheidender Bedeutung: *wîp unde man* (V. 1073) schauen zu.

Am Artushof war mittlerweile die Hirschjagd beendet. Artus hatte selbstverständlich den weißen Hirschen mit eigener Hand gefangen und damit das Recht auf den Kuss erworben (V. 1099–1149). Zurück am Artushof bat ihn die mittlerweile ebenfalls heimgekehrte Königin aber um Kussaufschub, damit sie ihm die Geschichte von der Zwergenschande erzählen könne. Als Artus von der Schande hört, will er sofort los reiten und die Schande rächen, doch das hat Erec bereits getan. Auf Tulmein wird zwischenzeitlich der Sieg Erecs gefeiert. Enite hält stolz den Sperber in der Hand. Der Herzog will Erec und Enite erneut mit Kleidung, Pferd, Gold und Silber beschenken, aber Erec lehnt wieder alles ab, außer einem Pferd für Enite (V. 1409 ff.) (zur zentralen

Bedeutung der Pferde in der Rittergesellschaft vgl. Bumke 1986, 236–240). Dieses Pferd samt Sattel (Enites 1. Pferd) wird äußerst knapp beschrieben (V. 1423–1455). Der Autor-Erzähler beschränkt sich auf wenige prägnante Charakteristika. Er folgt damit ausdrücklich dem in der Geschichtsschreibung zentralen Gedanken der *brevitas*, d. h. der bedeutungskonzentrierten Kürze. Karl Bertau sieht in der weit ausführlichern Beschreibung von Camillas Pferd im „Eneas"-Roman Heinrichs von Veldeke („Eneas" V. 148,15 ff.) Hartmanns direktes Vorbild. Den *brevitas*-Vermerk Hartmanns liest Bertau als Kritik am Dichterkollegen (Bertau 1972/73, 564 f.). Hartmann würde sich damit allerdings letztlich selbst kritisieren, denn die viele Hundert Verse umfassende Beschreibung von Enites zweitem Pferd übertrifft Heinrichs Detailreichtum um ein Vielfaches.

_{Enites 1. Pferd}

Nach ihrer Ankunft am Artushof kleidet die Königin Ginover Enite schließlich doch mit kostbarsten Gewändern ein (V. 1530 ff.). Sie sind *nâch kerlingischen sîten* (V. 1547), also nach französischer Mode, gemacht und bestehen aus *sîdîn* (V. 1543), *samît* (V. 1549) und *sigelât* (V. 1570) (zur Kleidung vgl. Bumke 1986, 172–210 u. Brüggen 1989 u. Kraß 2006): *sîdîn* bezeichnet allgemein ein Seidengewebe; *sigelât* ist auch ein, allerdings nicht näher bestimmbarer, Seidenstoff; *samît* wird in den „Erec"-Übersetzungen meist fälschlich mit Samt übersetzt. Samt im heutigen Sinn wurde jedoch erst im 13. Jahrhundert in Italien erfunden. v. Wilckens identifiziert Hartmanns *samît* als ein „Gewebe mit zwei Kettsystemen in Köperbindung, bei dem die Hauptkette auf der Gewebeoberseite nicht sichtbar ist, wo die Bindekette Grund und Muster bildet" (v. Wilckens 1988, 47). Die richtige Deutung von mittelalterlichen Stoffbezeichnungen ist ein grundsätzliches heuristisches Problem, denn die Mittelalterarchäologie kann nur auf winzige erhaltene Stoffspuren zurückgreifen. Viele der in den Epen exzessiv beschriebenen, z. T. wohl auch mit Phantasienamen belegten Stoffe sind noch nicht identifiziert. Um Hartmanns Intention zu begreifen, genügt aber der Nachweis, dass Enite nun kostbarste Gewänder trägt. Für die literarhistorische Verortung wichtig ist, dass es bei der ausführlichen Schilderung der neuen Kleider auffallende Parallelen zur Beschreibung von Didos Jagdgewand in Heinrichs von Veldeke „Eneas" gibt (Eneas V. 59,19–60,25). Diese Kleiderbeschreibung gilt als fundierendes Ereignis für alle zukünftigen Kleiderbeschreibungen in der deutschen höfischen Epik (Brüggen 1989, 24).

Neue Kleider für Enite

Stoffbezeichnungen

Nachdem Enite festlich gekleidet ist, wird sie von Ginover zur *tavelrunde* geführt, wo mittlerweile die edelsten Ritter Platz genommen haben (V. 1614–1616). Man erfährt auch den genauen Umfang der Tafelrunde: *ir was nâch der rehten zal / vierzec und hundert über al* (V. 1696 f.). Es sind insgesamt 140 Ritter. Über seine Vorlage hinausgehend, erläutert Hartmann deren Herkunft, die Besonderheiten und die Qualitäten. Dass Hartmann hier so ausführlich die Ritter vorstellt, mag darin begründet liegen, dass das Artus-Personal wie die gesamte Artus-Historia bei seinem deutschen Publikum noch nicht präsent waren. Hier wie auch an zahlreichen anderen Stellen scheint Hartmann auf den beschränkten Wissenshorizont seines Publikums Rücksicht zu nehmen: Hartmanns Erzähler erläutert Unbekanntes oder Geheimnisvolles. Er klärt die Rezipienten über die Eigenheiten der neu im deutschen Hofdiskurs auftauchenden Keie-Figur auf (V. 4636 ff.), er kennt das Geheimnis der *Feimurgân* (V. 5132 ff.), er weiß um die Herkunft von Enites Pferd (V. 7389 ff.), er übersetzt den französischen Begriff *Joie de la curt*

Tafelrunde

(V. 8003 ff.) und er beschreibt den geheimnisvollen *boumgarten* (V. 8697 ff.). Er ist immer zur Stelle, wenn das Publikum überfordert zu werden droht.

Artusritter — Unter den von Hartmann von Aue in den deutschen Hofdiskurs eingeführten Artusrittern (V. 1629 ff.) begegnet Gawein als Erster und Vornehmster. Gleich darauf folgen der Titelheld *Êrec fil de roi Lac* sowie *Lanzelot von Arlac* (später Held des „Lancelot-Gral-Zyklus"), *Gornemanz von Grôharz*, *Meljanz von Liz* (beide später wichtige Gestalten im „Parzival" Wolframs von Eschenbach), *Îwein fil li roi Urjên* (Held des „Iwein"), *Tristram und Gârel* (Helden aus dem „Tristan"), *Titurel* (später der alte Gralskönig; aber zu Zeiten Chrétiens eigentlich unbekannt?), *Gâlôes* (der Ritter aus Galois = Wales; eventuell später *Gwi la Galois* bzw. Wigalois, der Titelheld eines Artusromans von Wirnt von Grafenberg) und *Segremors* (später Titelheld des „Segremors"-Romans). Neben diesen meist aus Chrétien bekannten Artusrittern erfindet Hartmann eine ganze Anzahl neuer Artusritter (V. 1669–1693). Oft handelt es sich um die (sonst unbekannten) Söhne bekannter Tafelrunder. So nennt er unter anderem *Lernfras fil Keîn* (Sohn des Kei), *Henec suctellois fil Gâwîn* (Sohn Gaweins) und einen *Lanfal*. Er ist aus dem „Lai Lanval" der Marie de France bekannt (dt. Übersetzung in: König Artus und seine Tafelrunde, 1980, 285–297).

Namenkataloge: Hartmann oder Hans Ried? — Der Namenkatalog ist unter mehreren Gesichtspunkten bemerkenswert, aber auch problematisch: Hartmann transportiert das französisch-anglonormannische Artus-Inventar in den heimischen Literaturdiskurs hinein. Gleichzeitig ergänzt, erweitert und präzisiert er das bei Chrétien vorgefundene Artuswissen. Zum Teil scheint dies durch Analogiebildungen vonstatten gegangen zu sein (Söhne), zum Teil scheint er aber auch über zusätzliche französische und/oder lateinische Quellen (Marie de France, Geoffrey of Monmouth, Wace; vgl. Steppich 2002) verfügt zu haben. Zu denken geben allerdings einige erst aus späteren Epen bekannten Namen. Auch passen mehrere Verständnisfehler und Dialekteigentümlichkeiten im Namenkatalog kaum zur insgesamt recht treffsicheren Übersetzung und zur Sprache Hartmanns. Müller vermutet deshalb, dass viele merkwürdige Namen ihre Ursache in Verlesungen Hans Rieds haben könnten: Mehr als drei Jahrhunderte nach Hartmann bemühte sich der Zollschreiber Ried zwar um eine getreue Kopie seiner offensichtlich sehr guten Vorlage, aber bei den in einer anderen Sprache und einer anderen Schrift geschriebenen Namen scheint er oftmals überfordert gewesen zu sein. Zur Erklärung der vielen Sonderformen gegenüber Chrétien gibt Müller auch zu bedenken, dass man mit einem sekundär aufgeschwellten Katalog rechnen müsse, d.h. mit Namenverzeichnissen, die später um Namen aus anderen jetzt präsenten Artusromanen wie dem „Iwein", dem „Parzival", dem „Wigalois" und dem „Titurel" erweitert wurden (Müller 1974, 157–171 u. 180–193 u. zustimmend Bumke 2006, 12f.). Für die Interpretation sollten die Namenkataloge zur Tafelrunde und zu den Hochzeitsgästen deshalb nur mit Zurückhaltung herangezogen werden.

Enite vor der Tafelrunde — Als die mittlerweile herrlich eingekleidete Enite in den Raum mit der Tafelrunde eintritt, erschrecken alle Ritter ob ihrer idealen Schönheit. Innen und Außen sind nun in so idealer Harmonie vereint, dass die heiligengleiche Schönheit geradezu blendet. Enite strahlt wie Sonne (V. 1717), Mond (V. 1774) und Sterne (V. 1769). Die Wirkung ist allerdings ambivalent. Vom Glanz der Schönheit ge- bzw. verblendet erinnert sich König Artus augenblicklich an den ausstehenden Preis von der Hirschjagd, denn es ist *sîn ge-*

wonheit (V. 1785 ff.), *daz er den kus naeme dâ* (V. 1788), d. h. den Kuss der Schönsten einzufordern. Im Augenblick der höchsten Verzückung um die engelsgleiche Enite zeigt sich der Keim der späteren Probleme: Wie Artus und alle Tafelrunder ist Erec von seiner zukünftigen Frau, die ihm *als ein engel* (V. 1843) erscheint, verzaubert, und zwar genau im bereits geschilderten ambivalenten Sinn: geblendet und verblendet. Frau *Minne*, die personifizierte Liebe, hat die Macht übernommen:

> dâ was der Minnen gewin:
> die Minne rîchsete under in
> und vuocte in grôzen ungemach.   (V. 1858–1860)
>
> (die Minne hatte gesiegt. Sie war die Herrin über sie beide und quälte sie sehr.)

Bei der hier avisierten Minne handelt es sich um Begierde bzw. fleischliche Liebe (*amor carnalis*). Sie ist im Gegensatz zur *hôhen minne* (*amor spiritualis*), wo es primär um das strebende Dienen geht, auf körperliche Erfüllung ausgerichtet. Diese *minne* hat Erec und Enite wie eine Krankheit infiziert. Sie verhindert, dass beide fürderhin klar denken und handeln können. Die Minne wird damit zur Gefahr für den Ritter, für seine Ehefrau und für die Gesellschaft. Für den höfischen Diskurs spielt die Minnetheorie eine zentrale Rolle. Überlegungen von Augustin zu Liebe und Ehe sowie Ovids Grundlagenwerk „Ars armatoria" sind im höfischen Literaturbetrieb bekannt und werden in zahlreichen lateinischen und volkssprachigen Texten und Liedern intensiv reflektiert (vgl. Haug 2004). Welche Rolle dabei das brandaktuelle Grundlagenwerk „De amore" des Andreas Capellanus (nach 1174?) (Ausgaben: Rädle 2006 u. Knapp 2006) für den höfischen Diskurs der Zeit und damit für Chrétien und Hartmann gespielt hat, ist unklar. Dass Hartmann „De amore" kannte, ist zwar auszuschließen, aber die von Andreas diskutierten Ehe- und Minneprobleme um *amor mixtus* (erfüllte Liebe), *amor carnalis* (fleischliche Liebe) und deren Vereinbarkeit mit der Ehe sind bei Hartmann wie bei Chrétien gleichermaßen präsent. Vor allem die Überlegung des Andreas, dass „auch die eheliche Umarmung zur Sünde wird und nicht mit dem Wunsch, ein Kind zu bekommen oder seine Pflicht zu tun, gesühnt werden kann, weil sie ja bei gewohnter und häufiger Wiederholung die Entstellung einer heiligen Sache darstellt. Hier versündigt die Ehefrau sich sogar mehr als eine Liebende" (De amore), korrespondiert auffällig mit dem *verligen*-Problem im „Erec", wo zu intensive körperliche Ehe-Liebe zur Katastrophe, zum Verlust von Ehre und Gesellschaft führt. Wir befinden uns hier im Zentrum einer im ausgehenden 12. Jh. allgegenwärtigen Diskussion. An vielen Höfen und in vielen Texten werden die selben Fragen gestellt und die selben theoretischen Minnekonzepte diskutiert. Hartmann bringt mit seiner „Klage" sogar ein eigenes umfangreiches minnetheoretisches Werk in den höfischen Minnediskurs ein.

Auch aus einer zweiten Perspektive scheint sich Hartmann im Zentrum der aktuellen Liebes- und Ehetheorie zu bewegen, denn die sich anbahnende Verbindung von Erec und Enite entspricht nur teilweise der althergebrachten gesellschaftlichen Praxis, wo die Heirat nach Machtkalkül ausgehandelt wird und die Eltern über die Eheverbindung der Kinder – insb. der Töchter – entscheiden. Liebe ist bei diesen Herrschaftsehen nebensächlich (vgl. dazu grundlegend Weller 2004). Es war sogar durchaus üblich, dass ein Mann neben seiner Ehefrau Nebenfrauen (Kebsen) haben konnte. Die Kirche verlang-

Minnetheorie

Ehetheorie

te jedoch spätestens nach dem um 1140 im „Decretum Gratiani" verankerten kirchlichen Eherecht strikte Monogamie. Der einflussreiche Theologe und Philosoph Hugo von St. Victor († 1141) propagierte darüber hinaus im Einvernehmen mit der kirchlichen Ehedoktrin und der Sakramentstheorie die *consensus*-Idee, d.h. eine auf der ehelichen Liebe (*amor conjugalis*) und dem Konsens der Ehegatten begründetes Ehemodell. Von einer allgemeinen gesellschaftlichen Akzeptanz waren solche Ideen im ausgehenden 12. Jh. zwar noch weit entfernt (vgl. Haug 2004, 22–24), bei Hartmann scheinen sie aber in der primär auf Liebe gegründeten Verbindung von Erec und Enite zumindest andiskutiert, wenn nicht sogar verwirklicht.

Hochzeit (*briutennes zît*) Die nun folgende Hochzeit am Artushof (V. 1887 ff.) gewährt Einblicke in die Festkultur der Höfe. „Nach dem Hochzeitsfest von Eneas und Lavinia in Veldeckes „Eneit" ist dies die erste große Festbeschreibung der höfischen Literatur" (Bumke 2006, 31). Charakteristisch sind Pracht und Internationalität der Hofgesellschaft. Der Artushof erweist sich als Kommunikationsmittelpunkt, von dem aus über ein weit gespanntes Nachrichtennetz selbst die entlegensten Gegenden der Welt mit *brieven und wortzeichen* erreicht werden.

> zehant er ûz sande,
> swar er mohte gereichen,
> brieve und wortzeichen,
> daz im die vürsten kaeman
> und alle, die'z vernaemen,
> von allen landen wîten
> ze sînen hôchzîten   (V. 1894–1893)

(Er sandte gleich, so weit er konnte, Briefe und Boten aus, damit die Fürsten und alle, die im ganzen Land davon hörten, zu seinem Fest kämen.)

Internationalität der Hofgesellschaft Die Gästeliste und die Beschreibung der Gäste (V. 1906 ff.) lesen sich wie eine Beschreibung der unendlichen Größe des Artusreichs bzw. der Welt allgemein. Die beigefügten Erläuterungen haben enzyklopädischen Charakter. So kommt einer der Ritter der Tafelrunde, *der herre Meheloas*, von einer ominösen Glasinsel (*von dem glesînen* V. 1919 ff.; bei Chrétien: *Isle de Voirre* = Gläserne Insel). Umgehend folgt eine detaillierte Beschreibung dieses geheimnisvollen Landes, denn Hartmann musste sicher davon ausgehen, dass niemand unter seinen Zuhörern diese Insel kannte (vgl. Scholz 2004, 701 f. und umfassend Okken 1993, 68–70):

> sus stuont ez umbe sîn lant,
> daz dar über benamen nie
> dehein ungewiter ergie:
> ouch was dâ grôzer gemach,
> wan man dâ nie wurm gesach:
> dâ enwart nie kalt noch heiz,
> als man'z von der wârheit weiz.   (V. 1921–1927)

(Sein Land hatte die Eigentümlichkeit, dass überhaupt nie ein Unwetter darauf herab ging: das Leben war dort auch deshalb sehr angenehm, weil es keine Schlangen gab; es wurde nie zu kalt und nie zu heiß, so ist es tatsächlich verbürgt.)

Avalon Ein weiterer Ritter der Tafelrunde kommt von der Insel Avalon: *Gimoers der wert, Avalôn hiez sîn lant*. (V. 1930 ff.). Von Gimoers weiß Hartmann zu berichten, dass er eine Fee liebte, *diu hiez Marguel* (V. 1932). Okken und Scholz vermuten, dass der gesamte Avalon-Komplex durch Geoffreys „Vita

Merlini" und die „Historia regum britannie" in die Artusliteratur gelangt ist (Okken 1993, 128 u. Scholz 2004, 702f.). Geoffrey erläutert in der „Vita Merlini": „Die Apfelinsel, auch Insel der Glückseligen, hat ihren Namen von der Sache her". Giraldus Cambrensis berichtet in seiner „Topographia Hibernica" (um 1186) weiter: „Dieses Land ist unter allen Ländern klimatisch am ausgewogensten (Kap. 33). Die Erde vertilgt die giftigen *vermes*: Schlangen (Kap. 30)." Auf der Glas-Insel wird von Hartmann die Zauber- und Heilkundige *Fâmurgân* (Erec V. 5156ff.) verortet. Ob er sie sich identisch mit der Fee *Marguel* denkt, bleibt unklar. Hartmanns Wissen scheint hier partiell über Chrétien hinauszureichen, aber die neuesten Erkenntnisse zu Avalon und der Glasinsel kannte auch er noch nicht: Giraldus Cambrensis hatte um 1190 die Gläserne Insel mit Avalon identifiziert. Bei Hartmann kommt *Maheloas* von der Gläsernen Insel und *Gimoers* ist Herrscher von *Avalôn*. Es handelt sich also um zwei verschiedene Orte (vgl. Okken 1993, 128ff.). Man erfährt weiter von Britannien und seinen Nachbarländern, von *Schotten* (Schottland oder Irland), von *Riuzen* und *Pôlân* (Russland und Polen). Ein Ritter kommt von *Luntaguel*. Das ist – von Hartmann oder eher Hans Ried verlesen – Tintaguel, der Geburtsort des Artus. Die merkwürdigsten Gäste sind die weit gereisten *künec Bîlêî und Brîans. / Antipodes hiez ir lant* (V. 2086f.). Beide Könige kommen also aus dem sagenhaften Land *Antipodes*. Sie werden völlig gegensätzlich charakterisiert: *Brîans* ist mit einer Größe von *anderhalbe spanne* (V. 2098) größer als irgendein anderer Mensch. *Bîlêî* ist demgegenüber so klein, *daz dehein getwerc enwaere noch sî / kurzer danne Bîlêî* (V. 2100f.). Hartmanns Wissen stammt hier von Chrétien, wo der Zwergenkönig ebenfalls Herrscher der Antipoden ist: *Bilis, li rois d'Antipodés* (Erec et Enite V. 1994). Die Antipoden (griech./lat. *antipous* = Gegenfüßler) waren nach antiker und mittelalterlicher Auffassung die Bewohner eines auf der anderen Seite der durch einen Ozean und/oder Feuergürtel in zwei Hälften geteilten Erdkugel befindlichen vierten Erdteils. Der im Mittelalter als heilige Autorität geschätzte Isidor von Sevilla spricht in seinen „Etymologiae" von einem geheimnisvollen 4. Kontinent, der von Wasser umgeben sei. Dort sollen die Antipoden leben (Etymologiae, Buch XIV, V, 17, zusammenfassend v.d. Brincken 1992).

Antipoden

Die Artusritter und die Gäste aus den beschriebenen fernen Landen sind in den herrlichsten Gewändern, Stoffen, Pelzen gekleidet. Die enzyklopädische Dichte der Beschreibung öffnet Hartmann immer wieder im Sinn einer Modezeitschrift (vgl. Bumke 1986, 172–210 u. Brüggen 1989). Ihm geht es nicht nur darum, Länder, Reiche und deren Fürsten vorzustellen, sondern auch die höfischen Attribute der jeweiligen Herrscher exemplarisch zu beschreiben. Sie tragen *gold* (Gold), *sîdîn* (Seide), *hermîn* (Hermelin), *sigelât*, *brunat* bzw. *scharlach* (V. 1986), *zobel* (Zobelpelze) und sogar *zobel aus connelant* (Zobel aus Ikonium). Die Einblicke in die aktuelle höfische Mode lassen die für die Hofkultur um 1200 typischen weit verzweigten internationalen Handelsverbindungen bis nach Russland und in den nahen Osten aufscheinen. Besondere Aufmerksamkeit verlangt der *zobel aus connelant*, von dem Hartmann weiß, dass dort *der soldân* (V. 2004) herrscht: Das Sultanat Ikonium war in Mitteleuropa spätestens nach dem Besuch Heinrichs des Löwen (1172) eine feste Größe. Von einem Vertrag Kaiser Friedrichs I. mit dem Sultan von Ikonium berichtet im Jahr 1179 Otto von St. Blasien in seiner Chronik, und eine Gesandtschaft aus Ikonium soll auf dem Reichstag von

Modenschau

zobel aus connelant

Nürnberg 1188 erschienen sein. Im Mai 1190 fiel Ikonium ungeachtet der Verhandlungen und Verträge in die Hände des Kreuzfahrerheers (Okken 1993, 74–76).

Fest – Turnier   Anlässlich der Hochzeitsfeierlichkeiten (V. 2125–2851) wird am Artushof eine *hôchzît*, ein gewaltiges Fest (V. 2118ff.), und ein großes *turnier* (V. 2142ff.) ausgerichtet (zur Festkultur vgl. Marquard 1985 u. Bumke 1986, 276–317 u. Haupt 1989, 141–167). Es dauert insgesamt *vierzehen tac* und alles dreht sich um *kurzwîle*. Dazu gehören der *bûhurt*, das Ritterspiel Schar gegen Schar, *tanzen, seitspil* (Saitenspiel), *sagen unde singen* (Dichtung und Gesang) und *springen*. Für den Hunger steht ein *imbîz* bereit. Bei dem Fest treten *varndez volc* (Gaukler, Spielleute) und ein *spilman* (nach Lexer II, 1091f.: „spielmann, fahrender sänger, musikant, gaukler") auf. Das Hauptaugenmerk liegt auf dem Turnier, dessen Preis des vortrefflichen Siegers selbstverständlich dem Bräutigam Erec zufällt. Nach dem Turniersieg wird Erec, *der tugendhafte man*, in den herrlichsten Farben als vortrefflicher Ritter

Erec als idealer Ritter   geschildert (V. 2808–2851). Er hat das *wîstuom Salomône* – der gilt als der weiseste Mensch auf Erden –, die *schoene Absolône* – der ist der schönste Mann Israels –, die *sterke Samsônes* – der war stark, unüberwindlich – und die *milte Alexanders* – Alexander der Große war der Freigiebigste Herrscher. Die herbeizitierten idealen Exempelfiguren könnten nicht vortrefflicher gewählt sein. Hartmann durfte bei seinem Publikum intime Kenntnisse jeder einzelnen dieser biblischen Figuren voraussetzen. Doch wie so oft ist dies nur die sichtbare Oberfläche der Inszenierung, denn jede dieser Exempelfiguren lässt sich auf einer zweiten Ebene im Sinn des aus der Theorie des mehrfachen Schriftsinns bekannten *sensus moralis* auch konträr moralisch

Salomon   deuten (Scholz 2004, 725–728): Der weise *Salomône* gilt zwar als der weiseste aller Mensch, aber er versagt, als er sich mit den vielen Mädchen seines Harems in feuriger Liebe verbannt und ihnen zuliebe ihren Götzen huldigte.

Absalon   Der *schoene Absolône* war zwar der schönste Mann Israels, aber er verdrängte seinen Vater David vom Thron und nahm dessen Nebenfrauen. Ganz Israel war Zeuge, wie der Hochverräter der Venus (Liebesgöttin) erlag.

Samson   Absalom nahm ein schlimmes Ende (2 Sam. 18,32–19,3). Der *sterke Samsône* war unüberwindlich stark, aber er verriet seiner geliebten Dalila das Geheimnis seiner Stärke, was die Philister nutzten, um ihn zuschanden zu

Alexander   machen (Richter 16). Der *milte Alexanders* war der Freigiebigste Herrscher, aber er erlag nach der Eroberung der Welt der *superbia*, tötete einen Freund und wollte auch das irdische Paradies (im „Alexander" des Pfaffen Lamprecht) oder die Antipoden (in der „Alexandreis" Walthers von Châtillon) bezwingen. Nach seinem Tod blieben ihm von allen Eroberungen nur die sieben Fuß seines Grabes, als ob er der ärmste Mann auf Erden gewesen wäre (Lamprechts „Alexander" V. 6591–7235; vgl. Kern/Ebenbauer 2003, 38–54; zum „Erec" wird ebd. 44 B3 die Doppeldeutigkeit der Stelle nicht thematisiert). Im Augenblick des höchsten Lobs wird damit gleichsam in einer typologischen Vorausdeutung auch schon das Scheitern des Helden angedeutet.

Nach vielen Tagen des Feierns und Turnierens geht das Hochzeitsfest zu ende. Erec und Enite nehmen Abschied (V. 2810ff.). Nach der Rückkehr in das väterliche Reich König Lacs (*Destregales*) wird dem Paar in der Hauptstadt Karnant – entgegen der altfranzösischen Vorlage – schon jetzt das Land und die Königsherrschaft übertragen (V. 2904ff.). Eine Krönung findet allerdings erst später statt (V. 10064ff.). Das strahlende Paar gibt sich anschließend der Begierde bzw. der fleischlichen Liebe hin (V. 2852–3049). Die Herrscherpflichten geraten in Vergessenheit.

> nû sô er heim komen ist,
> dô kêrte er allen sînen list
> an vrouwen Enîten minne   (V. 2928–2930)

(nun, da er heimgekommen ist, richtete er all seine Fähigkeiten darauf, die edle Enite zu lieben.)

Ritter und Knechte am Hof bemerken recht schnell das *verligen* des Herrscherpaares, das persönliches Glück über die Anforderungen der Gesellschaft bzw. der Herrschaft stellt. Die Ehe hat in der Tradition Augustins als *remedium concupiscentiae* (Heilung des Begehrens) eigentlich den Zweck, das fleischliche Begehren in den rechten Schranken zu halten. An sich sündhaftes Tun (Begierde) wird sittlich gerechtfertigt, solange der sexuelle Akt allein der Fortpflanzung dient. Sexualität gilt als verwerflich, wenn die Begierde zum Selbstzweck wird (vgl. Haug 2004, 17–20). Im Moment des *verligens* ist genau dies eingetreten. Die Eheminne wird sündhaft.

verligen

> Êrec wente sînen lîp
> grozes ungemaches durch sîn wîp.
> die minnete er sô sere
> daz er aller ere
> durch si einen verphlac
> und daz er sich sô gar verlac
> daz niemen dehein ahte
> ûf in gehaben mahte   (V. 2966–2973)

(Erec gewöhnte sich wegen seiner Frau an große Bequemlichkeit. Er liebte sie so sehr, dass er nur um ihretwillen all seine Ehre verspielte, bis er sich so vollständig verlegen hatte, dass keiner mehr ihm das mindeste an Achtung entgegenbringen konnte.)

Seine Frau Enite, deren Schönheit die Basis des Übels ist (*durch sîn wîp*), hat ein feines Gespür für die wachsende Unzufriedenheit der Landleute, die sich um den Verlust der Landesehre, den Verlust des Ansehens und den Verlust der Ritterlichkeit sorgen. Als Enite glaubt, Erec schlafe, seufzt sie wegen der gehörten Vorwürfe und der Gewissheit eigener Schuld, denn der Groll der Hofgesellschaft richtete sich primär gegen sie. Die Logik der Hofgesellschaft – der Erzähler stellt sie mit Distanz dar; er scheint sie nicht zu teilen – ist einfach: wäre Enite nicht da, gäbe es keine Versuchung und also auch kein *verligen*. Erec bekommt Enites Sorgen mit und stellt sie zur Rede. Enite erzählt daraufhin von ihren Beobachtungen. Erec ist bestürzt und erkennt, dass nur ritterliches Handeln seine Ehre und die Ehre des Landes wieder herstellen kann. Er befiehlt Enite, ihr schönstes Kleid anzuziehen und gibt vor, mit ihr auszureiten (V. 3054–3057).

Enites herrliches Außen, verkörpert in der Kleidung, steht hier im Kontrast zur ersten Handlungssequenz, wo dem zerlumpten Äußeren eine innere Idealität gegenüberstand. Jetzt ist das *verligte* Innere der Kontrast zum strahlenden Äußeren. Auch bei Erec sieht man ein Spiel mit Innen und Außen, denn er verdeckt seine Rüstung – also das Symbol des Ritterstandes – durch einen Umhang. Durch das *verligen* ist er seines Standes nicht mehr würdig. Beim Aufbruch des Paares befiehlt Erec seiner Frau Enite vorauszureiten und zu schweigen, was auch immer geschehe (V. 3094ff.). Obwohl Hartmann die Szene gegenüber Chrétien erheblich ausweitet, bleibt bei ihm die Mo-

Schweigen und Reden

tivation des Schweigegebotes weitgehend unbegründet: Hartmann hatte die im französischen Roman weit verbreiteten, langen Redepassagen Enites, die bei Chrétien die Geschwätzigkeit der Frauen dokumentieren, fast komplett getilgt. Für die Erklärung des Schweigegebots stehen diese Passagen also nicht zur Verfügung. Das Manko scheint Hartmann bewusst gewesen zu sein, denn das Schweigegebot wird im weiteren Handlungsverlauf auffallend oft thematisiert, wobei das Schweigen und das kontrastive Reden eine wichtige Funktion im theoretischen Konzept einer idealen Herrschaft erhalten: Durch das Schweigen hatte Enite das *verligen* des Herrscherpaares mitverursacht, durch das – verbotene Reden – wird sie Erec retten. Bussmann sieht in dem gleich mehrfach in Szene gesetzten Antagonismus von Schweigen und Reden die Pflichten einer Landesherrin diskutiert. Enite nimmt durch das Reden aktiv an Erecs Bewährungsweg teil. Es scheint damit mehr als bei Chrétien ein Bewährungsweg für beide (Bussmann 2005; Bumke 2006, 113–128).

Räuber I Die weit vor ihrem Mann reitende Enite sieht drei Räuber (V. 3106ff.), darf Erec wegen des Schweigegebots aber nicht warnen. Sie fürchtet um sein Leben und bricht das Schweigegebot. Erec gelingt es daraufhin leicht, die Räuber zu besiegen, denn sie waren *gewâfent slehte / nach roubaere rehte* (V. 3228f.). Für den Bruch des Schweigegebotes bestraft Erec Enite hart. Es folgt eine heftige Frauenschelte (V. 3242–58): Frauen schwätzen immer, tun alles, was ausdrücklich verboten ist, machen immer das Gegenteil von dem, was sie sollen. Vor allem das Schwätzen wird als eine angeborene Negativtugend der Frauen beklagt – ein seit der Antike bekannter Topos. Enite muss als Strafe wegen ihrer Verfehlung gegen das Schweigegebot als Pferdeknechtin die jetzt fünf Tiere des Paares versorgen.

Räuber II Kaum sind die einen Räuber besiegt, lauern fünf weitere Räuber auf das Paar (V. 3291ff.). Die freuen sich über fette Beute. Wieder gewahrt die vorausreitende Enite die Räuber lange vor ihrem Mann. Und wieder warnt sie Erec, der daraufhin die unritterlich gerüsteten Räuber schnell niederwerfen und töten kann. Erneut hat Enite gegen das Schweigegebot verstoßen, und Erec bestraft sie erneut. Sie wird auf den Status eines Knechts zurückgesetzt: *ich wil iuch ze knehte hân* (V. 3431).

Treuloser Burggraf Nach langem und für die jetzt acht Pferde führende Enite beschwerlichem Ritt treffen Erec und Enite auf einen Knappen. Sie werden von ihm bewirtet und auf die Burg seines Herrn eingeladen. Erec lehnt ab, schenkt dem Knappen aber ein Pferd für seine Gastfreundschaft. Der Knappe bittet Erec, die schwere Last der Frau Enite erleichtern zu dürfen, was aber abgelehnt wird. Von Ferne sieht der Burggraf die Reisenden und lädt sie persönlich auf seine Burg ein. Der Graf erfüllt das Gebot der Gastfreundschaft perfekt, aber nur bis zu dem Augenblick, bis er Enite genauer ansieht:

dô tete im untriuwe kunt
diu kreftige Minne
und benam im rehte sinne.
wan an der Minne stricke
vâhet man vil dicke
einen alsô kargen (klugen) man
den niemen sus gewinnen kan   (V. 3691–3697)

(Dann aber machte ihn die starke Minne mit der Bosheit bekannt und raubte ihm den Verstand. Denn in den Fesseln der Minne ist mit Leichtigkeit ein sehr besonnener Mann zu fangen, den man anders nicht besiegen könnte.)

Die Minne raubt ihm Verstand und Anstand. Der Graf will Erec betrügen, um Enite von Erec zu befreien und für sich zu gewinnen. Enite ist ihrem Mann jedoch treu und warnt diesen. Beide fliehen in der Nacht mit Hilfe einer List. Der Burggraf ärgert sich über die verpasste Gelegenheit. Er verfolgt die Fliehenden mit einer großen Schar, holt sie ein, wird aber von Erec in einem ritterlichen Zweikampf besiegt. Einige seiner Knappen finden dabei den Tod. Er selbst wird durch einen *stich ze sîner sîten* (V. 4210) verletzt, außerdem bricht er sich beim Sturz vom Pferd den Arm. Die Versorgung des Verletzten übernehmen seine Knappen (vgl. Haferlach 1991, 35). An dieser Stelle folgt die Hartmannsche Erklärung, warum Enite die Gefahren stets früher erkennen konnte als Erec: Der zu dieser Zeit gebräuchliche Topfhelm hatte nur einen winzigen Sehschlitz (V. 4151 ff.). [Topfhelm]

Wegen des einmal mehr gebrochenen Schweigegebots bestraft Erec Enite erneut. Obwohl sein *zorn wart grôz und ungemach / und unsenfter dan ê* (V. 4263 f.), fällt die Strafe milder aus. Er schilt sie nur. *bis hierher war alles / gar ein kindes spil* (V. 4270). Die Aventiurefahrt führt das Ehepaar nun in das Land der Zwergenhaften (V. 4268–4629), wo der Zwergenkönig Guivreiz Erec sofort zum Zweikampf herausfordert. Erec will aber nicht nur aus Spaß kämpfen. Erst als der Verlust der Ehre droht, kämpft er doch. Erec wird schwer verwundet, kann aber Guivreiz nach langem, ritterlichem Kampf besiegen. Erec zeichnet sich durch *erbarmen* und *genâde* gegenüber dem Besiegten aus, hätte aber fast eine Missetat begangen, als er ansetzte, den Besiegten zu erschlagen (V. 4439 ff.). Beide Kämpfer versorgen anschließend gegenseitig ihre Blessuren. Dann reinigt Enite mit dem Ärmel ihres Kleides die Wunden. Erec und Guivreiz erzählen sich anschließend von ihrer hohen Herkunft und werden Freunde. Auf den Hinweis von Guivreiz, zur Therapie die Hilfe eines Arztes in Anspruch zu nehmen, reagiert Erec ablehnend, da er schnell weiter reiten müsse (V. 4616 ff.). [Guivreiz]

Nach dem Abschied und einem langen Ritt durch einen Wald, in den König Artus von seinem Schloß *Tintajôl* aus zur Jagd geritten war, begegnet Erec dem Artusritter Kei, der sich das Pferd *Wintwalite* von Walwein/Gawein geborgt hatte (V. 4629.1 ff. – nicht in A). Das *ors Wintwalite* heißt bei Chrétien *le gringalet* (das Ausdauernde, Zähe). Bei dem hier Walwan genannten Pferdebesitzer handelt es sich um den besser als Gawein bekannten besten Artusritter. In den älteren Fragmenten W und Z taucht stets diese alte, nordfranzösische Namensform *Walwan* auf. Die Form Gawein kennen nur die sehr junge Hs. A und das Koblenzer Fragment. Da in A beide Formen vorkommen (Walwan allerdings nur 2x), könnte Hans Ried den alten Namen *Walwan* in seiner Vorlage vorgefunden und gegen das seit dem 13. Jh. gebräuchlichere Gawein ausgetauscht haben. An zwei Stellen wäre ihm dann die alte Form entgangen. [Gawein/Walwan]

Kei sieht den vom Kampf gegen Guivreiz schwer gezeichneten Erec *und sprach in sîner valscheit: / „willekomen, herre, in diz lant"* (V. 4629.38 f.). Kei ist der Truchsess des Königs Artus (V. 4780–4785). V. 1152 f. führt Hartmann ihn als *vriunt Walwâns* (Gaweins) ein. Er spielt in der älteren historischen Überlieferung als wichtigster und engster Vertrauter des Königs eine zentrale Rolle. Im Laufe der Literarisierung erfährt die Keie-Figur jedoch einen dramatischen Ansehensverlust. Bei Hartmann ist er schon eine zwielichtige Figur, später beinahe sogar eine Witzfigur, die jeden ritterlichen Zweikampf verliert, aber stets die großen ritterlichen Tugenden und Werte [Kei] vehement anmahnt. Was es mit der *valscheit* Keies auf sich hat, erklärt der Autor-Erzähler umgehend:

> alsu was im gedâht:
> hete er in ze hove brâht,
> daz er danne wolde sagen
> er hete im die wunden geslagen
> und er solde gevangen sîn.   (V. 4629.56–4632)
>
> (Er hatte es sich so ausgedacht: wenn er mit ihm zur Hofgesellschaft kam, wollte er sagen, er habe ihm die Wunde beigebracht und Erec sei sein Gefangener.)

Keie-Psychologie Es folgt eine psychologische Reflexion der Keie-Figur (V. 4633–64), die deutlich die *zwêne twerhe siten* (Lexer II, 1599 übersetzt *twerh* mit „quer"), also den verqueren, widersprüchlichen beinahe schizophrenen Charakter dieses berühmten Artusritters aufzeigt. Seinem guten Herz steht die böse Zunge gegenüber. Nach einem kleinen Scharmützel mit Keie, das der *schalchafte* (V. 4735) selbstverständlich verliert, gelingt es Keie nicht, Erec zum Ritt zum Artushof zu bewegen. Noch nicht einmal den Namen kann er in Erfahrung bringen. Zurück am Artushof erzählt Keie von der Begegnung mit dem fremden Ritter und der Vermutung, es müsse Erec gewesen sein. Artus möchte diesen hervorragenden Ritter sofort an seinen Hof holen und befiehlt den besten Rittern seines Hofs, Keie und Gawein, ihn zu holen (V. 4866–4848). Nach den Ausführungen von König Artus sind also beide ohne Unterschied herausragende Ritter. Weiß Artus nichts von den Persönlichkeitsproblemen Keies oder wird hier sogar generell die Integrität von König Artus und der Tafelrunde in Frage gestellt werden? Erneut scheint Hartmann mit mehreren Bedeutungsebenen zu spielen, die seinem Publikum einen mehrdimensionalen Zugriff auf die Geschichte erlauben.

Das Pflaster der Fâmurgân Erec kommt trotz der Falschheiten Keies doch noch an den Artushof und wird ebenso wie seine Frau Enite freudig empfangen. Die schwere Wunde aus dem Guivreiz-Kampf wird mit einem *phlaster* (Wundpflaster/Wundverband) versorgt. Die von Guivreiz damals angebotene Hilfe durch einen *arzât* (V. 4616 ff.) hatte Erec abgelehnt. Jetzt hilft das *phlaster* der *Fâmurgân* (V. 5132–52). Die Wirkung dieses Pflasters ist einzigartig: Es heilt alle Wunden, und zwar sogar die von tödlich Verwundeten. Es lindert alle Schmerzen. Es bewirkt ideale Wundheilung. Es vertreibt alles Kranke. Es schützt vor Narben. Hartmann weiß auch genau über die Herkunft des Pflasters Bescheid:

> daz hâte Fâmurgân,
> des küneges swester, dâ verlân
> lange vor, dô si erstarp.   (V. 5156–5158)
>
> (das hatte Famurgan, die Schwester des Königs, dort zurückgelassen, vor langer Zeit, als sie starb.)

Fâmurgân Bei der ominösen *Fâmurgân* handelt es sich um die schon von Geoffrey of Monmouth und alten kymrischen Traditionen bekannte und bei Chrétien bereits als selbstverständlicher Teil der Artuswelt in vielen Handlungszusammenhängen genannte Fee *Morgant/Morgue/Morganz* (Erec et Enite V. 1907, 2358, 4194, 4196). Diese Fee soll nach Berichten des Draco Normannicus (um 1168) die Schwester von Artus gewesen sein. Davon hat auch Hartmann Kenntnis. Er weiß aber noch weit mehr über sie (V. 5159 ff.): sie ist bereits tot; *si was ein gotinne*; sie *tat wunder*; sie verfügt über *zouberlist*; sie lebte in *lufte als ûf erde;* sie wohnte *in dem viure;* sie *lebete vaste wider gote;* ihr gehorchten Tiere, Pflanzen, Wälder und die Teufel; Drachen und Fische mussten ihr dienen; sie hat Verwandte *tiefe in der helle;* sie ist eine *meisterinne;* sie ist *wider Kriste.* Vergegenwärtigt man sich die aufgelisteten Attribute, wird deutlich, dass die *Fâmurgân* nicht in diese Welt gehört. Sie ist ein Wesen aus der Anderwelt, aus der Vergangenheit, aus einer heidnischen Welt. Anspielungen auf ihre höllischen Verwandten und die heidnisch-antiken Vorbilder wie die thessalische Zauberin *Erictô* (V. 5217) und die *Sibillâ* von Cumae (V. 5216; vgl. Kern/Ebenbauer 2003, 242 u. 575–579) sollten die Figur im Kontext einer christlich-idealen Hofgesellschaft eigentlich höchst suspekt erscheinen lassen, aber ihre Heilkunst überragt die klassische Schulmedizin bei Weitem (vgl. den Anhang von Haage in Okken 1993). Aufmerksamkeit verlangt diese Stelle aber nicht nur wegen der unterschwelligen Kritik am schulmedizinisch-christlichen Heilwesen (so Haupt 1991, 105; vgl. Gephart 2005, 58–60), denn Hartmann geht hier weit über seine Vorlage hinaus und berichtet von Details, die vermutlich direkt aus Lucans „Pharsalia" entnommen wurden (Pharsalia VI, 508). Lucan galt dem Mittelalter als Schulautor (vgl. Kern/Ebenbauer 2003, 243 u. 362) und könnte Hartmann während einer klösterlichen Schulausbildung bekannt geworden sein. Das Werk war aber auch an den weltlichen Höfen bekannt. So verfügte man etwa am thüringischen Landgrafenhof nachweislich über eine Lucan-Handschrift.

Anderwelt

Lucan

Nach der Behandlung mit dem *phlaster* brechen Erec und Enite unverzüglich wieder auf, um nicht in den Geruch des *verligens* zu kommen (V. 5288 ff.). Im Wald treffen sie auf eine jämmerlich klagende Frau. Sie berichtet davon, dass ihr Mann von zwei Riesen auf der Reise *ze Britanje,* d. h. zum Artushof, überfallen, gegen jede ritterliche Sitte gefangen gehalten und gequält wurde. Erec lässt Enite vor dem gefährlichen Wald zurück und macht sich unverzüglich auf die Rettungsaventiure. Wenig später rettet Erecs Sieg gegen die Riesen den gepeinigten Cadoc von *Tefrîol.* Aber Erecs Wunden brechen auf dem Heimweg trotz des Pflasters wieder auf. In dem Moment als er Enite erreicht, bricht er – scheintot – zusammen (V. 5730 ff.). Es folgt eine umfängliche Totenklage Enites (V. 5739–6114). Als Erec trotz aller Klagen, Bitten und Drohungen an Gott nicht erwacht, ergreift Enite Erecs Schwert und will Selbstmord begehen. In diesem Augenblick greift Gott ein: *wan daz ir'z gott verbôt* (V. 6069), denn nach christlicher Lehre wäre Selbstmord eine Todsünde (HRG IV, 1616–1619). Enite beginnt erneut laut zu Wehklagen und das Schwert Erecs für alle Übel verantwortlich zu machen. Gerade als Enite das Schwert – also das personifizierte Mordwerkzeug – gegen sich selbst richtet, *kam geriten ein man / Oringles hiez der rîche man* (V. 6115 f.). Gott selbst hatte ihn gesandt und ausgewählt, Enite zu retten (V. 6124). Oringles wird damit weit mehr als bei Chrétien zu einem Werkzeug Gottes. Er nimmt Enite mit ihrem (schein)toten Ehemann auf. Als er sie ansieht, ist er augenblicklich von ihrer Schönheit geblendet. Nach kurzer Beratung mit seinen *gesellen* (Getreuen) beschließt er, Enite zur Frau zu nehmen. Seine Landherren stimmen zu, da es keine bessere, schönere Frau für ihren Herren gäbe. Als Enite nicht auf das Angebot eingeht und weiter allein ihren Mann beklagen will, bedrängt er sie mit Gewalt. Im Zorn verliert er die bis dato so vorbildliche Affektkontrolle und schlägt die trauernde Witwe zweimal heftig (V. 6515 ff. u. 6577 ff.). Durch ihr lautes Klagen erwacht der

Cadoc

Totenklage Enites

Oringles

Versöhnung — scheintote Erec (V. 6587 ff.). Er tötet den treulosen Grafen und erschlägt zwei seiner Hofleute. Erec erkennt nun die Treue seiner Frau und bittet sie um Verzeihung für die erlittenen Qualen (V. 6771 ff.).

Zwischenzeitlich hatte sich Guivreiz aufgemacht, Erec vor Oringles zu retten. Nicht wissend, dass Oringles längst tot ist, treffen Guivreiz und Erec unerkannt aufeinander (V. 6862 ff.). Guivreiz besiegt Erec im Zweikampf, kann aber von Enite im letzten Moment davon abgehalten werden, seinen Freund zu töten. Nach der Wiedersehensfreude kommt es auch zwischen Erec und Enite endgültig zur Versöhnung. Mit einer Liebesnacht im Wald (V. 7091 ff.) beginnt ein neuer Lebensabschnitt. Am nächsten Morgen reitet

Burg Penefrec — man weiter auf die Burg des Zwergenkönigs Guivreiz. Der Anblick seiner Burg Penefrec (V. 7113–7236) ist eindrücklich: Penefrec ist eine Wasserburg in einem See (V. 7124). Sie bietet allen erdenklichen Luxus (V. 7121 ff.). Zur Burg gehört ein hervorragendes Jagdgebiet, das vollständig mit einer Mauer umgeben ist (V. 7130 ff.). Der Radius der Mauer beträgt *zwô mîle*, was je nach Umrechnungsfaktor einer Mauerlänge von ca. 15–20 km entspräche. In der Forschung zur Stelle wurde diskutiert, ob bei Hartmanns Beschreibung des ummauerten Wildgeheges eine Paradiesanalogie Pate gestanden haben könnte, denn im Mittelalter dachte man sich das irdische Paradies als einen mit einer unüberwindlichen Mauer umgebenen Ort. Eher wahrscheinlich sind aber Bezüge zur Realität: Kaiser Barbarossa verfügte im fraglichen Zeitraum in der Pfalz *Lutra* (Kaiserslautern) über genau ein solches eingezäuntes Jagdareal mit Tierpark und Fischteichen (vgl. Rahewins Bericht in den „Gesta Friderici").

Auf Burg Penefrec wird Erec mit einem kleinen Rest des Pflasters der *Fâmurgân* endgültig geheilt (V. 7225 f.). Wieder sind es nicht die Schulmediziner bzw. *arzâte*, sondern die Schwestern des Königs Guivreiz, die für die Heilung verantwortlich zeichnen. Als auch nur ein Schatten von *verligen* und *gemach* droht, drängt Erec sofort zum Aufbruch aus dieser höfischen Idealwelt (V. 7237 ff.). Es gibt aber ein Problem. Enite hat *ir pherit verlorn* als Oringles auf Limors erschlagen worden war. Enite erhält daraufhin von König Guivreiz ein wunderbares Pferd mit herrlichem Sattel geschenkt.

Enites Pferd — Die Beschreibung von Pferd und Sattel ist bei Hartmann gegenüber seiner Vorlage um ein Mehrfaches erweitert (V. 7264–7766). Das aus der antiken Rhetorik als Ekphrasis (vgl. Wandhoff 2003) bekannte Verfahren der sprachlichen Vergegenwärtigung von Bildern oder Bildprogrammen im Erzählfluss wird von Hartmann in Perfektion umgesetzt. Zugrunde gelegt ist wie in der ersten Pferdebeschreibung das bei Isidor in den Etymologiae (XII.1,45 ff.) vorgegebene Beschreibungsmuster: *forma* = Gestalt; *color* = Farbe; *pulchritudo*

color — = Schönheit; *mentum* = Verdienst/Herkunft. Beeindruckend ist die *color* (V. 7291 ff.) des Pferdes: Es ist dreifarbig. Eine weiße (= gut) und eine schwarze (= böse) Seite werden durch einen grünen (= Glaube und Hoffnung) Strich getrennt. Grün steht als Farbe der Mitte zwischen den Gegenpolen schwarz und weiß. Die Dreiheit der Farben weiß, schwarz und grün erinnert an die

forma — erste Beschreibung Enites selbst. Die *forma* des Pferdes (V. 7336 ff.) ist vollkommen (*erwünschet*): Es ist *starc und wît zen brüsten*, mit *dürrem gebein* und *mit kurzzen vizzel und hôhen vuoz*. Ausgezeichnet wird das Pferd durch seine *meisterschaft*, d. h. höchste Vollkommenheit. Als Gutachter fun-

mentum — giert ein *werltwîser*. Von zentraler Bedeutung im mittelalterlichen Verständnis sind Verdienst und Herkunft (V. 7394 ff.): Das Pferd stammt aus dem Besitz eines *wilden getwerge,* dem es von König Guivreiz gestohlen wurde. Sein materieller Wert beträgt mehr als *driu tûsent marke von golde.* Auch in der *pulchritudo* gibt es nicht den geringsten Makel: Es ist *schoene und sleht* bzw. *volle guot.*

pulchritudo

Zu einem so edlen Pferd gehört ein entsprechend kostbarer Sattel. Er ist wertvoller als Gold und stammt von einem *meister, hiez Umbrîz* (V. 7470). Vermutlich hat Hartmann hier seine Vorlage nicht richtig verstanden, denn bei Chrétien heißt es: *Un brez taillieres* (Erec et Enite V. 5301) – ein bretonischer Elfenbeinschnitzer hat den Sattel hergestellt. Hartmann (oder Hans Ried?) hat aus der vielleicht missverstandenen Herkunftsbezeichnung für den Meister einen Namen herausgelesen. Es folgen fünf rhetorische Figuren zur Sattelbeschreibung. Hartmann zieht alle Register der klassischen Rhetorik, mit deren Feinheiten er sich bestens auszukennen scheint. Typisch ist einleitend die Unfähigkeitsbezeugung. Es folgt der ebenfalls unvermeidliche Bescheidenheitstopos. Der Autor-Erzähler bezeichnet sich als einen *alsô tumben knehte* (V. 7479ff.). Unsagbarkeitstopos und Entschuldigung verstärken diese rhetorische Figur:

Sattel

und ob ich'z aber rehte
iu nû gesagen kunde,
sô waere'z mit meinem munde
iu ze sagenne ze lanc.
ouch tut daz mînem sinne kranc
daz ich den sattel nie gesach   (V. 7481–7486)

(selbst wenn ich es Euch aber richtig wiedergeben könnte, würde es, von einem allein geschildert, gar zu lang, um es Euch zu sagen. Außerdem leidet meine Vorstellungskraft daran, dass ich den Sattel nie gesehen habe)

Im Sinn wahrer Geschichtsschreibung folgen noch eine Quellenberufung: *als ich an sînem buoche las,* und ein der obligatorischen Brevitas-Idee folgender Hinweis auf die intendierte Kürze: *sô ich kurzlîchest kan.* Tatsächlich ist der Bericht aber alles andere als kurz und der Dichter alles andere als unfähig. Auch von Bescheidenheit oder Unsagbarkeit ist in vielen Hundert Versen natürlich nichts zu merken. Von der Forschung wurde diese Stelle deshalb als Fiktionalitätssignal gelesen, doch die verwendeten rhetorischen Figuren gehören zumindest im gelehrt-lateinischen Umfeld zur Grundausstattung literarischen Schaffens und werden auch in der Chronistik gerne eingesetzt, ohne dass man dort an Fiktionalität denken würde. In wie weit das Publikum facta und ficta in einem modernen Sinn, d.h. im Sinn von Wahrheit und Lüge, differenzieren wollte und konnte, bleibt unklar. Das Verständnis von facta (Wahrheit) und ficta (Lüge) ist im Mittelalter jedenfalls ein völlig anderes als in der Moderne (zur Fiktionalitätsdebatte vgl. Grünkorn 1994 u. Burrichter 1996 u. Knapp/Niesner 2002 u. Green 2005). Insgesamt lässt das artifizielle rhetorische Spiel vielfältige Rückschlüsse auf das intendierte Publikum zu. Es scheint – an deutschen Höfen nicht weniger als an den bekanntermaßen hoch entwickelten französischen und anglonormannischen – mit den Charakteristika der klassischen Rhetorik vertraut. Die erzeugte Mehrdimensionalität dürfte dabei ebenso dem unterschiedlichen Bildungsniveau der Zuhörer und Leser wie den Performanzbedingungen geschuldet sein. Die Grenzen zwischen Dichter und Rezipient werden im Sinne dieses rhetorischen Spiels im fiktiven Dialog zwischen Hartmann und einem vorgeblich

brevitas

Fiktionalität

aufmerksamen, vorlauten Zuhörer aufgelöst. Der Dichter und seine Dichtung treten für einen Augenblick aus dem Buch heraus in den Kreis des Publikums (V. 7493–7525). Nachdem der vorlaute Zuhörer zur Ordnung gerufen ist, fährt der Erzähler mit der Beschreibung fort.

Troja — Die Elfenbeinschnitzereien des Sattels rufen einige grundlegende Motive des kulturellen Gedächtnisse der Hofkultur auf. Hervorzuheben wäre *daz lange liet von Troiâ* (7546ff.) mit Hinweisen auf die Eroberung Trojas, die Flucht des Eneas nach Karthago, Didos unerfüllte Liebe und die Heirat mit Lavinia (V. 7557ff.). Entsprechende Berichte über Eneas und die Trojageschichte waren im Mittelalter weit verbreitet (vgl. Kern/Ebenbauer 2003, 218–222 zu Dido u. 16–23 zu Eneas). Hartmann und sein Publikum konnten wohl auch schon auf Teile der brandaktuellen ersten volkssprachig-deutschen Variante der Trojageschichte zurückgreifen. Zumindest die erste Hälfte des „Eneas"-Romans Heinrichs von Veldeke dürfte in den 1170er Jahren verfasst worden sein (vgl. Bastert 1994 u. Weicker 2001).

Pferdedecke — Das allegorische Spiel geht weiter bei der Pferdedecke. Nun sind es biblisch-heilsgeschichtliche Motive mit der Darstellung der vier Elemente und *Bibel* der biblischen Schöpfungsgeschichte, d.h. *der werlde wunder* (V. 7588ff.). Das erste Element ist die Erde mit vielen Tieren (in Hs. K zusätzlich noch mit einem Hinweis auf *menschlich geschaft*). Es folgen das Wasser bzw. das Meer mit Fischen und Meerwundern, die Luft bzw. der Himmel mit Vögeln, und das Feuer, in dem Drachen und andere Kreaturen leben. Allen vier Elementen ist nach mittelalterlicher Vorstellung eine spezielle Farbe zugeordnet. Hartmann weiß um die Einzelheiten, sagt aber nicht mehr, als *Jupiter und Juno* dass *diu vier elementâ in ir sundervarwe* wären. Eine Vergleichsparallele zu den heidnisch-antiken Göttern *Jûpiter* (V. 7659) und *Jûno* (V. 7660) ergänzt das allegorische Spiel. Vermutlich nimmt Hartmann hier auf die aus dem weit verbreiteten „Homerus latinus" bekannte Vermählung von Luft (Juno) und Feuer (Jupiter) Bezug (Kern/Ebenbauer 2003, 329–345, bes. 331, 338). Auf der Pferdedecke ist außerdem noch das Schicksal der von der *Pyramus und Thisbe* Minne bezwungenen Pyramus und Thisbe abgebildet (V. 7709). Durch die Liebe ihrer Sinne beraubt, fanden sie ein jämmerliches Ende (vgl. Kern/Ebenbauer 2003, 545–548). Hartmanns Weltwissen reicht damit über die Bibel hinaus, ohne dass man unmittelbare Vorlagen ausmachen könnte. Zu denken wäre einmal mehr an die allgegenwärtigen „Etymologiae" Isidors, wo man XII, 4,4f. beispielsweise erfährt, dass die Drachen im Feuer hausen. Aber auch Alanus ab Insulis, das „Elucidarium" und die „Imago mundi" des Honorius Augustodunensis, die „Philosophia" des Wilhem von Conches (vgl. Sturlese 1993, 250–263) und die antiken Schulbuchklassiker wie Ovids „Metamorphosen" und Lucans „Pharsalia" kämen als Wissensschatz in Betracht.

Wissenskanon — Die Umrisse eines höfischen Wissenskanons werden sichtbar: Bei der Hochzeit waren es geographische Horizonte, die anhand der Gästeliste exemplifiziert wurden. Nun sind es heilsgeschichtliche und naturwissenschaftliche Wissenselemente. Auffallend ist hier wie da, dass Hartmann über das angebotene Wissensinventar der französischen Vorlage hinausgeht, also einerseits selbst über ein Plus an Wissen verfügte, von dem er andererseits annehmen konnte, dass sein höfisches Publikum daran interessiert war.

Abschied — Nachdem Guivreiz, Erec und Enite *urloup* (Abschied) genommen haben, brechen sie zu weiteren *âventiuren* auf (V. 7237–9778). An einer Wegscheide stehen Erec, Enite und Guivreiz vor der Entscheidung, den richtigen Weg zum Artushof nach *Britanje* (V. 7798 ff.) zu wählen. Erec und Guivreiz haben die freie Wahl. Sie wissen nicht, welcher Weg zum Ziel führen wird. Sie nehmen entgegen der Aventiurelogik, die eigentlich die Gefahr zu suchen vorschreibt, den besser ausgebauten Weg. Es geht Erec also nicht mehr darum, um der *êre* Willen ein Abenteuer zu suchen. Die Aventiure, auf die er stoßen wird, ist dann auch keine Aventiure im klassisch-arturischen Sinn. Guivreiz merkt schnell, dass der gut ausgebaute Weg nach Brandigan führt. Er ist bestürzt, denn er kennt die Burg und das damit verbundene Geheimnis: die Aventiure *Joie de la curt*. Trotz aller Warnungen und dunklen Andeutungen lässt sich Erec nicht von seinem Weg abbringen. Bald sieht man die mächtige Burg Brandigan am Horizont (V. 7818 ff.). Hartmann baut die Burgbeschreibung nach klassischem Muster auf. Sie folgt den Konturen von unten nach oben bzw. von außen nach innen (vgl. Glaser 2004, 53–58): Brandigan liegt auf einem Felsplateau. Umschlossen von *burcmûren hoch und dic* gilt das Bauwerk als uneinnehmbar. Ein quadratischer Palas mit vielen Zinnen, Türmen aus *quâdern grôz* und zahlreiche Wohngebäude zwischen den insgesamt 30 Türmen mit goldenen Turmknäufe verraten die Pracht des Bauwerks. Hartmann beschreibt auch technische Details. So ist modernste Bautechnik zum Einsatz gekommen. Die Quadern sind mit Eisen und Blei statt mit Mörtel gemauert. Davon wird volkssprachig erstmals in der um 1150 entstandenen „Kaiserchronik" berichtet (vgl. Schulz-Grobert 2000a). An der Burgspitze angekommen, wendet Hartmann seinen Blick nach unten zum Fuß der Burg, wo ein Sturzbach durch eine wilde Schlucht fließt, und darauf in das Umland. Mit einem weiteren Perspektivenwechsel lässt der Erzähler den Leser/Zuhörer wieder auf die Burg, die umliegende Ansiedlung und einen *boumgarte schoene und wît* blicken (V. 7890).

 Guivreiz mahnt Erec wegen der drohenden Gefahren zum wiederholten Male umzukehren (V. 7899 ff.), denn sie seien auf den Weg zur *winstern hant* (links), d. h. auf den falschen Weg, geraten. Erec lässt sich aber nicht beirren. Zu verlockend sind die visuellen Reize, die von der prächtigen Burg ausgehen. Selbst als Guivreiz die Schrecken der Aventiure andeutet, lässt dies Erec unbeeindruckt: Schon viele Ritter, und zwar *die besten von allen landen*, waren nach Brandigan um dieser Aventiure willen gekommen, aber sie wurden allesamt *erslagen* (V. 7970). Guivreiz erklärt auch die Funktionsweise der Aventiure: Unterhalb der Burg lebt in einem herrlichen *boumgarten* ein Ritter (Mabonagrin). Tritt man ein, muss man gegen ihn kämpfen. Erec reitet trotz alledem unbeirrt weiter nach Brandigan und wird dort freudig empfangen. Auch dort versucht man einen so herrlichen Ritter wie Erec von der Aventiure abzubringen, denn der Tod sei ihm gewiss. Im Palas von Brandigan sieht Erec 80 Frauen, eine schöner als die andere, aber ihnen fehlt die höfische Freude. Ivreins, der Herr der Burg Brandigan, beschreibt nun den ominösen *boumgarten* und macht weitere Andeutungen zur *Aventiure*. Er nennt die Namen der Ritter, die dort ihr Leben verloren haben (V. 8502–8519). Vor dem Besuch des *boumgarten* und dem zu erwartenden Kampf besucht Erec die Messe (V. 8635 ff.).

 Erecs Weg zum Baumgarten nimmt der Erzähler zum Anlass, den geheimnisvollen Ort detailliert zu beschreiben: Der *boumgarten* (V. 8697 ff.) hat keine Mauer und keinen Zaun, ist aber doch hermetisch abgeriegelt. Es gibt nur einen verborgenen Eingang. Im Garten finden sich viele Arten von Bäumen,

Brandigan

Das Geheimnis der Aventiure

boumgarten

die gleichzeitig blühen und Obst tragen. Überall ist Vogelgesang zu hören. Blumen verbreiten süße Gerüche. Alles Leid verfliegt in Sekundenschnelle. Es herrscht ideale Schönheit, Frieden und Harmonie. Der so herrlich geschilderte *locus amoenus* gleicht dem Paradies auf Erden. Aber sofort wird die Perversion der Idealität erkennbar: Der *locus amoenus* ist ein Ort des Todes. Dort wurden 80 Ritter erschlagen. Erec sieht ihre auf Stangen aufgespießten Köpfe am Wegesrand (V. 8772 ff.). Eine Stange ist noch leer. Erec fragt den ihn begleitenden Burgherrn, was es denn mit der einen leeren Stange auf sich habe (V. 8777 ff.). Der Burgherr erklärt daraufhin noch einmal die Aventiure und bittet Erec eindringlich, nicht in den *boumgarten* zu reiten. Vom Kreis der Stangen an, muss Erec alleine weiter reiten. Ivreis weist ihm mit einer Zeigegeste nur noch den Weg.

Im boumgarten   Erec findet im *boumgarten* ein Zelt und darin eine Frau fast noch schöner als Enite (V. 8901 ff.). Die Wände des Zelts sind mit Menschen, Vögeln und Tieren bemalt, die sich im Wind wie lebend bewegen. Auf den Wänden des Zelts ist die ideale Harmonie zwischen Mensch und Natur imaginiert, aber es ist nur eine Illusion, denn Menschen fehlen an diesem Ort (vgl. Glaser 2004, 58–69). Der Ehemann der schönen Frau, Mabonagrin, kommt in strahlender roter Rüstung auf einem roten Pferd (rot = Feuer = Zorn = Zeichen seines blutenden Herzens, V. 9021 f.) herangesprengt. Er fordert den Eindringling, wie es die Regel verlangt, sofort zum Zweikampf auf. In dem lange währenden, erbitterten Zweikampf besiegt Erec Mabonagrin und erlöst die 80 Witwen der von ihm erschlagenen Aventiureritter. Nach dem Kampf bittet Mabonagrin Erec um *erbarmen* (V. 9316 ff.), was ihm Erec nach ritterlicher Sitte auch gewährt. Mabonagrin und Erec werden Freunde. Mabonagrin klärt nun das Geheimnis um die Aventiure auf. Es ist eine Art Fluch: Mabonagrin hatte vor langer Zeit um die Hand seiner Frau angehalten. Nach der Hochzeit verlangte sie von ihm das Versprechen, alles zu tun, um was sie ihn bäte. Er gab ihr das Blanko-Versprechen. Doch ihr Wunsch war, das gesamte Leben mit ihm allein in dem *boumgarten* – sie nennt ihn das *ander paradîse* – zu leben. Ihr Lebenscredo war das individuelle Glück in der Isolation. Der *boumgarten* scheint zwar in einigen Merkmalen auf das irdische Paradies zu verweisen, das man sich um 1200 als real existierenden, mit einer unüberwindlichen Mauer umgebenden Ort vorstellte, aber die Idylle des Ortes ist trügerisch. Es ist eben gerade kein Paradies, vielleicht sogar eher ein Gegenentwurf. Mabonagrin war fortan gezwungen, jeden, der die private Idylle störte, zu töten, und zwar solange, bis jemand kommt, der ihn im Zweikampf besiegt. Die Situation scheint typologisch unmittelbar auf Karnant bezogen, wo Erec und Enite damals genau so ihr privates Glück lebten (vgl. Haug 1999, 101 f.). Im *boumgarten* wird die finale Konsequenz eines solchen Rückzugs aus der Gesellschaft sichtbar: Die Freude, das Lebenselixier der Hofkultur, ist verloren gegangen. Mit dem Sieg gegen Mabonagrin besiegt Erec also letztendlich sein eigenes Spiegelbild, sein eigenes Schicksal.

schadelôse schande   Mabonagrin bringt die Niederlage *schadelôse schande* (V. 9584), d. h. die ersehnte Rückkehr in die Gesellschaft. Nachdem Erec zum Zeichen des Sieges dreimal in das Horn geblasen und der Schall die ehedem unüberwindliche Grenze des Baumgartens mühelos überwunden hat, führt Ivreins Enite in den Baumgarten (V. 9645 ff.). Augenblicke später überschreitet auch das Volk die nicht mehr existente Grenze des entzauberten Gartens. Der Ort der Privatheit wird zum öffentlichen Raum. Der Hof von Brandigan hat die Freude – *Joie de la curt* – zurückgewonnen. Ein höfisches Freudenfest besiegelt die neue Lebensfreude (V. 9655 ff.). *des hoves vreude* (V. 9759) ist wieder hergestellt. Nur die erlösten 80 Witwen können sich nicht freuen. Die trauernden Witwen wollen Mabonagrin weder sehen noch etwas mit ihm zu tun haben, denn er hatte ihre Männer getötet (V. 9782 ff.). Erec teilt mit ihnen die Trauer (*erbarmen*) und schickt sie in schwarzen Trauerkleidern samt schwarzer Pferde an den Artushof (V. 9850 ff.). Mit Erecs Mittrauern scheint der ritterliche Held endgültig die sittlich-ethischen Grundgedanken des christlichen Rittertums verinnerlicht zu haben. Selbst das höfische Fest und die persönliche Freude sind zweitrangig, solange nicht alle glücklich sind. Es ist nicht nur ein Mitfühlen, sondern zugleich die Sorge um die ganze Gesellschaft, die Erecs Handeln bestimmen. *Joie de la curt*

Erec zieht mit den 80 Witwen zum Artushof, wo diese auch von Artus bemitleidet werden (V. 9873 ff.). Die Witwen trennen sich schließlich von ihren Trauerkleidern, um damit den König zu ehren (V. 9952 ff.). Nach der Neueinkleidung sind sie wieder Teil des höfischen Gesellschaftsdiskurses. Ihre neuen Kleider symbolisieren gleichzeitig das Ende der Trauer und den Beginn eines neuen Lebens. Plötzlich trifft am Artushof die Nachricht vom Tod des Königs Lac ein. Erec beschließt sofort, in die Heimat zurückzukehren (V. 9971 ff.), denn *nû was des sînem lande nôt*. Zurück in Karnant werden Erec und Enite auf einem Krönungsfest (V. 10064 ff.) gekrönt (vgl. zusammenfassend Kraß 2006, 115–117). Einer idealen Herrschaft steht nun nichts mehr im Weg. Beide Protagonisten haben auf ihrer langen Aventiurefahrt gelernt, Gott, Herrschaft, Pflichten, Liebe und persönliches Glück im rechten Maß zu vereinen. Erec und Enite sind von nun an des Landes *vater und ir muoter* (V. 10117) – zumindest könnte man die Stelle so lesen. Die relevante Stelle ist allerdings grammatikalisch dunkel und der Bezug auf *lant* keinesfalls zwingend. „Auch nach dem Durchspielen aller Möglichkeiten lässt das Verständnis der ganzen Passage also immer noch zu wünschen übrig" (Scholz 2004, 988). 80 Witwen

Karnant

Nach der Verwirklichung der idealen Herrschaft folgt abschließend der Hinweis auf die Gnade Gottes. Neben der weltlichen Krone des Vaters schenkt Gott dem Paar das ewige Leben bzw. das Himmelreich. Die gebetsartigen Schlussverse (V. 10130–35) zeigen auffallende Parallelen zum Schluss des „Gregorius" (V. 4000–06). Sie scheinen eine Perspektive zur Legende, zu einer christlichen Sicht des Rittertums zu öffnen (Scholz 2004, 999 mit Forschungsdiskussion). Gnade Gottes

3. Iwein

Überlieferung: 16 Handschriften + 17 Fragmente
A   Heidelberg, Universitätsbibl., Cpg 397 (2. Viertel 13. Jh.). Handschriften
B   Gießen, Universitätsbibl., Hs. 97 (2. Viertel 13. Jh.).
D   Florenz, Bibl. Nazionale Centrale, Ms. B.R. 226, Bl. 142r–192v
    (1. Hälfte 14. Jh.).
E   Berlin, Staatsbibl., mgf 1062, Bl. 1r–35r (um 1300).
J   Wien, Österr. Nationalbibl., Cod. 2779, Bl. 46r–68r (1. Viertel 14. Jh.).
P   Köln, Hist. Archiv der Stadt, Cod. W* 6, Bl. 119v
    (Federprobe: 2. Viertel / Mitte 13. Jh.).

	a	Dresden, Landesbibl., Mscr. M 175 (um 1410–1415).
	b	Heidelberg, Universitätsbibl., Cpg 391 (15. Jh.).
	c	Heidelberg, Universitätsbibl., Cpg 316 (1477).
	d	Wien, Österr. Nationalbibl., Cod. Ser. nova 2663, Bl. 5v–22r [„Ambraser Heldenbuch"] (1504–1516/17).
	f	Dresden, Landesbibl., Mscr. M 65, Bl. 3r–85v (1415).
	l	London, British Libr., MS. Add. 19554, Bl. 57r–100v (15. Jh.).
	p	Paris, Nationalbibl., Ms. allem. 115 (15. Jh.).
	r	Rostock, Universitätsbibl., Ms. philol. 81 (um 1477).
	u	Lindau, Stadtbibl., Cod. P II 61 (1521; Abschrift von B).
	z	Prag, Staats- und Universitätsbibl., Cod. R VI Fc 26, S. 299–404 (1464–1467).
Fragmente	C	München, Staatsbibl., Cgm 191 (Mitte 13. Jh.).
	F	Linz, Landesbibl., Hs. 599 (2. Viertel 13. Jh.).
	G	Nürnberg, Germ. Nationalmuseum, Hs. 34017 (um 1300).
	H	Prag, Nationalbibl., Fragm. germ. 4 und Fragm. germ. 16 (14. Jh.).
	K	Sigmaringen, Fürstl. Hohenzollern. Bibl., Cod. 452 [verschollen] (14. Jh.).
	M	Kassel, Landes und Murhardsche Bibl. der Stadt, 2° Ms. philol. 28[3 (14. Jh.).
	N	München, Archiv des Erzbist. München u. Freising, ohne Sign. [verschollen] (13./14. Jh.).
	O	Wien, Österr. Nationalbibl., Cod. Ser. nova 316 (Ende 13. Jh.).
	Q	Fulda, Franziskanerkloster, Nachlaß P. Gallus Haselbeck, Nr. 3 (14. Jh.).
	R	Meiningen, Hofbibl., Hs. 29b [verschollen] (Anfang 14. Jh.).
	S	Wien, Österr. Nationalbibl., Cod. Ser. nova 2693 (1. Hälfte 14. Jh.).
	T	Budapest, Bibl. der Ungar. Akademie der Wissenschaften, Fragm. K. 549 (1. Hälfte 13. Jh.?).
	U	St. Paul im Lavanttal, Stiftsbibl., Cod. 7/8 (Mitte 13. Jh.).
	V	Kremsmünster, Stiftsbibl., Fragm. VI/275 (1. Viertel 13. Jh.).
	W	Edingen, Arenberg-Archiv, ohne Sign. (Ende 13. / Anfang 14. Jh.).
	X1	Berlin, Staatsbibl., Hdschr. 402 (Ende 13. / Anfang 14. Jh.).
	X2	Klagenfurt, Universitätsbibl., Perg.-Hs. 63 (14. Jh.).

Fassungen   Überlieferungsbesonderheiten: Der „Iwein" ist in zwei Fassungen (A und B) überliefert. Gegenüber A (repräsentiert durch A und die meisten anderen Hss.) enthält B (repräsentiert durch B und F) zahlreiche Plusverse, die sich überwiegend auf Details zu Mode, Kleidung und Ausstattung sowie auf die beiden weiblichen Hauptfiguren Laudine und Lunete konzentrieren. Die Charakteristika der beiden „Iwein"-Fassungen skizziert und diskutiert Bumke ausführlich vor dem Hintergrund des Phänomens Fassungsbildung. Nach Bumke „lässt sich nachweisen, dass der *B-Redaktor denselben Chrétien-Text als Vorlage benutzt hat wie der *A-Redaktor. Die Plusstücke in B nehmen mehrfach direkt auf die französische Vorlage Bezug, was offenbar bisher nicht bemerkt worden ist" (vgl. mit Einzelnachweisen Bumke 1996, 39–41; Zitat 39). Bumke spricht hier von mehreren echten, d.h. vom Autor oder autornahen Kreisen, verantworteten „Iweinen" (Bumke 1996, 5–11, 33–42). Neuere Untersuchungen zu den Spezifika der beiden „Iwein"-Fassungen deuten allerdings darauf hin, dass die Veränderungen erst in einem späteren Tradierungsstadium von einem intellektuell kompetenten (Textüber-

Entstehung

Wie im Falle des „Erec" hat Hartmann von Aue auch beim „Iwein" einen französischen Artusroman Chrétiens de Troyes als Vorlage benutzt, doch anders als beim „Erec" (zumindest gilt dies für die Ambraser „Erec"-Fassung) hält er sich weitaus enger an seine Vorlage. Oft entsprechen sich „Yvain" und „Iwein" zeilengenau. Hartmann verzichtet auf ausführliche Erklärungen zu einzelnen Protagonisten und Sachen sowie auf Erläuterungen höfischer Accessoires und höfischer Verhaltensnormen. Augenscheinlich konnte er ein bis zwei Jahrzehnte nach Vollendung des „Erec" bei seinem höfischen Publikum entsprechende Erfahrungen voraussetzen. Einzelne Querverweise auf seinen „Erec" zeigen, wie eng beide Werke miteinander verzahnt sind. Der genaue zeitliche Abstand bleibt aber wie die Suche nach dem Auftraggeber nebulös. Das Überlieferungsprofil deutet beim „Iwein" zwar deutlich in den Süden. Hs. A, eine der ältesten Handschriften, zeigt allerdings mittel- bzw. sogar niederdeutsche Merkmale. Bei der Datierung gibt eine „Iwein"-Erwähnung im 5. Buch des „Parzival" den *terminus ante quem* vor. Besagte „Parzival"-Passage nimmt Bezug auf ein Ereignis aus dem Thronstreit zwischen Philipp von Schwaben und dem Welfen Otto IV. und berichtet von der Zerstörung der Erfurter Weingärten im Gefolge der Belagerung der Stadt im Jahr 1203:

Chrétiens „Yvain"

Zerstörung der Erfurter Weingärten

> Erffurter wîngarte giht
> von treten noch der selben nôt:
> maneg orses fuoz die slâge bôt   (Parzival V. 379,18–20)
>
> (Der Erfurter Weingarten erzählt noch heute davon, wie weh Huftritte tun: Da sind viele Pferdefüße durchgetrampelt.)

Eine gewisse Bedeutung in der Datierungsfrage kommt auch den „Iwein"-Fresken auf Schloß Rodenegg bei Brixen zu. Die alte Frühdatierung in die ersten Jahre des 13. Jh.s wird allerdings mit guten Gründen angezweifelt. Für den *terminus post quem* ist der „Erec" der wichtigste Eckpfeiler. Für die Datierung des „Iwein" ergibt sich damit eine Spanne von nach 1180 bis vor 1203. In der Forschung mehrfach geäußerte Überlegungen, dass der „Iwein" in eine Phase nach dem Gönnerverlust und nach einer Kreuzzugsteilnahme (1189/90? oder 1196?) und damit an das Ende der Schaffensperiode Hartmanns gehört, erscheinen wegen der mehr oder weniger deutlichen Rückbindung an Motive aus dem „Armen Heinrich" und dem „Gregorius" und den stilistischen Charakteristika der anderen Werke Hartmanns durchaus plausibel, sind aber durch nichts belegt.

Wirkung

Wie der „Erec" erreicht der „Iwein" schnell überregionale Popularität. Das Werk selbst wird aber wesentlich intensiver verbreitet. 32 Handschriften und Fragmente aus dem 13. bis 16. Jahrhundert sind erhalten. Der „Iwein" gehört damit zu den am dichtesten überlieferten Artusromanen überhaupt. Zur enormen schriftlichen Verbreitung kommen zahlreiche Bildzeugnisse auf Schloß Rodenegg (um 1210/20), im Hessenhof in Schmalkalden (Mitte 13. Jh.), auf dem Maltererteppich in Freiburg (um 1320/30), in den Fresken auf Burg Runkelstein bei Bozen (zwischen 1400 und 1413) und auf Burg Grafenstein (14./15. Jh.). Im Diskurs der höfischen Literatur gehört der „Iwein" bereits kurz nach 1200 zum Kanon. Wolfram von Eschenbach (vgl. Nellmann 1994 mit Stellennachweisen im „Parzival"-Kommentar) und Gottfried von Straßburg (vgl. Goller 2005, 295–308 mit Nachweis der Referenzstellen) verweisen im „Parzival" und im „Tristan" vielleicht noch zu Lebzeiten Hartmanns bereits ganz selbstverständlich auf diesen Artusroman. Die Präsenz geht schließlich so weit, dass neben einzelnen Aventiuren, den vorbildlichen Rittern und den Frauengestalten schon früh einzelne Motive adaptiert und neu bearbeitet werden. Das *Wahnsinnsmotiv* wird z. B. im „Bussard", einer bald nach 1300 im Elsaß entstandenen höfischen Erzählung, aufgenommen und zum Handlungskern ausgebaut: Der Königssohn verfällt durch den Verlust der Geliebten dem Wahnsinn. Er lebt fortan wie „Iwein" ein Tierleben im Wald (vgl. Speckenbach 1998, 140f.). Auch im Spätmittelalter bleibt der „Iwein" als *Musterroman* des idealen Artusritters beim höfischen Publikum beliebt. In der Schreibmanufaktur Diebold Laubers (1427–1467) scheint sogar eine bebilderte Handschrift angefertigt worden zu sein. Dieses Buch *von künig Artus und her Ybin*, das Lauber Peter von Talheim, dem Unterlandvogt im Elsaß anbot, hat sich allerdings nicht erhalten. Im Bücherverzeichnis des Jakob Püterich von Reichertshausen wird um 1462 unter Nr. 101 ebenfalls ein „Iwein" genannt. Zwischen 1473/81 und 1483/95 arbeitet der Münchner Hofpoet Ulrich Füetrer im Auftrag des Münchner Hofs Hartmanns „Iwein" – vielleicht nach Püterichs Handschrift und/oder Hs. f – grundlegend um und in sein großes *„Buch der Abenteuer"* ein. Der Text wird dabei radikal auf 297 Titurelstrophen (was rund 2230 Versen entspricht) zusammengestrichen. Füetrer konzentriert die Geschichte auf die Handlung. Beschreibungen, Erzählerkommentare und Reflexionen werden beseitigt. Resultat ist eine Trivialisierung hin zu einem bloßen Ritterabenteuer (vgl. Mertens 1978, 74–80 u. Voß 1994). Außerhalb des kleinen Kreises um den bayerischen Herzogshof konnte Füetrers „Iban" jedoch keine Wirkung entfalten (vgl. Voß 1994).

Textanalyse

Prolog
Hartmann legt bei seinem zweiten Artusroman gleich in den ersten drei Versen des Prologs die Intention des Werks offen:

> Swer an rehte güete
> wendet sîn gemüete,
> dem volget sælde und êre.   (V. 1–3)
> (Wer auf das Gute sein Bemühen richtet, dem wird Glück und Ansehen zuteil)

Welche Rolle in diesem programmatischen Ansatz das vorliegende Werk, d. h. die Geschichte um König Artus spielen soll, wird ebenfalls ummissverständlich artikuliert:

> des gît gewisse lêre
> künec Artûs der guote,
> der mit rîters muote
> nâch lobe kunde strîten.   (V. 4–7)
> (Ein verlässliches Beispiel dafür gibt König Artus, der Gute, der mit ritterlichem Geist nach Ruhm zu streben wusste)

Hartmann offeriert dem Publikum die vorliegende Artusgeschichte also als Muster für ein ideales Rittertum, dessen Ziel er mit der bekannten Doppelformel *sælde und êre* umschreibt. „Wer das Exempel der *rehten güete*, König Artus, zum Vorbild nimmt, *dem volget saelde und êre*: um diese zu erwerben, musste man die *gewisse lêre* des Romans hören" (Mertens 1977, 353). Angestrebt sind demnach göttliches Heil und Gottes Segen ebenso wie weltliche Anerkennung, Macht, Herrschaft und Ruhm, wie sie sich in dem höfischen Zentralbegriff *êre* manifestiert. Ehrismann beschreibt mittelhochdeutsch „*êre*" als „Ehrenkodex" bzw. als eine „Norm, die die adlige Gesellschaft in Bezug auf das wünschenswerte Verhalten ihrer Mitglieder setzte und die diese internalisiert hatten" (Ehrismann 1995, 66). Grundvoraussetzung für den Gewinn von *êre* ist der Besitz von *tugent*. Der Begriff *tugent* umfasst zum einen die „einzelne Tugend oder Qualität einer Person" (ebd. 250) und zum anderen den ganzen Katalog an höfischen Werten, an dessen oberster Stelle die *mâze* steht, die die normative Grundlage jeder anderen Tugend bildet. Hinzu kommen Grundtugenden wie *stæte* (Beständigkeit), *zuht* (Selbstbeherrschung) und *triuwe* (Treue). Und anscheinend gibt es kein besseres Vorbild für diesen gesamten Tugendkatalog als König Artus, so jedenfalls lässt es das Attribut *gewisse* (nach Lexer „ohne zweifel, sicher, fest") vermuten. Es geht offensichtlich um *prodesse* (Nutzen = *nâch sinem site vert*) und *delectare* (Erfreuen = *gerne hoeren mac*), was Mertens im Kommentar zu seiner neuen „Iwein"-Ausgabe allerdings in einem entscheidenden Punkt in Frage stellt. Er gibt zu bedenken, dass Hartmann vielleicht auch nur menschliche Möglichkeiten aufzeigen wollte (Mertens 2004, 960). Gegen eine solche Interpretationslinie sprächen jedoch die Eingangsverse Hartmanns, die eine kritisch-didaktische Diskussion des Begriffs *êre* aufscheinen lassen. In diesem Sinn wurde der Text auch im „Welschen Gast" des Thomasin von Zerklaere (um 1210) und einige Jahrzehnte später im „Renner" Hugos von Trimberg (um 1300) verstanden.

êre

tugent

prodesse et delectare

Im Prolog werden König Artus und sein Hof als ideales Vorbild eingeführt. Doch Artus ist Tod, auch wenn *sîne lantliute* sagen, *er lebe noch hiute* (V. 13 ff.). Hartmann übernimmt hier die Idee von der *spes britonum*. Von dieser Hoffnung der Briten auf Wiederkehr des Königs Artus wird erstmals im Jahr 1113 in „De miraculis S. Mariae Laudunensis" des Hermann von Lâon berichtet. Ob Hartmann mit dieser Passage bewusst ein Fenster zu einer realen Artus-Gegenwart offen halten wollte, wäre zu diskutieren. In jedem Fall wirkt das historische Vorbild Artus in der Vergegenwärtigung seiner Taten zeitlos weiter. Dazu bedarf es allerdings eines *mære* und eines Erzählers. Der explizit erläuterte Zusammenhang von *werc* und *mære* wird zunächst auf die Vorbildlichkeit der historischen Artuswelt und das didaktische Potential der Berichte (*mære*) über die Taten der damaligen Helden (*werc*) bezogen, ist dann aber für die gesamte „Iwein"-Geschichte bis hin zur intendierten Rezeption konstitutiv: Kalogrenant berichtet in seinem *mære* von einem fatalen *werc*. Iwein hört Kalogrenants *mære* und setzt es seinerseits in *werc* um. Die Rezipienten sind aufgefordert, aus diesem beständigen Wechselspiel von *werc – mære – werc* zu lernen, um die eigenen *werc* zu optimieren. „Nicht Geschichte oder angebliche Geschichte ist anvisiert, sondern, wenn sie überhaupt Materialien liefert, dann dienen diese allein der Vermittlung einer bestimmten Problematik und ihrer Bewältigung über einen literarischen Entwurf" (Haug 1999, 104, vgl. Schirok 1999). Bezieht man Hart-

werc und *mære*

Dichter-Ich

manns Prologverse nun auf den Helden zurück, ist er wie die intendierten Rezipienten ein Lernender.

Nachdem die Artusfrage und die Intention des Werks abgehandelt sind, folgt nach antiker Rhetoriktradition im *titulus* die Vorstellung des Dichters.

> Ein rîter, der gelêret was
> unde ez an den buochen las,
> swenner sîner stunde
> niht baz bewenden kunde:
> daz er ouch tihtens pflac.
> daz man gerne hoeren mac,
> dâ kêrt er sînen vlîz an.
> er was genant Hartmann,
> unde was ein Ouwære
> der tihte dîz mære.   (V. 21–30)

(Wenn ein Ritter, der gelehrte Bildung besaß und Bücher las, seine Zeit nicht besser zu verwenden wusste, dann betrieb er das Dichten; er verwandte Mühe auf etwas, was zu hören Freude machte. Hartmann hieß er und war von Aue, er verfasste diese Erzählung.)

Autorbewusstsein

Das selbstbewusste Bild, das Hartmann von sich zeichnet, ist für einen Dichter der Zeit um 1200 nicht ungewöhnlich. Individualität hat man den mittelalterlichen Dichtern sowohl was sie selbst als auch ihre Figuren betrifft lange Zeit zu Unrecht abgesprochen (vgl. zusammenfassend Dülmen 2001). Auch Gottfried und Wolfram treten selbstbewusst auf. Als Stand des Dichters wird *rîter* angegeben, was eigentlich Laie bzw. *Illiteratus* impliziert. Umgehend erfährt man aber, dass dieser Ritter *gelêret was / unde ez an den buochen las*. In der Zeit Hartmanns sind entsprechende Fähigkeit primär im geistlichen Umfeld – im Kloster oder einer Domschule – zu erwerben. Auch gab es nur dort und vielleicht noch am Kaiserhof Bücher in größerer Zahl. Offensichtlich haben wir es bei Hartmann also mit einem *miles clericus* oder *miles litteratus* – einem geistlich gebildeten weltlichen Ritter – zu tun. „Der *rîter* Hartmann, der gelêret ist und damit Zugang zu der neuen Literatur hat, ist aufgrund seiner exzeptionellen Position als *miles litteratus* prädestiniert, die elementaren Bedürfnisse und Erwartungen seiner Auftraggeber und seines Publikums zu erfüllen" (Schirok 1999, 191).

Pfingstfest am Artushof

Nachdem sich der Dichter selbstbewusst als Individuum eingeführt hat, beschreibt Hartmann die Szenerie. Wie fast alle frühen Artusgeschichten beginnt auch der „Iwein" mit einem Pfingstfest am Artushof (V. 31 ff.). Offensichtlich ist eine der beiden schon in den Geschichtswerken von Geoffrey und Wace für Artus dokumentierten Friedenszeiten der Rahmen für die ritterliche Vergnügungen und Aventiuren (Green 2002). Ob Hartmann sich dieses Faktums bewusst ist, bleibt dahingestellt. Er übernimmt das initiierende Rahmenereignis von Chrétien de Troyes: Die besten Ritter der Tafelrunde sind zum Pfingstfest auf der Burg *Karidôl* versammelt und feiern *mit manec magt und wîp / die schoensten von den rîchen*. Hartmann macht aber einmal mehr deutlich, dass dies natürlich Vergangenheit ist (V. 48 ff.). In der Gegenwart fehlt solche *vreude*. Dieser üblichen *laudatio temporis acti* (dem Lob der Vergangenheit) folgen merkwürdig anmutende Reflexionen Hartmanns. Er stellt nämlich explizit heraus, dass er keinesfalls damals in dieser doch so idealen Vergangenheit gelebt haben möchte, denn dann würde er jetzt nicht die schönen Geschichten (*mæren*) von den herausragenden Rittertaten (*werc*) hören können (V. 53 ff.). Offensichtlich ist das *mære* der Gegenwart dem *werc* der Vergangenheit überlegen, denn im *mære* sind die Taten durch den Dichter bereits im rechten Sinn (V. 4 = *gewisse lêre*) gedeutet (Erkenntnisprozess) und entsprechend literarisch aufbereitet (*was man gerne hoeren mac*). Das aus der lateinischen Literatur bekannte *werc-mære*-Motiv wird im Verlauf der Handlung bis zum Schluss immer wieder als strukturierendes Grundelement aufgegriffen.

Was alles zu einem arturischen Fest gehört, wird umgehend aufgelistet. Es sind *mæren hören, sprechen wider diu wîp, den lîp banecen* (spazieren gehen), *seitspil hören, loufen, springen, zuo dem zil schiezzen, von seneder arbeit* (Liebe) und *von manheit* (Heldentaten) *reden*, aber auch *slâfen* (Keie) und *minne* (das Königspaar) (vgl. Marquard 1985 u. Bumke 1986, 276–379 u. Haupt 1989, 141–167). Sechs Ritter – Dodines, Gawein, der Neffe von Artus, Segremors, Iwein, der schlafende Keie, er bekleidet als Truchsess des Königs den ersten Rang am Artushof, und Kalogrenant – der Name ist vermutlich abgeleitet aus *Cai lo grenant* = Keie der Polterer – sind im Saal versammelt. Kalogrenant will die Geschichte von seinem Brunnenabenteuer vortragen, als die Königin erwacht und in den Kreis tritt. Artus schläft unterdessen weiter. Von den Rittern begrüßt nur Kalogrenant die Königin in höfischer Art. Er wird deshalb von Keie verspottet. Die Königin tadelt daraufhin Keie (V. 137 ff.). Sie wirft ihm *schaden, hazzen* und *nît* vor. Keie weist den Tadel mit scharfen Worten zurück (V. 159 ff.), woraufhin Kalogrenant in den Tadel der Königin einstimmt (V. 189 ff.). Seine Quintessenz lautet: *ouch ist reht daz der mist / stinke swâ der ist*. Der Truchsess des Königs ist also nichts als stinkender Mist (zu Keies Rolle vgl. Schirok 1999, 194 f. u. F. Wenzel 2001 u. Hübner 2003, 172–175). Die Szenerie mit dem schlafenden König, einem unhöflichen – unhöfischen – Truchsess Keie und einem sich streitenden Kreis von Artusrittern wirft kein gutes Licht auf die Artusgesellschaft.

Erst nach einem weiteren Wortgeplänkel erzählt Kalogrenant auf Bitten der Königin schließlich sein misslungenes Brunnenabenteuer (vgl. Glaser 2004, 197–211 u. Mertens 2006, 190 f.): Auf seinem Aventiureweg gelangt Kalogrenant im Wald *Breziljan* zu einem Waldmenschen. Der weiß nichts von Rittertum und Aventiure. Auf die Frage des Waldmenschen, „*âventiure? waz ist daz?*" (V. 527), erklärt Kalogrenant das Prinzip von Rittertum:

> Nû sich wie ich gewâfent bin:
> ich heize ein rîter und hân den sin
> daz ich suochende rîte
> einen man der mit mir strîte,
> unde gewâfent sî als ich.
> daz prîset in, unde sleht er mich
> gesige aber ich im an,
> sô hât man mich vür einen man,
> unde wirde werder danne ich sî.   (V. 528–537).

(Sieh, wie ich ausgerüstet bin, man nennt mich Ritter, und ich bin in der Absicht ausgeritten, einen Mann zu suchen, der mit mir kämpft und so gerüstet ist wie ich. Erschlägt er mich, gewinnt er Ruhm. Besiege aber ich ihn, hält man mich für besonders mannhaft und ich werde mehr geachtet als vorher)

Nimmt man die Stelle ungebrochen ernst, und der weitere Handlungsverlauf scheint dies nahezulegen, droht die Idee des arturischen Rittertums in wert-

Festkultur

Keies Spott

Kalogrenants Brunnenaventiure

Aventiuredefinition

und letztlich sogar rechtsfreie Beliebigkeit abzugleiten: Kalogrenant sucht bei der Aventiure einen Mann, der mit ihm *strîte*. Im *strît* geht es um nichts als Ehre, also um einen ideellen Lohn, der sich in der Sichtweise Kalogrenants und vielleicht noch deutlicher in den Reflektionen Iweins rund um Keies Spott als ein primär nach außen gewandtes Attribut der Hofkultur erweist. Die Aventiure ist losgelöst von moralisch-ethischen Verpflichtungen eine bloße Mechanik zur Ehrgewinnung. Den Ausführungen Bernhards von Clairvaux in seinem Traktat über das neue Rittertum (*„De laude novae militiae"*) stünde dies diametral entgegen. Für Kalogrenant ist das Begießen des Brunnens legitim, weil nach seinem Verständnis der auf Aventiure reitende Ritter ein Recht darauf hat, Aventiuren zu suchen und in seinen Abenteuern Selbstbestätigung zu erfahren (grundlegend Mertens 2006). In der Iwein-Forschung ist diese sehr einfache Definition von Rittertum kontrovers auslegt worden. Man sah in ihr sowohl den Versuch des Ritters, dem mit dem höfischen Wertekodex nicht vertrauten Waldmenschen eine vereinfachte Erklärung des abstrakten Ritter- und Aventiurebegriffs zu geben, als auch eine „ironische Banalisierung (…), mit der dem Unhöfischen in komischer Vereinfachung ein ihm unzugänglicher Tatbestand klar gemacht werden soll" (Cramer 1968, Kommentar zu V. 526). Ragotzky und Weinmeyer verstehen die Ausführungen als abstrakte Beschreibung einer Ritteridee, die dann erst im zweiten Teil in den Taten Iweins realisiert wird (Ragotzky/Weinmeyer 1979, 217).

Die noch an mythische Stofftraditionen erinnernde Brunnenaventiure (Okken 1993, 271–277 u. Mertens 2004, 985 f.) verlangt zur Auslösung die *costume*: Indem man Wasser auf den Stein beim Brunnen gießt, löst man ein verheerendes Unwetter und die Aventiure aus. Kalogrenant bricht damit den Frieden des Ortes. Der Brunnenritter ist zur Verteidigung seines Brunnenreichs herausgefordert (V. 712 ff.) und erscheint umgehend zur Verteidigung seines Reichs. Er führt Klage, dass Kalogrenant mutwillig und ohne Kriegserklärung das Unwetter verursacht und den Frieden gebrochen habe: *„rîter, ir sît triuwelôs. / mirne wart von iu niht widerseit* (V. 712 f.). „Askalons Blickwinkel ist kein poetischer, sondern ein sachlicher; er als Besitzer des Waldes liefert eine Bestandsaufnahme der Schäden (V. 716–719). Seine Aussage umfasst drei Punkte: 1. Der Wald ist zerstört. 2. Das Wild ist tot. 3. Die Vögel sind verjagt" (Glaser 2004, 209). Kalogrenants mutwilliger Angriff ohne Rechtsbasis hat dem Brunnenreich schweren materiellen Schaden zugefügt. Imaginierte Werte wie Ruhm und *êre* einer wirklichkeitsfernen, poetischen Aventiurewelt stehen gegen die objektive Realität des Verlusts und die objektiven Rechtsnormen des Landfriedens. Ansätze zu entsprechenden Friedensgeboten finden sich bereits in karolingischen Kapitularien. In der Zeit Hartmanns beruft man sich auf diese alten kaiserlichen Rechte (*keiser karles rechte*) und auf den kirchlichen Gottesfrieden. Hartmanns Zeitgenosse Kaiser Friedrich I. setzte den Landfrieden erstmals systematisch als Instrument einer von der kaiserlichen Gewalt zu handhabenden Gerichtsbarkeit ein. Die kaiserlichen Landfrieden von 1152 und 1158 waren weit verbreitet und wurden eine zentrale Rechtsgrundlage der Friedensidee des 12. und 13. Jh.s. Zur Durchsetzung der Landfrieden waren schwere Strafen vorgesehen. Aber begeht Kalogrenant mit der *costume* (V. 678), dem Begießen des Steins, überhaupt einen Landfriedensbruch? Der Brunnenritter sieht es jedenfalls so und seine Begründung entspricht dem Rechtsverständnis der Zeit. Kalogrenant versteht den Brunnenguss dagegen als institutionalisierte Tapferkeitsprobe. Ihm geht es darum, im Zweikampf „*prîs*" und „*lop*", also ritterliche Ehre zu erlangen (vgl. Ehrismann 1995, 66). In dem Augenblick, wo der Brunnenritter auf sein Recht als Landesherr, das Fehderecht und die Landfriedensidee verweist und Kalogrenant die Aventiureidee der Artusritter ins Feld führt, prallen zwei konträre Rechtsauffassungen aufeinander: Nach geltendem Recht wirft der Brunnenritter Kalogrenant vor, *triuwelos* zu sein (Friedens-/Rechtsbrecher), *laterlîchez leit* über das Land zu bringen (Schande/Schaden) und *hôchvart* (Anmaßung) begangen zu haben. Er reagiert aus seiner Sicht juristisch korrekt mit der Fehdeankündigung: *iu sî von mir widersagt:* (Fehde angesagt) / *ir sult es buoze bestân* (V. 720f.). Kalogrenant handelt den Regeln der literarisch-arturischen Aventiurewelt entsprechend ebenfalls korrekt, denn die Aventiure ist quasi in die Existenz des Wunderbrunnens eingeschrieben. Hartmann spricht V. 565 vom Recht des Brunnens und merkt später an (V. 759ff.), dass schändlich nur die Niederlage des Artusritters war (vgl. Mertens 1978, 47f. u. Hübner 2003, 163). Das Recht des Brunnens

Der Brunnenritter erleidet in dieser Situation *âne schuld grôzen schaden*. Er ist folglich nicht mehr bereit, *vride* (V. 729) zu gewähren, und zwar auch dann nicht, als ihm Kalogrenant *sîne unschulde* (V. 731) im juristischen Sinn versichert – was er allerdings erst tut, nachdem er die unüberwindliche Stärke des Brunnenritters erkannt hat. Der Kampf ist schnell entschieden. Kalogrenant unterliegt und erleidet *laster* (V. 796). Er kehrt als *êrlôser man* ohne Pferd und Rüstung zurück an den Artushof. Diese schmähliche Niederlage und der damit verbundene Ehrverlust zwingen für die Zukunft zum Handeln, und zwar um die eigene, aber auch die Ehre des Artushofs in toto, wiederherzustellen (V. 803ff.). Das der Schande zugrunde liegende Unrecht, der Landfriedensbruch, spielt dabei keine Rolle bzw. wird vom Artushof nicht als solches wahrgenommen. Hartmann operiert hier mit zwei Wirklichkeitsebenen – einer sachlich-realen und einer davon deutlich zu unterscheidenden literarisch-arturischen. Hartmann macht aber in der einleitenden Passage zu *mære* und *werc* auch deutlich, dass beide Ebenen sich direkt aufeinander beziehen. Kalogrenants *werc* erfährt also durch das *mære* eine Reflektion, und auf diese höhere, mittels Erzählung bereits reflektierte Ebene kann – könnte, denn tatsächlich tut er es nicht – Iwein später zurückgreifen. Mertens sieht hier erstmals in der deutschen Literatur „den Primat der ästhetischen Erfahrung" verwirklicht (Mertens 1977, 357). Haupt spricht von der „Literarisierung der *res gestae*", also von der Überführung von *werc* (Taten) in *mære* (Literatur über die Taten) (Haupt 1989, 183f.), was Haug als ein erstes fiktionales Experiment, als programmatische Fiktionalität interpretiert (Haug 1992, 119ff. u. Haug 1999, 103f.). Auch wenn alle genannten Interpretationsansätze letztlich in eine ähnliche Richtung zielen, hat vor allem Haugs Fiktionalitätsthese einige Kritik erfahren. Schirok bilanziert in seinem programmatischen Aufsatz zu Literaturtheorie bei Hartmann: „Aus diesem Grunde würde ich die Passage auch nicht auf programmatische Fiktionalität (Haug) hin interpretieren, sondern eher (mit Haupt) auf programmatische Poetizität oder Literarizität" (Schirok 1999, 193). *laster* Wirklichkeitsebenen Literarisierung

Was hier noch ambivalent erscheinen mag als Widerstreit zwischen Aventiurerecht und Landfriedensidee (vgl. grundlegend Mertens 2006), wird im weiteren Verlauf der Handlung mehrfach als Defizit der aventiurehaften Artuswelt aufscheinen: Der Artusritter Iwein wird selbst den Landfrieden des Aventiurerecht vs. Landfriedensidee

Brunnenreichs brechen und den Brunnenritter unritterlich töten – ermorden? –, als er schon längst besiegt ist. Artus wird dieses Fehlverhalten nicht sühnen, sondern ganz im Gegenteil seinerseits den Brunnen begießen und den Frieden brechen. Iwein und selbst König Artus haben aus Kalogrenants *mære* über sein misslungenes Werk also nichts gelernt. Wie schlecht es um die Rechtsgewalt des Artushofs bestellt ist, müssen später gleich mehrere Rechtsuchende leidvoll erkennen, wenn sie sich stets vergeblich an den Artushof wenden. Hilfe erhalten weder Lunete (V. 4165 ff.), der von dem Riesen Harpin bedrohte Burgherr (V. 4520 ff.) noch die Jüngere Gräfin vom Schwarzen Dorn (V. 5699 ff.). Der Artushof büßt seine Funktion als göttliche Rechtsinstanz ein, obwohl die erste Pflicht des Königs das Amt der Friedenswahrung wäre (vgl. HRG I, 1286 mit Verweis auf Kaiser Friedrich I.). Hartmann scheint an dieser Stelle ein Defizit der arturischen Welt anzudeuten. Später wird aber genau dieser Artushof alle Konflikte lösen und Artus sich selbst als weiser Richter erweisen. Da Hartmann gerade an diesen neuralgischen Punkten oft deutlich von Chrétien abweicht, ließe sich eine solche Ambivalenz vielleicht sogar als eine eigene Realitätserfahrungen reflektierende, bewusste Inszenierung Hartmanns deuten, wobei er weit mehr als Chrétien die politischen und juristischen Realitäten zur Diskussion stellt.

Keies Erstkampfrecht   Iwein, ein Verwandter Kalogrenants, meldet sich als Erster, die am Brunnen erlittene Schande zu rächen. Aber auch Keie, der Truchsess, will die Schande rächen und bezichtigt Iwein des dummen Geschwätzes, denn Keie hat das Erstkampfrecht und sieht sich zudem als Einzigen in der Lage, den Brunnenritter zu besiegen. Keie tut die Worte Iweins als Prahlerei und Wichtigtuerei ab. Er zwingt damit Iwein zum Handeln. Der muss *ze gâh*, d. h. so schnell wie möglich, zur Quelle reiten, um „die akustisch vermittelte Schmach in optisch vermittelte *êre* umzuwandeln" (F. Wenzel 2001, 100). Über den Streit um das Erstkampfrecht erwacht König Artus. Als er in den Saal tritt, erheben sich alle:

> si sprungen ûf: daz was im leit.
> unde zurnde durch gesellecheit:
> wan er was in weizgot verre
> baz geselle danne herre.   (V. 885–888)

(Sie sprangen auf: das gefiel ihm nicht und er war ärgerlich, dass man ihm den Vorrang gab, war er ihnen doch mehr Freund als Herr.)

Idee der Tafelrunde   Hier wird zum ersten und einzigen Mal im „Iwein" die Idee der Tafelrunde thematisiert. König Artus versteht sich in der Tafelrunde als Gleicher unter Gleichen. Er will *baz geselle danne herre* sein. Den Streit um die Aventiure beendet Artus dann aber ganz entgegen diesem Gleichheitsgrundsatz mit einem königlichen Dictum. Artus ist also doch *herre*. Artus schert sich auch nicht um den Landfrieden und setzt fest, *daz er in vierzehn tagen / unde rehte an sancte Jôhannes naht / mit aller sîner maht / zuo dem brunnen wolde komen* (V. 900–903). Die gefällte Entscheidung ist wegen des letztlich zweifelhaften Fehde-Anlasses juristisch fragwürdig (dazu Mertens 2006). Iwein bereitet diese Entscheidung allerdings aus ganz anderem Grund *ungemach* (V. 908). Er wollte die Aventiure zur Rettung seiner von Keie in Frage gestellten Ehre und zur Sühne der Schmach seines Verwandten Kalogrenant alleine bestreiten. Aus Sorge, die Aventiure wegen des Vorkampfrechts von Keie und Gawein zu verpassen, bricht Iwein heimlich alleine auf. Er setzt Kalogrenants *mære* unverzüglich in *werc* um. „Wenn wir diesen Ablauf unter juristischen Aspekten untersuchen, so hat Iwein gleich mehrere Rechtsbrüche begangen. Er hat dem Aufruf von König Artus an seine Ritter zur Heerfolge nicht stattgegeben, sondern Insubordination, sogar Desertion begangen und das Aufgebot heimlich verlassen, ein schwerwiegendes Vergehen, das im germanischen Volksrecht mit *harisliz*, Heeresbruch bezeichnet wird (Mertens 2006, 191 f.)

Iwein findet den von Kalogrenant im *mære* geschilderten Weg zum Brunnenreich (V. 971) und trifft im Wald auf den von Kalogrenant beschriebenen *griulîchen man* (V. 980). Nachdem der Waldmensch Iwein den Weg gewiesen hat, kommt er zum Brunnen. Anders als Kalogrenant reflektiert Iwein jede dieser Wegstationen: Er macht sich Gedanken über den Waldmenschen (V. 985 ff.); er macht sich Gedanken während des Gewitters (V. 996–998) und er denkt über den Brunnenritter nach (V. 1004–1007). Hübner spricht vom Zusammenspiel von „erzählter Wahrnehmung und Psychonarration" (Hübner 2003, 133). Nach der *costume* erscheint der Brunnenritter zur Landesverteidigung. *der gruozte in harte verre / als vîent sînen vîent sol* (V. 1002 f.). Die Terminologie verrät, dass es sich aus Sicht des Brunnenritters erneut um eine kriegerische Auseinandersetzung handelt. Für Iwein ist es demgegenüber ein ritualisierter Brauch zum Aufrufen einer Aventiure. Der Text scheint Iweins Position zu bestätigen, denn an keiner Stelle äußert sich der Erzähler zu einer etwaigen Schuld. Allerdings lässt die wieder einmal mehrschichtig konstruierte Szenerie verschiedene Deutungsmöglichkeiten zu. So wird im *mære* Kalogrenants der Rechtsbruch detailliert beschrieben. Iwein wüsste also um die Rechtslage. Auch reitet er vorzeitig vom Artushof los, d. h. er trifft noch in der Pfingstwoche am Brunnen ein. In der Pfingstwoche gilt der Gottesfriede. Kämpfe aller Art sind verboten (Mertens 2006, 192).

Iweins Brunnenaventiure

Iwein besiegt im anschließenden Kampf den Brunnenritter. Der Kampf wird vom Erzähler detailgenau geschildert, bis er plötzlich innehält: Natürlich könne er den Kampf bis in die letzten Einzelheiten weiterschildern, aber er wolle nicht, da es für einen solchen Bericht keine Zeugen gäbe (V. 1029 ff.). Ascalon sei schließlich tot und Iwein war so ein *hövsch man* (V. 1040), dass er ungern von so viel Tapferkeit geredet hätte. Hartmann verzichtet einmal mehr auf den bei Chrétien breit ausgeführten Detailrealismus. Nachdem Ascalon den tödlichen *slac zetal unz dâ daz leben lac* (V. 1049 f.) erhalten hat, flieht er auf seine Burg. Die Flucht des besiegten Gegners stellt sich für Iwein als Problem dar, weil er ohne Siegesbeweis den Spott Keies fürchten muss. Iwein braucht zur Sicherung seiner *êre* einen Beweis für die bestandene Aventiure. Er verfolgt den Brunnenritter deshalb ohne *erbamen* und *âne zuht* bis in dessen mit einem *slegetor* (V. 1089), d. h. einem Fallgitter, gesicherte Burg. Die Wendung *âne zuht* wird dabei häufig als Indiz für die Schuld Iweins herangezogen. Das Spektrum der möglichen Übersetzungen von „sofort" bis hin zu „Regel und Rücksicht vergessend" oder „hemmungslos" lässt allerdings keine definitive Entscheidung in dieser Frage zu (vgl. Mertens 1978, 47 u. Mertens 2006, 192).

Kampf

daz hûse, die Burg des Brunnenritters, ist *schoen, hôch veste wît* und *gemâlt gar von golde* (V. 1135 ff.). Ausgemalte Räume in Burgen kommen in dieser Zeit in Mode. Gottfried von Viterbo berichtet beispielsweise von der kaiserlichen Pfalz in Hagenau, dass sie zu Zeiten Barbarossas mit einem Zyklus von historischen Wandmalereien dekoriert war (Sturlese 1993,

Brunnenritter-Burg

247f.). Auch Burg Rodenegg wird im ersten Viertel des 13. Jh.s mit „Iwein"-Fresken ausgeschmückt. Die Burg des Brunnenritters muss jedoch weitaus kostbarer als Rodenegg gewesen sein, denn König Artus wird später über die Burg sagen, *daz er schoenerz nie gesach* (V. 1138). Im Torhaus dieser Burg wird Iwein durch das von einem geheimen Mechanismus ausgelöste Fallgitter (*slegetor*) gefangen. Er entkommt nur mit knapper Not dem Tod. Das Fallgitter zerschneidet sein Pferd knapp hinter seinem Körper in zwei Teile. Iwein fällt auf der einen Hälfte des Pferdes sitzenden in das Torhaus. Der Rest des Pferdes verbleibt vor dem Fallgitter. Aus dem Torhaus gibt es scheinbar kein Entrinnen, als sich plötzlich eine Geheimtür öffnet. Eine junge Frau tritt ein. Sie erklärt, Iwein helfen zu wollen, weil er einstmals am Artushof der Einzige war, der sie bei ihrem Besuch des Hofs geachtet und höfisch begrüßt habe. Der arturischen Hofgesellschaft fiel Lunete, so der Name der *rîterlîchen maget* (V. 1153), damals durch ihre *unhövscheit* (V. 1189) auf. „Mit dem Wort *unhövscheit* macht Hartmann eine unbestimmte, generelle Aussage; es bedeutet umfassend, dass ein Verhalten dem Hof und seinen Lebensformen nicht entspricht, dass die betroffene Person außerhalb der höfischen Gesellschaft steht. Chrétien gibt Details an: *Espoir si ne fui pas si sage, / Si cortoise ne de tel estre, / Come pucele deüst estre*" (Zutt 1998, 109). Hartmann verwendet zur Beschreibung der unhöfischen Lunete allerdings durchaus höfische Termini. Sie erscheint bei ihm als *rîterlîche maget* (V. 1153), als *guote maget* (V. 1303) und sogar explizit als *hövsch maget* (V. 1417). Außerdem wird an vielen Stellen ihre Sorge um das Land und ihre unverbrüchliche Treue gegenüber ihre Herrin, aber auch gegenüber Iwein herausgestellt (V. 1982ff., 2016f., 5560f.). Es sind jedoch keine typisch weiblich-höfischen Tugenden. Überhaupt wird sich Lunete im ganzen Werk nicht in das höfische Muster einpassen. Vor diesem Hintergrund bekommt die Beschreibung als *rîterlîche maget* einen eigenen, auf ihre späteren Handlungen verweisenden Charakter: Sie ist mehr als eine *maget* (V. 1153), *gespilin* (V. 5208), *juncfrouwe* (V. 5301) und ein *trutgeselle* (V. 2159). Sie ist die erste Ratgeberin der Landesherrin Laudine, und Laudine vertraut in erster Linie auf ihren Rat, denn *swa ich gevolget ir bete / dazu wart mir nie leit* (V. 2020f. und öfter in ähnlicher Diktion).

Dem Ernst der späteren Lunete-Geschichte stehen im Torhaus allerdings eindeutig komische Aspekte gegenüber. So wird das Bild des starken, helfenden Ritters ins Gegenteil verkehrt, wenn die eigentlich schwache Frau den eigentlich starken Artusritter Iwein rettet. Und als sich die Situation dramatisch zuspitzt, bringt Lunete einen Imbiss. Die *gâchspîse* ist Iwein hochwillkommen. Außerdem übergibt Lunete Iwein ein *vingerlîn*, einen Zauberring, der den Besitzer unsichtbar machen kann. Ringe mit Zauberwirkung sind im Volksglauben gut bezeugt. Eventuell können wir hier eines der anderweltlichen Motive aus der älteren mündlichen Tradition (Wales) greifen. Dem nun unsichtbaren Iwein gelingt es, den mittlerweile nach ihm suchenden Hofleuten zu entkommen. Als der Unsichtbare an die Bahre des mittlerweile verstorbenen Burgherrn herantritt, brechen dessen Wunden auf. Bei dem geschilderten Phänomen handelt es sich um die aus literarischem und später auch juristischem Zusammenhang bekannte Bahrprobe, bei der der Tote auf die Anwesenheit seines Rechtsbrechers bzw. eines Mörders reagiert (HRG I, 283–285; vgl. Mertens 2006, 192f.). Wenn Hartmann hier ein juristisches, auf göttlichem Eingreifen beruhendes Rechtsverfahren nachzeichnet, scheint die Schuld Iweins endgültig bewiesen. Juristisch gesehen wäre Iwein damit als Mörder überführt. Da dieser nun objektive Tatbestand wie schon beim mehrmaligen Landfriedensbruch, den der Brunnenritter eingeklagt hatte, wieder keine Relevanz erhalten wird, stellt sich überhaupt die Frage nach der Bedeutung von Recht und Gesetz in dieser Welt. Gelten in der arturischen Welt – und für sie steht der Artusritter Iwein – Recht und Gesetz nicht?

Die nicht nur an dieser Stelle unterschwellig mittransportierte Schuldfrage wird in der Forschung kontrovers diskutiert. Und es scheint sogar im Werk selbst unterschiedliche Positionen zu geben: Die Artusritter sehen bei der Brunnenaventiure keine Schuld. Iwein deutet allenfalls vage an, dass beim Tod des Brunnenritters nicht alles in Ordnung gewesen sein könnte und spricht später (V. 1641) von Notwehr. Aus Sicht der Witwe und der Brunnenreichbewohner beweist die Bahrprobe zunächst eindeutig die Schuld, doch Laudine wird später ebenfalls von Notwehr sprechen (V. 2039–2044). Die mit den Eigenheiten der Bahrprobe vertrauten Hofleute vermuten zu Recht den Mörder (?) ihres Herrn in der Nähe und intensivieren die Suche. Mit knapper Not entkommt der unsichtbare Iwein erneut seinen Verfolgern. Dann sieht und hört Iwein die klagende Laudine durch ein geöffnetes Fenster. Sie beklagt ihren *aller tiursten man. dehein rîter ist als volkomen* (V. 1456 ff.). Er besaß *manheit* und *milte*. Und wenn er noch auf der Erde wäre, wäre er der beste Ritter.

Trotz anderer Vorzeichen hat der Anblick der unglaublich schönen Frau wie im „Erec" weit reichende Konsequenzen für den Helden. Analog zu dem in der „Klage" beschriebenen Modell hat der *lîp* die aufgenommenen Reize sofort an das *herze* weitergeleitet, dessen Entscheidung ist eindeutig: Iwein verliebt sich augenblicklich in die klagende Laudine, auch wenn die Sorgen um die Ehre zunächst noch größer sind. Iwein fürchtet nämlich Keies *schalcheit* (Gemeinheit) (V. 1530 ff.): Wenn er keinen sichtbaren Beweis seines Sieges über den Brunnenritter beibringt, würde Keie als Garant der Ordnung seinen Sieg nicht anerkennen. Iwein wäre dem Spott der Artusgesellschaft ausgesetzt. Doch schnell gewinnt die *minne* die Oberhand. Sie ist schlimmer als eine Wunde von Schwert und Speer (V. 1547 ff.). Iwein beklagt das Schicksal, denn er fürchtet, seine Angebetete nie erreichen zu können, weil er ihren Mann *sluoc*. Er spricht von *swaerer bürde* und *niuwen schulde* (V. 1616 f.). Iwein bittet schließlich *vrou Minne* (V. 1638), dass sie ihm Laudine geneigt machen möge, und beruft sich dabei auf *nôt*, d. h. Notwehr (V. 1641). Eine Tötung in Notwehr hätte ihn nach geltendem Recht zu einer Entschädigung verpflichtet, was er auch anbietet. Er will sich selbst als Sühneleistung geben:

> daz ich ze wandel wil geben
> mich selben unde mîn leben   (V. 1645 f.)
> (das ich als Schadenersatz mich und mein Leben geben will)

Von nun an regiert *diu Minne und ir rât* (V. 1647), d. h. das Gesetz der Minne. Die Schuldfrage ist damit – vorläufig – aus der Geschichte eliminiert. Lunete macht ihrer Herrin Laudine klar, dass das Brunnenreich ohne Landesherren, d. h. ohne Landesverteidiger, in Gefahr sei. Bereits in 12 Tagen kommen die Artusritter und wollen Laudine die Quelle und das Reich abgewinnen. Sie braucht einen starken Verteidiger, wie es in ihrem Reich aber keinen gibt.

Marginalien: Schuldfrage; verliebt; Keies *schalcheit*; Notwehrrecht; Herrschaft der Minne

Frauenpreis Laudine trauert jedoch um ihren Mann. Ihre edelmütige Einstellung wird vom Autor-Erzähler honoriert. Es folgt ein umfänglicher Frauenpreis (V. 1875 ff.). Lunete kann ihre Herrin Laudine schließlich überzeugen, dass die Trauer zwar ehrenwert sei, das Land aber nur durch einen starken Ritter gerettet werden könne. Und wer wäre besser geeignet als der, der den beinahe unüberwindlichen Brunnenritter besiegte? Laudine überlegt, wie das Problem zwischen Trauer und Herrscherpflicht zu lösen sei. Als Ausweg böte sich für sie an, jemand zu finden, der ihr Land beschützen würde, ohne dass er Ansprüche auf eine Heirat geltend machte (V. 1911–1916). Lunete macht ihr klar, dass kein Mann in eine solche Verbindung einwilligen würde. Laudine sieht dies ein und willigt schließlich aus Sorge um ihr *lant* (V. 1824) und ihre *êre* (V. 1825) in die Verbindung mit dem Sieger vom Brunnen ein. Freilich ist ihr der grenzenlose Pragmatismus ihrer Dienerin Lunete zunächst suspekt. Erst als Lunete mit Hinweis auf ihre eigene Lebenssituation deutlich machen kann, dass sie nur das Beste für Sie, das Land und die Leute wolle, ist Laudine besänftigt (V. 1949–1953). Lunete lenkt daraufhin die Verbindung mit einigen Tricks in die richtigen Bahnen. *diu gewaltige Minne, / ein rehtiu süenaerinne* (V. 2055 f.) regelt sowohl das Zwischenmenschliche als auch das Rechtliche. Wie im folgenden Abschnitt wird Minne hier bereits ambivalent gebraucht: Iwein (miss)versteht sie nach höfisch-arturischer Konvention als personale Liebe im höfischen Sinn. Laudine (miss)versteht sie wie im damaligen Sprachgebrauch ebenfalls üblich als unpersonalen Rechtsterminus. Aus ihrer Sicht bezeichnet Minne juristisch exakt die Herstellung von Frieden und Harmonie in einem Streit- oder Kriegsfall (vgl. Mertens 1978, 14–16).

Hochzeit Lunete holt für die Heirat das Einverständnis der Landherren ein, die vor der Heirat noch einen förmlichen Nachweis der *geburt* und der Qualitäten des Bräutigams (V. 2089 ff.) bekommen. Als *sun des küneges Urjênes* (V. 2111) ist die Abstammung kein Problem. Lunete führt dann den (tatsächlich sowieso anwesenden) Helden scheinbar aus der Ferne herbei. Laudine macht unmissverständlich klar, dass die Heirat eine politische Zweckheirat ist. Nur deshalb lässt sie alle Konventionen um Klage und Trauerzeit außer **Minnetheorie** Acht. Auf die abschließende Frage Laudines, wer ihm denn die Minne eingegeben habe, antwortet Iwein gemäß der in der „Klage" formulierten Minnetheorie: *daz tete des herzen gebot* (V. 2350), und zwar nachdem *die ougen* (V. 2352) das Bild, d. h. *iuwer schoene und anders niht* (V. 2355), wahrgenommen und die Informationen an den *lîp* (V. 2348) weitergeleitet hatten. Ihre Schönheit hatte über den Weg vom Auge über den Leib das Herz mit Minne infiziert. Nachdem die *besten über mîn lant* (V. 2364) – der Fürstenrat – der Verbindung *von rehte* zugestimmt haben und Gott auch nichts einzuwenden hat (V. 2382), kann die Heirat stattfinden. Es ist eine politische Ehe, und zwar weit deutlicher als in der Vorlage, denn Hartmann lässt Chrétiens Erklärung, dass Laudine aus Liebe gehandelt habe (Yvain V. 2141), weg. Im Kontext der politisch notwendigen Eheverbindung scheint dann auch die extrem kurze Trauerfrist moralisch und standesrechtlich unbedenklich (vgl. mit einigen markanten realhistorischen Beispielen Mertens 1978, 22 f. u. 39 f.): Das Land braucht den Herrscher, und die Landherren sind darum bedacht, den gefährlichen Vakanzzustand so schnell wie möglich zu beheben. Treibende Kraft ist dabei, und nur das ist ungewöhnlich, eine Frau: die truchsessartig agierende Lunete.

3. Iwein

Kaum ist das Hochzeitsfest (V. 2439ff.) vorüber, treffen die Ritter der Tafelrunde am Brunnen ein. Artus begießt den Stein, tritt aber nicht selbst zum Kampf an (V. 2529ff.). Er bleibt statisch, beinahe eine Randfigur. Iwein – nun selbst Brunnenritter und Wahrer des Landfriedens – rückt pflichtgemäß zur Landesverteidigung aus. Das Erstkampfrecht steht Keie zu (V. 2549). Nach gehörigem Spott auf den scheinbar abwesenden Iwein beginnt Keie den Kampf gegen den herankommenden Brunnenritter, den niemand als Iwein erkennt. Die Niederlage Keies in einem ehrenhaften Kampf ist schnell besiegelt. Iwein gibt sich daraufhin zu erkennen (V. 2611f.) und es wird ein großes Fest gefeiert. Während des Fests nimmt Gawein (zur Zeichnung der Figur vgl. zusammenfassend Hübner 2003, 175–178) seinen Freund Iwein zur Seite und warnt ihn mit Hinweis auf die Geschichte von Erec und Enite vor dem *verligen* (V. 2765ff.): Drohende Gefahren für die *êre* sind *schoene wîp, verligen, gemach, verwâzen der êre, minnen ze sêre* und, und das bringt Hartmann gegen Chrétien neu ein, die Konzentration auf des *hûses site*, d.h. auf die ökonomischen Anforderungen eines Landesherren. *êre, rîterschaft* und *hoher muot* können nicht statisch besessen, sondern müssen immer wieder neu erworben werden. Die sichtbar werdenden Spannungen zwischen den Erfordernissen der Hofkultur und den Notwendigkeiten von Herrschaft und Ökonomie sind aus der Perspektive Gaweins allerdings gar nicht vorhanden. In der arturischen Welt zählt allein die *êre*. Das Gegenmittel, das Gawein gegen das *verligen* vorschlägt, lautet als Lehre aus dem „Erec" denn auch: *turnieren*. Iwein soll mit den Artusrittern durch das Land ziehen, seine ritterliche Gesinnung im Kampf unter Beweis stellen und damit seine *êre* dauerhaft mehren (V. 2800–2803). Gawein hat aus dem „Erec" gelernt, aber diese Lehre wird sich als Missverständnis erweisen. Haug vermutet sogar, dass es genau diese missverstandene Lehre ist, die der ganze Roman in Szene setzt (Haug 1999, 109), denn „zwischen dem ‚Erec' und dem ‚Iwein' besteht indes ein gegenläufiges Verhältnis. Wo Erec sich *verliget, verrîtet* sich Iwein" (Fritsch-Rössler 1999, 241 u. 243). Haug und Fritsch-Rössler sehen die beiden Artusromane also weniger kontrastiv als vielmehr komplementär. Zusammen gelesen ergibt sich im Wechselspiel von *mære, tât* und der daraus zu ziehenden Lehre eine mehrschichtige Analyse von Individualität, Rittertum und Herrschaftskultur, wobei der „Iwein" vorführt, wie man trotz aufmerksamer Kenntnis des *mære* (hier das *verligen* Erecs), dennoch genau das Falsche tun kann.

Nach Gaweins Rat bittet Iwein seine Frau um die Erfüllung eines Wunschs. Laudine gewährt, vertrauend auf das höfische Pflichtverständnis ihres Mannes, die Erfüllung blanko. Iwein wünscht sich *urloup* von Frau und Land, um der *êre* zu dienen. Laudine gewährt ihm schweren Herzens genau ein Jahr (*jârzal*) *urloup* für seine vermeintlichen Ritterpflichten, mahnt ihn aber mit der bereits in V. 1824f. formulierten Doppelformel, sich um *lant* und *êre* (V. 2936) zu sorgen, eindringlich, diese Frist genau einzuhalten. Sonst stünden das Land und die Herrschaft auf dem Spiel: „*Iu ist daz wol erkant / daz unser êre unde unser lant / vil gar ûf der wâge lit*" (V. 2935–2937). Die von Laudine angemahnte Jahresfrist spielte in juristischen Fragen eine zentrale Rolle. Geltendes Recht war, dass ein Usurpator (hier: des Brunnenreichs) nach einem Jahr ohne Widerspruch das Recht auf die erstrittene Herrschaft ersessen hätte (Eike von Repgow: Sachsenspiegel, Landrecht II § 24.2). Laudine denkt und handelt hier als Herrscherin. Bei ihr steht die Sorge um

Iwein als Brunnenritter

Gaweins Lehre

Lehre – Irrlehre

urloup

Jahresfrist

die Herrschaft an erster Stelle. Iwein handelt dagegen als Aventiure- und nicht als Brunnenritter. Ihm geht es um seine persönliche Ehre, um arturische Ritterschaft, um höfische Liebe, aber nicht um Recht, Gesetz und Landesherrschaft. Er ist im Selbstverständnis noch am Artushof. Die völlig anderen Seinsmuster der beiden Protagonisten werden bei der Übergabe des Rings besonders deutlich. Laudine übergibt ihn, auch wenn der Herzenstausch zum Abschied (V. 2990–2994) die Minne-Komponente durchaus sichtbar machen wird, als Rechtssymbol für die im Sinne der *triuwe* eingegangenen Rechtsverpflichtungen als Landesherr. Iwein nimmt ihn im Aventiuresinn als Minnepfand (Mertens 1978, 18–21 u. Speckenbach 1998, 122f. u. Mertens 2006, 205).

Ring: Rechtssymbol oder Minnepfand?

In den folgenden Monaten turniert Iwein mit seinem Freund Gawein so erfolgreich, dass ihm überall der *prîs* zufällt (V. 3043 ff.). Die Frist gerät dabei in Vergessenheit. Als sich die Artusritter wieder einmal am Artushof versammeln, fällt Iwein die längst verstrichene Frist zur Rückkehr ein (3082 ff.). Gerade in dem Moment, als er sich daran erinnert und *riuwe* zeigt (V. 3088–3092), tritt Lunete auf den Plan. Sie erscheint am Artushof und führt im Dienst der Landesherrin Laudine Klage gegen den *verrâtære* (V. 3118). Ihr Hauptvorwurf lautet, dass Iwein *untriuwe* bzw. *triuwelôs* (V. 3122, 3183, 3186) und *meineide* (V. 3185) sei. Iwein hatte die Frist *versezzen*, d. h. versäumt und damit Frau und Land im Stich gelassen. Er ist zum Landesverräter geworden (V. 3111 ff.). Lunete ist auch deshalb besonders bestürzt und fühlt sich mitschuldig an der Misere im Brunnenreich, da sie ihm das Leben gerettet und ihn mit Laudine zusammengeführt hat. Letztlich trifft die Klagerede also nicht nur Iwein, sondern auch sie selbst (vgl. Carne 1970, 62). Die spätere Lunete-Anklage des Truchsessen im Brunnenreich scheint hier bereits vorweggenommen. Die juristischen Folgen des Fristversäumnisses sind der Verlust des Ringes, der Verlust der Herrschaft, der Verlust von Ehre und Rittertum, Schande und Treulosigkeit sowie der Verlust der Minne.

turnieren

Lunetes Anklage

Ruh spricht von einem „Minneverbrechen" gegenüber Laudine. Die u. a. von Ruh und Mertens (Ruh 1977, 155f. u. Mertens 1978, 43 u. Mertens 2006, 205) ins Zentrum ihrer Interpretationen gestellten Minne- bzw. Ehefragen wird man aber nicht zu hoch bewerten wollen, denn Laudines Interessen waren schon beim Abschied primär auf die Herrschaft und das Land ausgerichtet. Zudem haben die Versäumnisse Iweins nach mittelalterlichem Eherecht ebenso wie die faktisch vollzogene Trennung von Tisch und Bett keinen Einfluss auf den Bestand der Ehe, die trotz Minneverlust juristisch weiter besteht (vgl. HRG I, 835). Wichtiger scheint die politische Schuld: Iwein hat bei der Wahrnehmung seiner neuen Pflichten als Landesherr versagt (Cormeau 1985, 210). Auch die eigentlich längst erledigten Schulddiskussionen um den Tod Ascalons kommen jetzt wieder zur Sprache. Sie werden mit dem Fristversäumnis verknüpft. Nachdem Iwein schon Laudines Ehemann Askalon getötet hatte, fügte er ihr mit dem Fristversäumnis noch mehr Schaden zu. Durch seine *untriuwe* gibt er seine Gattin der *unêre* preis, stellt die Heirat generell in Frage und schmälert Laudines öffentliches Ansehen (V. 3133–3136). Für Schuld sprechen dabei der eindeutige Rechtsterminus *schade* (nach Lexer II, 625f.: „schaden, schädigung, verlust, nachteil, verderben, böses") und die juristisch korrekte Frage Lunetes nach möglichen Entschuldigungsgründen. Das hätten nach „Sachsenspiegel"-Recht sein können: Vier Dinge sind es, die als echte Hinderungsgründe bezeich-

Schuldfragen

Schaden

net werden: Gefangenschaft und Krankheit, Aufenthalt außer Landes im Dienst Gottes und im Dienst des Reichs. Welcher dieser Gründe jemanden hindert, zum Gericht zu kommen, werden sie, so wie es Recht ist, von einem Beauftragten, wer immer er sei, dargelegt, so entstehen ihm keine Nachteile daraus (Eike von Repgow: Sachsenspiegel, Landrecht II § 7). Doch *êhaftiu nôt* (so auch schon V. 2933 f.) oder ein übergesetzlicher Notstand liegen nicht vor. *Entschuldigungsgründe*

Die Folgen sind dramatisch. Iwein *verlôs sîn selbes hulde* (V. 3221) und lebt fortan als Verrückter den Tieren gleich: *nacket nâch der wilde* (V. 3237f.) (zum Wahnsinn im „Iwein" vgl. Schmitt 1985 und die ältere Forschung zusammenfassend Haferlach 1991, 39–47 u. 192). *nacket* und *wilde* sind hier die auch äußerlich sichtbaren Kontrastpunkte zur wohl bekleideten und zivilisierten Hofgesellschaft. Iwein verliert trotz des königlichen Mitleids (V. 3239ff.) die Selbstachtung, den Verstand und das Rittertum, obwohl er, so der Kommentar des Erzählers, stets ein *rehter adamas / rîterlîcher tugende* (V. 3257f.) war. Im Wald nähert sich der *tôr*, d.h. der wahnsinnige Iwein, langsam wieder der Zivilisation an. Durch Gottes Fürsorge trifft er auf einen Knappen, dem er Pfeil und Bogen abnimmt (V. 3261–3266). Mit diesen Werkzeugen aus der Zivilisation jagt er Wild, das er mit einem *einsidel* (Eremit) gegen Brot und Wasser eintauscht. Diese kleine Bedarfsgemeinschaft entwickelt im Laufe der Zeit ein immer differenzierteres Tauschsystem, das bald auch nach außen zur Gesellschaft hin geöffnet wird: Der Einsiedler gerbt die Häute der von Iwein gelieferten Tiere, verkauft sie auf dem Markt gegen Geld, mit dem er Gewürze und besseres Brot kauft. „Durchaus nicht abwegig scheint die Annahme einer sakramentalen Konnotation zu sein: Wenn der Waldheilige dem Einfältigen durch sein Fensterchen Brot und Wasser reicht, so erinnert dies an eine Kommunion; und auch die auf dem Fensterbrettchen sich vollziehende ‚Verwandlung' von Fleisch in Brot lässt sich als ironische Inversion der eucharistischen Transsubstantiation lesen" (Kraß 2006, 117). Zur Heilung bedarf es aber einer Feensalbe. *Wahnsinn*

Eines Tages sehen *drî vrouwen* den schlafenden Wilden und erkennen ihn als den verschwundenen Iwein (V. 3368ff.). Die Heilung des Wahnsinns erfolgt nicht durch *arzte*, d.h. die Schulmedizin, sondern durch die Salbe der wundertätigen *Feimorgân* (V. 3419ff.), wobei das Einreiben zumindest des Kopfes durchaus zur üblichen Therapie bei mentalen Verwirrungszuständen gehört. „Im ‚Iwein' wird eine ‚Geisteskrankheit'", die *tobesuht*, durch konservative Therapie, also nicht durch Aderlass oder Schädeltrepanation, erfolgreich behandelt. Synergetisch wirken die Feen-Salbe und die zärtlichen, fast erotisch stimulierenden Hände einer Jungfrau. Sowohl die von Hartmann als Krankheitsursache benannte Minnekrankheit (vgl. dazu auch die Ausführungen in der „Klage") und die bei Iwein zu beobachtenden Krankheitssymptome als auch die erfolgreiche Therapie lassen sich in medizinischen Schriften des Mittelalters zur Melancholie, hier Liebesmelancholie (*amor hereos*), und in der Humoralpathologie nachweisen. Die Flucht Iweins in die Waldeinsamkeit und seine gesellschaftliche Isolation gehören ebenso zum Krankheitsbild und bedeuten gleichzeitig für den Protagonisten, der seine Identität verloren hat, einen gewissen Schutz vor Verfolgung durch die ‚Gesunden'. Deutungen dieser Episode auf religiöser Basis oder auch die überzeichnende Interpretation der Szene mit psychoanalytischen *Therapie*

Politisches Kalkül

Maßstäben und Theorien des 20. Jh.s verkennen die Klarheit von Hartmanns Umsetzung naturwissenschaftlichen mittelalterlichen Denkens" (Haferlach 1991, 47). Die medizinischen Ausführungen sind der Rahmen für Iweins beginnende Rückkehr in die Gesellschaft, die aber nicht zuletzt politisches Kalkül der drei Damen ist. Sie hoffen in einem gesunden Iwein den lange gesuchten Kämpfer gegen den bösen Grafen Aliers gefunden zu haben. Auch erotische Aspekte wird man nicht unterschätzen wollen. Ob man schließlich so weit gehen kann wie Wehrli, hier messianische Implikationen oder gar eine Nachbildung der Auferstehung Jesu zu sehen, scheint eher zweifelhaft. Kraß spricht wohl zu Recht von ironischer Brechung, Kontrafaktur und der Profanierung eines geistlichen Modells (Kraß 2006, 118–121).

Erotik

Traum und Selbsterkenntnis

Im Traum (V. 3509 ff.) sieht Iwein seine frühere Heldenexistenz, erkennt sich dabei aber zunächst nicht selbst. Für ihn sind dies alles nur *wâne* (V. 3540), Hirngespinste. Obwohl er für sich daraus die Erkenntnis zieht, dass, wer sich Träumen hingibt, nur zum Narren werden kann (V. 3546 ff.), träumt er doch genau diesen Rittertraum gleich weiter (V. 3556–3562). Er erkennt dabei wie Gregorius für sich die Umrisse seines zukünftigen Lebensweges. Er erkennt sich selbst. Traum und Leben verschränken sich in doppelter Brechung zu einer neuen Realität: Der Traum ist Spiegel der verlorenen Idealität und das zukünftige Leben wird Realisierung dieses Traums sein, wobei der Traum ihm den Ritterstand genommen und zugleich das Rittertum gegeben hat (vgl. Fischer 1978, 104 ff.). Der philosophische Diskurs des späten 12. Jh.s sieht solche Frage nach der Selbsterkenntnis im Zentrum der Diskussion. Bernhard von Clairvaux skizziert das Erkenntnisziel in einer seiner Predigten prägnant: „Ich wünsche daher, dass die Seele vor allem sich selbst erkenne" (Imbach 2000, 22). Wieder scheint Hartmann eine Ahnung von den aktuellen philosophischen Diskussionen zu haben. Die von Iwein artikulierte Selbsterkenntnis mutet dann aber vergleichsweise trivial an und ist ganz auf die höfische Lebenswelt fokussiert. Zentral ist der Gedanke, dass sich sein ganzer Sinn auf das Turnieren richtet (V. 3574), doch ohne einen schönen *lîp* (V. 3579) und *niuwe cleider* (V. 3584) sei Rittertum unerreichbar. Mertens sieht hier den zukünftigen Weg des Helden vorgezeichnet: „Der neue Iwein wird ein Anderer sein als der alte: der eigentliche Iwein. [...] Der alte Iwein glaubte, mit seiner Tapferkeit und dem Schwert sich verwirklichen zu können, der neue weiß, dass es auf die Gesinnung, den *muot*, ankommt" (Mertens 1978, 52; vgl. Haug 1999, 115 ff.). Speckenbach deutet die Passage konträr: „Iwein geht aus dieser Krankheit weder geläutert noch erlöst oder auf eine höhere Daseinsstufe gehoben hervor. Vielmehr muss er nach der Heilung zu neuer Selbstvergewisserung gelangen" (Speckenbach 1998, 126), d.h. er muss in jeder der folgenden Aventiuren erst Teile dieses neuen Selbst erfahren. Zu Anfang gelingt dies nur mit tatkräftiger Hilfe von außen. Keine der folgenden Aventiuren hätte Iwein ohne den Löwen bestanden.

Forschungskontroversen

Ein neuer Iwein?

Das Handeln Iweins im zweiten Teil steht – so insbesondere die ältere Forschung – unter dem Vorzeichen der sittlichen Erneuerung des zuvor fehlerhaften Helden. Die Aventiuren des zweiten Teils werden denn auch vielfach als „Sühneaventiuren" bezeichnet: Iwein hilft selbstlos den Schwachen. Er will nicht mehr nur um *êre* kämpfen. Er zeigt gegenüber den besiegten Rittern *erbarmen*. Er hält alle Fristen ein und ist *triuwe*. Er ist Garant des Rechts.

Er vertraut auf Gott und klammert sich nicht mehr an höfische Wertmaßstäbe. Kalogrenants Aventiuredefinition aus dem *mære* des Pfingstfests erscheint damit revidiert und Rittertum auf eine neue, christlich, moralisch, ethisch fundierte Basis geführt.

Für den ersten Schritt zur Reintegration in die höfische Gesellschaft sorgen die drei Damen, die mit der Behandlung seiner seelischen Wunde und durch die Einkleidung einsetzt (zur Funktion der Kleidung vgl. Kraß 2006, 119f.). Die zweite Aventiurekette beginnt mit Iweins Einsatz für die verwitwete Dame von Narison, die von Graf Aliers bedroht wird. Er hat das Land mit Krieg überzogen, um sie zur Heirat zu nötigen (V. 3703 ff.). Ohne Landesverteidiger drohte ihr der Verlust von Land und Herrschaft. Augenscheinlich wird hier die Situation des Brunnenreichs gespiegelt, wo wegen Iweins Fristversäumnis ebenfalls der Landesverteidiger fehlt. Im Kampf gegen Aliers (V. 3709 ff.) kann Iwein den drohenden Verlust der Landesherrschaft abwenden. Die Einzelheiten des Kampfes werden unter Verzicht auf jeden Detailrealismus lediglich summarisch zusammengefasst. „Man hat den Eindruck, dass Hartmann die kriegerische Auseinandersetzung zwischen Rittern mit ihren blutigen Details nicht so recht ins Konzept passte. Krieg spielt bei ihm bei weitem nicht die Rolle, die er bei Chrestien einnimmt" (Brunner 1996, 119 u. grundlegend Bein 1998). Iwein holt Aliers vor dem Tor ein (V. 3769 ff.), doch anders als im Fall des Brunnenritters zeigt er *erbarmen*. Erneut wird ein Motiv aus der Vergangenheit gespiegelt. Und erneut tut Iwein das Richtige. Aliers gibt sich daraufhin in Iweins Hand. Iwein soll nach der Rettung Landesherr werden, lehnt dies aber ab, denn *ern wolde dehein lôn*. Iwein erscheint damit schon jetzt rehabilitiert (vgl. Hübner 2003, 190):

Neue Kleider

Burg von Narison

erbarmen

> si begunden an in kêren
> beide lop unde prîs,
> er wære hövsch und wîs,
> unde in enmöhte niht gewerren,
> heten si in ze herren
> ode einen im gelîchen.   (V. 3750–3755)
>
> (Sie sprachen ihm Ruhm und Lob zu: höfisch sei er und erfahren, und nichts könnte ihnen schaden, hätten sie ihn zum Landesherren oder doch einen, der ihm gleich wäre.)

Nach dem Abschied von der Gräfin hört Iwein in einem Wald plötzlich eine klagende Stimme (V. 3828 ff.). Er sieht den Kampf eines Löwen gegen einen übermächtigen *wurme* (Drachen). Der Drache ist nach Isidor das größte Landtier. Er ist gefährlich und böse. Der *leu* (Löwe) gilt demgegenüber als König der Tiere und vor allem als besonders edles Tier. Er ist zornig, aber zugleich auch sanftmütig, treu und dankbar. Er steht als Symbol für den Frieden bzw. die herrscherliche Macht und den sinnvollen, aber unnachsichtigen Einsatz von Gewalt. In ihm sind unbändige Kraft, Naturgewalt, Gerechtigkeit/Recht und Treue vereint. Inwieweit hier auch das Evangelistensymbol (Markus) mitgedacht ist, bleibt unklar (Deutungsmodelle bei Hübner 2003, 196 Anm. 124). Trotz einiger Bedenken entscheidet sich Iwein, in den Kampf einzugreifen und dem edleren Löwen beizustehen. Borck versteht Iweins Entscheidung als bewusste „sittliche" Entscheidung für das Gute (Borck 1986, 11). Der bald gerettete Löwe bedankt sich bei Iwein für seine Rettung mit absoluter Treue und gibt ihm eine neue Identität. Iwein zieht

Löwenabenteuer

Drache vs. Löwe

fortan als Löwenritter durch die Lande, wobei der Löwe zunächst einen wesentlichen Teil der ritterlichen Tugenden und Kräfte stellvertretend für Iwein verkörpert. Er erweist sich in all seinem Handeln, d.h. vor allem in seiner *triuwe* und seinem Sinn für das (landesherrliche) Recht, als das Gegenbild des alten Iwein. Später wird seine Rolle analog zum sittlichen wie körperlichen Erstarken Iweins immer geringer werden, bis er schließlich aus dem Handlungstableau verschwunden ist.

Zwischenheimkehr — Eines Tages kommt der Löwenritter (Iwein) zufällig in Laudines Reich (V. 3923 ff.). Er sieht die Quelle und wird vor Schmerz und Trauer ohnmächtig. Als er vom Pferd fällt, verletzt er sich dabei so schwer an seinem Schwert (V. 3940 ff.), dass der Löwe ihn für tot hält. Aus Treue zu seinem Herren will sich der Löwe auch erstechen. Gerade rechtzeitig erwacht der Löwenritter und rettet den Löwen, als der sich in das Schwert seines Herren stürzen will. Der Löwenritter beklagt nun den verlorenen Ruhm, seine Sehnsucht sowie *schaden unde schande* gegenüber Laudine (V. 3987) und ihrem *lande* (V. 3988). Während er sein Leid klagt, wird er von Lunete gehört, die zur Hinrichtung in die Kapelle am Brunnen eingesperrt war. Der *truhsaeze* und seinen Brüder hatten sie wegen der Verfehlungen Iweins des Landesverrats bezichtigt, denn Lunete war es, die Laudine zur Heirat mit dem untreuen Iwein gedrängt und dabei in ihrer Überzeugungsrede juristisch fundierte Argumente eingesetzt hatte. Genau dies wirft man ihr jetzt vor (vgl. Zutt 1998, 116–118). Der tiefere Hintergrund der Anklage ist aber sicher auch, dass sie sich entgegen der politischen Spielregeln in die Landespolitik eingemischt hatte. Lunete schildert dem Löwenritter ihre missliche Lage: Sie hatte in der Artusgesellschaft keinen Kämpen (*kempfen*) für den notwendigen Gerichtskampf finden können, denn Gawein war auf Königinnensuche und Iwein verschwunden. Da der Gerichtskampf innerhalb von 6 Wochen ausgetragen werden muss (V. 4160), bleibt Lunete nur noch eine kurze Frist, einen Kämpen zu finden, den sie im Kreis der *vriunde* sucht, d.h. „im Kreis jener, die ihr Beistand schulden" (Okken 1993, 347). Genau dort liegt aber das Problem, denn der Kreis ihrer *vriunde* beschränkt sich auf die beiden abwesenden Artusritter Iwein und Gawein. Lunete gelingt es auch nicht, vor dem Gerichtskampf die notwendigen Pfänder oder Geiseln stellen. Sie kommt folglich selbst in Haft. Das von Hartmann geschilderte Verfahren ist juristisch korrekt. 6 Wochen waren die übliche Ladungsfrist für den Adel (HRG I, 1306 u. Eike von Repgow: Sachsenspiegel, Landrecht II, § 3.2).

Ordalie – Gottesurteil — Der Löwenritter erklärt sich sofort bereit, für sie im Gerichtskampf einzustehen. Die Idee eines solchen Gerichtskampfes ist, dass Gott als Hüter des Rechts keine Niederlage eines Unschuldigen dulden würde, d.h. das Ergebnis des Gerichtskampfs entspricht im Sinn einer Ordalie (Gottesurteil) unmittelbar dem Willen Gottes. Da der Gerichtstermin noch in weiter Ferne liegt, bricht der Löwenritter, der sich hier nach seiner Krankheit überhaupt zum ersten Mal wieder mit seinem richtigen Namen Îwein (V. 4213) nennt, zu einer erneuten Aventiure auf. Aber er wird die Frist einhalten. Dies bekräftigt er vor Lunete vehement: *wan ichz ouch bewaren sol* (V. 4340) – denn ich werde mein Wort halten. Erneut wird ein zentrales Motiv aus dem ersten Teil wieder aufgenommen, um das vorangegangene Fehlverhalten zu revidieren.

Riesen-Aventiure — Bald nach dem Abschied gelangt Iwein an eine Burg, deren Vorburg völlig verbrannt ist (V. 4368 ff.): Der Riese Harpin hatte dem Burgherrn alle Felder verbrannt, die Burgen genommen, zwei seiner Söhne getötet und vier gefangen. Auch verlangte er die schöne Tochter zur Frau (4470ff.), ansonsten würden die vier restlichen Söhne auch getötet. Iwein verspricht selbstlos *helfe unde rât*, fragt aber nach, warum denn niemand vom Artushof zu Hilfe gekommen wäre. Iwein erfährt an dieser Stelle, warum der Artushof weder Lunete noch hier helfen konnte.

In einer weit über seine Vorlage hinausreichenden Passage von mehr als 200 Versen Länge (V. 4520–4726) entfaltet Hartmann die Geschichte vom Königinnenraub, die bei Chrétien nur durch einen kurzen intertextuellen Verweis auf seinen „Lancelot"-Roman alle wichtigen Informationen auslagert. In der Forschung ist umstritten, ob Hartmann den anzitierten Entführungsroman, d. h. Chrétiens „Lancelot", und den Namen des Befreiers der Königin kannte. Vor allem ältere Arbeiten etwa von Förster (1886), aber auch noch Ruh (1977) sahen in der Bearbeitung Hartmanns nichts weiter als einen Fauxpas. Neuerdings wird der Szene eine eigenständige Bedeutung zuerkannt. Grubmüller plädiert dafür, „dass er in Kenntnis von Chrestiens „Karrenritter" berichtet und nicht alles irgendeiner Nebenquelle oder gar dem Hörensagen verdankt" (Grubmüller 1991, 8): Der Raub der Königin erfolgte mittels eines Schwurtricks. König Artus hatte auf den drängenden *rât* seiner Ritter einem unbekannten Ritter einen Blanko-Eid gegeben, jeden Wunsch gemäß der *milte* des Herrschers zu erfüllen. Am Artushof ging man selbstverständlich davon aus, dass der fremde Ritter *hovelîch* handeln und den Regeln des Hofs entsprechen würde. Der *vrävel man* (V. 4585) scherte sich aber nicht um die Spielregeln und forderte kurzerhand die Königin. Artus musste nun streng der Herrscherpflicht zur *milte* und der Treue zum einmal gegeben Wort folgend, seine Frau dem fremden Ritter überlassen (vgl. Shaw 1975 u. Kugler 1996 u. zusammenfassend Hübner 2003, 170f. Anm. 79). Die Artusritter machen sich in dieser Aventiure umgehend daran, die geraubte Königin zurückzugewinnen. Keie scheitert als Erster. Der Räuber der Königin besiegt ihn und hängt ihn wie einen *diep* an einen Baum (V. 4683ff.). Die Rechtsgeste (vgl. Peil 1975, 218) zeigt korrespondierend zum fatalen Eid des Königs den Grad der Verhöhnung letztlich der gesamten Tafelrunde. Kaum besser ergeht es Kalogrenant, Dodines, Segremors und allen übrigen Artusrittern. Nur Gawein hätte eine Chance gehabt, aber der war gerade nicht da (V. 4716ff.). Die Spielregeln der Artuswelt erscheinen hier geradezu pervertiert. Artus ist noch nicht einmal in der Lage, seine eigene Frau geschweige denn die Bedürftigen seines Reichs zu schützen. Das Recht der Artuswelt ist den Anforderungen der Realität nicht gewachsen. Allerdings wird es später genau diese arturische Aventiurewelt sein, die für die Heimholung Ginovers verantwortlich zeichnet. Auch werden es Artusritter sein, die die Riesen besiegen, die Gerichtskämpfe austragen, die gefangenen Frauen erlösen. Und Artus selbst wird als weiser Richter den Konflikt um das Schwarzdorn-Erbe lösen.

An seine Verpflichtungen gebunden verspricht Iwein, gegen den Riesen zu kämpfen, falls er vor Mittag kommt. Der Riese kommt aber nicht. Iwein will wegen der Frist abreisen, bleibt nach flehentlichen Bitten aber doch. Seine Motivationen sind *saelde unde êre*, *barmherze*, *gotes lôn* und letztendlich *got* selbst. Iwein reflektiert dabei die Unmöglichkeit, beide Verpflichtungen zu erfüllen (V. 4870ff.). Er weiß *deheinen rât* (V. 4883) und bittet Gott um Hilfe: *gebe mir got guoten rât* (V. 4889). Und Gott hilft, wenn man ihm nur unerschütterlich vertraut. Diese Erkenntnis konnte man bereits im „Ar-

Raub der Königin

Spielregeln

Scheitern der Artusritter

Kampf gegen Harpin

men Heinrich" und im „Gregorius" eindrücklich bewahrheitet sehen. Der Riese kommt in letzter Sekunde. Iwein scheint ihm im Kampf zunächst unterlegen, besiegt ihn mit tatkräftiger Hilfe des Löwen schließlich aber doch. Iwein hat auf Gott vertraut und den Schwachen geholfen. Gott belohnt das Vertrauen. Nach dem Kampf bricht Iwein sofort auf, den Gerichtstermin zu wahren (V. 5085 ff.). Er kommt gerade noch rechtzeitig zum Gerichtskampf, wo Lunete bereits auf dem Scheiterhaufen liegt. Obwohl Iwein gegen drei Gegner antreten muss, ist sein Vertrauen in den Sieg unerschütterlich, denn Gott und die Wahrheit standen noch stets auf der gleichen Seite (V. 5275 f.). Iwein siegt dann auch mit Gottes Hilfe im Gerichtskampf – allerdings wieder nur durch die tatkräftige Unterstützung des Löwen. Mit seiner unbändigen, göttlichen Naturgewalt zerfetzt dieser den Truchsess und verletzt dessen Brüder. Lunetes Unschuld ist im Gottesgericht bewiesen. Nach der Niederlage gegen den Löwenritter werden die beiden überlebenden Ankläger im Sinn der spiegelnden Strafen, d. h. genau in der Weise, wie sie es für die Angeklagte forderten, auf dem Scheiterhaufen verbrannt (V. 5429 ff.). Lunete wird in dasselbe Macht- und Vertrauensverhältnis im Brunnenreich eingesetzt, das sie bereits vorher hatte.

Iwein zieht nach dem Sieg unerkannt weiter und kehrt auf einer Burg ein, wo er von zwei *juncvoruwen* gesund gepflegt wird (V. 5614 ff.). In diesen Tagen stirbt der Graf vom Schwarzen Dorn. Das Erbe soll nach dem Willen des Vaters auf beide Töchter verteilt werden. Die Ältere beansprucht aber alles für sich allein (V. 5635 ff.). Hartmann stellt hier konkurrierende Modelle der Erbteilung vor. Ganz aktuell begann sich im 12. Jh. der Ältestenvorzug (Primogenitur) gegen andere Erbteilungsvarianten durchzusetzen (vgl. Mertens 1978, 56–58 u. 101–104 u. Mertens 2006, 206 f.). Der Wille des Vaters entsprach dem älteren Teilungsmodell, was die ältere Schwester allerdings nicht anerkennen wollte. Der Erbstreit wird deshalb mittels Gerichtskampf ausgetragen. Erneut gilt die 40-Tage-Frist (V. 5744). Beide Kontrahentinnen dürfen innerhalb dieser Frist einen Kämpen auswählen. Der älteren Schwester gelingt es, Gawein zu erwählen. Die jüngere Schwester findet zunächst keinen Kämpen. Sie irrt durch das Land und versucht, den Löwenritter zu finden. Die Suche bleibt erfolglos. Daraufhin schickt ein befreundeter Burgherr seine eigene Tochter aus, den Löwenritter zu suchen. Sie findet schließlich Lunete, die ihr den entscheidenden Tipp gibt. Iwein ist dann schnell gefunden und verspricht sofort Hilfe, nachdem ihm die *juncvrouwe* die Hintergründe des Erbstreits erklärt hat (V. 6016 ff.). Er begründet die Verpflichtung zur Hilfeleistung mit dem Hinweis: *Swem mîns dienstes nôt geschiht / unde swer vrumer des gert, / dern wirt des niemer entwert.* (V. 6003–6006). Mertens sieht hier eine völlig neue Aventiuredefinition. Nicht mehr die egozentrische Fixierung auf die Steigerung der eigenen Ehre oder die Verwandtenrache motivieren das Handeln, sondern die Verpflichtung des Ritters zu sozialem Handeln und Rechtswahrung (Mertens 2004, Kommentar zu V. 6002 ff.). Dem auf Außenwirkung zielenden arturisch-höfischen *êre*-Modell wird ein nach innen wirkendes christlich-ethisches Hilfsmodell entgegengesetzt.

Auf dem Weg zum Gerichtstermin kommen Iwein und die Botin auf eine Burg (V. 6080–6866). In der Burg zum Schlimmen Abenteuer sind 300 gefangene Frauen mit textilen Arbeiten beschäftigt. Sie stellen aus den herrlichsten Stoffen und Materialien Kleidung her, sind trotz edler Herkunft selbst aber *mager unde bleich*. Sie leiden große Not an Nahrung und an Kleidung (V. 6213ff.), denn sie bzw. ihre Arbeit sind das Lösegeld, das einst der junge Landesherr für sein Leben an die *zwein des tiuvels knehten* (V. 6337) zahlen musste, als er auf Aventiuresuche von ihnen besiegt wurde. Erneut werden Motive des ersten Teils gespiegelt: Wie der junge Landesherr hatte Kalogrenant seine Brunnenaventiure nur um der *êre* Willen gesucht, und Iwein hatte sogar sein Reich für ritterlichen Ruhm pflichtvergessen verspielt. Die von Hartmann aus seiner Vorlage übernommene Szenerie scheint entgegen der Forschungsmeinung nicht nur zur französisch-anglonormannischen, sondern auch zur deutschen Gegenwart zu passen. Aktuelle Funde in der bis um 1200 genutzten ottonischen Kaiserpfalz Tilleda in Thüringen belegen, dass große, arbeitsteilig organisierte Webhäuser nicht nur in Frankreich und England, sondern auch im Reich vorhanden waren. In der Pfalz Tilleda konnten z. B. mehrere bis zu 29 Meter lange als Tuchmachereien genutzte Grubenhäuser nachgewiesen werden (Fehring 2000, 114–116). Wenn auch diese Manufakturen in der Nähe der großen Höfe situiert und feine Handarbeiten durchaus als Beschäftigung für die adligen Damen vorgesehen waren (vgl. Brüggen 1989, 116), so war der soziale Status der manufakturiell arbeitenden Weberinnen eher niedrig, sieht man einmal von der hochspezialisierten Arbeit mit Goldgewebe (V. 6195–6198) und der Arbeit am Stickrahmen (V. 6199ff.) ab.

Kaiserpfalz Tilleda

Iwein will zwar helfen, fürchtet aber pflichtschuldig erneut um die Frist zum Gerichtskampf. Er will sich deshalb am Morgen nach der Messe verabschieden. Der Burgherr erklärt ihm daraufhin, dass alle, die auf die Burg zum schlimmen Abenteuer gekommen seien, gegen die Riesen gekämpft hätten – das sei *gewonheit*. Der der Ritterehre verpflichtete Iwein kann nun nicht mehr zurück und kämpft gegen die Riesen. Mit Hilfe des Löwen siegt er erneut. Der Anteil des Löwen am Sieg ist aber nur noch gering. Die 300 Frauen werden befreit und neu eingekleidet (V. 6839ff.). Die neue Kleidung ist die Eintrittskarte zurück in die Welt des Hofes. Nach dem Sieg auf der Burg zum Schlimmen Abenteuer kommt Iwein gerade noch rechtzeitig zum 2. Gerichtskampf am Artushof. Er muss dabei unwissentlich gegen seinen Freund Gawein antreten. Es kommt zu einem erbitterten Kampf der beiden Musterritter. Der Löwe bleibt für den gesamten Kampf eingesperrt. Die einbrechende Dunkelheit führt zu einer Kampfunterbrechung. In der Nachtruhe unterhalten sich die beiden unerkannten Freunde und erkennen sich (V. 7470ff.). Der Kampf wird nicht fortgesetzt. Beide Kämpfer erklären sich für besiegt, was dem zu überparteilicher Passivität verpflichteten Richter Artus ermöglicht einzugreifen. Artus fällt daraufhin am nächsten Morgen ein Salomonisches Urteil (V. 7653ff.). Nachdem sich die ältere Schwester in einer Fangfrage als üble Verleumderin zu erkennen gegeben hatte, wird die Erbteilung nach dem Wunsch des verstorbenen Vaters durchgeführt. Artus und seine arturische Welt scheinen in der Realität angekommen: Iwein und Gawein haben sich als Wahrer der Rechtsordnung erwiesen. Artus selbst handelt gemäß der Herrscherpflicht als göttliche Rechtsinstanz und fällt ein gerechtes Urteil. Der Lernprozess des Helden und des Artushofs scheint beendet. Als schließlich der bis dato eingesperrte Löwe auftaucht und die Identität von Löwenritter und Iwein offenbar wird, ist Iwein endgültig rehabilitiert. Doch trotz seiner glänzenden Bewährung ist Iwein noch nicht am Ziel. Als Instanz für die Bestätigung der erreichten Idealität dient nicht der Artushof, sondern es ist Laudine (vgl. Speckenbach 1998, 129f.).

Frist vs. Gewohnheit

Gerichtskampf 2

Erkennen und Erkenntnis

Heimkehr Nachdem auch dieser Gerichtskampf erfolgreich beendet ist, wird der Löwenritter von der *minnenden nôt* (V. 7790) zurück ins Brunnenreich geführt. Dort begießt er die Quelle, aber es kommt niemand, der das Land verteidigen könnte. Die um das Land fürchtenden Landherren verfluchen daraufhin den untreuen Iwein, dem dies eigentlich obliegen würde. In ihrer Not bittet die Landesherrin Lunete um Rat, die sich entgegen ihrer faktischen Bedeutung ganz bescheiden gibt: „Ich bin nur eine Frau. Maßte ich mir an Rat zu erteilen wie ein weiser Mann, so wäre ich törichter als ein Kind" (V. 7851 f.). Die Spielregeln der höfischen Gesellschaft scheinen eingehalten. Tatsächlich macht Lunete aber dann genau das, was sie so weit von sich weist: Sie nimmt die Geschicke des Landes in die Hand. Lunete empfiehlt ihrer Herrin, den berühmten Löwenritter zu heiraten, da ohne einen Landesherren dies ständig wieder passieren könne. Lunete sorgt damit für die Versöhnung von Iwein und Laudine, denn Laudine verspricht aus Pflichtbewusstsein per Eid, den Löwenritter zum Mann zu nehmen, ohne zu

Blanko-Versprechen wissen, dass sich dahinter ihr Ehemann Iwein verbirgt. Die beiden ersten Blanko-Versprechen – das, das Artus dem fremden Ritter gab und das, das Laudine Iwein für seine Turnierfahrten gab – waren jeweils missbraucht worden. Erst dieses dritte Blanko-Versprechen rechtfertigt das Vertrauen. Nach dem Wiedersehen bittet Iwein Laudine um Vergebung für seine *schulden* (V. 8111 ff.). Es kommt zur Versöhnung (*suone*). Iwein hat nach einem langen – nicht zuletzt juristischen – Lernprozess sein Selbst in Laudine und

Lebensweltkontrakt seiner Herrschaft gefunden. „Die starken Rechtsbezüge – Gewere mit Jahresfrist, übergesetzlicher Notstand mit der passenden Rechtsformel, Investitur, Deinvestitur, Ordal, Talion, Inquisition, Urteil – machen deutlich, dass der Autor rechtskundig ist und das auch bei seinen Zuhörern voraussetzt. Damit wird ein Bund zwischen beiden geschlossen, den ich, entsprechend zum Terminus ‚Fiktionalitätskontrakt', als ‚Lebensweltkontrakt' bezeichne" (Mertens 2006, 208).

Schlüsse In den Schlusspassagen unterscheiden sich die beiden Iwein-Fassungen A und B nun grundsätzlich. Nur in der B-Fassung bittet auch Laudine in der sog. Kniefallszene (V. 8121–36) um die Vergebung einer Schuld gegenüber Iwein (vgl. Schröder 1997 u. z. T. konträr Hausmann 2001; die Forschungsdiskussion fasst Hübner 2003, 145 Anm. 46 knapp zusammen). In der Forschung hat man dies als den menschlichen Zug in der sonst kühl gezeichneten Laudine-Figur interpretiert (so etwa Carne 1970). Man darf dabei aber nicht übersehen, dass es sich bei Laudine um die Landesherrin handelt, die in ihrer Funktion Gefühle allenfalls reguliert zeigen kann. Im Text werden deshalb auch an keiner Stelle Laudines Gefühle negiert, sie werden nur nicht beschrieben. Offener, direkter kann Hartmann Lunete zeichnen, aber dass sie dadurch zu einer Gegenfigur zu Laudine würde (so Carne 1970), erscheint nicht plausibel. Betrachtet man die Rollen der Figuren nüchtern, so sind sie vielmehr genau so, wie es die gesellschaftlichen Spielregeln verlangen: Lunete kann in ihrer Rolle als Zofe Gefühle haben und zeigen. Laudine handelt als Landesherrin. Gefühle müssen ungezeigt und unausgesprochen bleiben, obwohl insbesondere in der Trauer um Ascalon und dann auch in der aufkeimenden Liebe zu Iwein Gefühlsmomente deutlich sichtbare Spuren hinterlassen.

Lunetes Lohn in B Ebenfalls nur in der B-Fassung erhält die nach der Versöhnung von Laudine und Iwein in A unversorgt zurückbleibende Lunete einen standesgemäßen Ehemann – einen *rîchen herzogen* (V. 8158.1ff.). Sie rückt durch die Heirat an den Status von Laudine als Landesherrin heran, was im Nachhinein nicht nur ihre Taten und ihre Sorge um das Land rechtfertigt, sondern ausdrücklich ihr aktives, eher einem Truchsess entsprechendes Handeln zu sanktionieren scheint. Insgesamt erscheint die B-Version durch die Kniefallszene, aber vor allem auch durch zahlreiche kleinere Pluspartien, die sich meist auf weibliche Figuren oder weibliche Tätigkeiten beziehen (sog. Weberstrophen), weiblicher als die A-Fassung. Die Fülle der Indizien deuten auf eine adlige Dame als Initiatorin dieser „Iwein"-Fassung hin (vgl. z.T. konträr Bumke 1996, 33–42 u. Schröder 1997 u. Hausmann 2001 u. Wolf 2007).

V. Legendarische Werke

1. Gregorius

Überlieferung: 6 Handschriften + 6 Fragmente + 1 Federprobe

Handschriften
A Vatikan (Rom), Bibl. Apostolica Vaticana, Cod. Regin. Lat. 1354, Bl. 108r–136r (Mitte 13. Jh.). Sammelhandschrift; darin: Stricker: „Karl der Große" (D), Hartmann von Aue: „Gregorius", Kurze Minnetexte [Nachträge].
B Straßburg, Stadtbibl., Cod. A 100, Bl. 125–158 (oder 159) [verbrannt] (Anfang 14. Jh.). Sammelhandschrift; darin: Martyrologium, „Alexius-Legende", Predigten Meister Eckharts, Prosalegenden, Hartmann von Aue: „Gregorius".
E Wien, Österr. Nationalbibl., Cod. 2881, Bl. 235r–294v (15. Jh.). Sammelhandschrift, darin: Hartmann von Aue: „Gregorius" + „Iwein", Seifrit: „Alexander", „Schwabenspiegel", Wirnt von Grafenberg: „Wigalois".
G Cologny-Genf, Bibl. Bodmeriana, Cod. Bodmer 62, Bl. 7v–44v (2. Hälfte 14. Jh.). Sammelhandschrift, darin: „Der Seele Kranz", Frauenlobs „Marienleich", Psalmübersetzung, Gebete, Hartmann von Aue: „Gregorius".
J Berlin, Staatsbibl., mgq 979, S. 1–194 (15. Jh.). Sammelhandschrift, darin: Mönch von Salzburg: Geistliche Lieder, „Berner Marienklage", Gebete, Psalmübersetzung, Hartmann von Aue: „Gregorius", Rezept gegen Harnstein.
K Konstanz, Stadtarchiv, Hs. A I 1, Bl. 12v–45r (1. Hälfte 15. Jh.). Sammelhandschrift, darin: Verslegenden u.a. zu Margareta, Barbara, Marienleben, Chronikale Texte, „Glogauer Judenverfolgung".

Fragmente
C Privatbesitz Sigurd Freiherr von Ow-Wachendorf, Starzach (Anfang 14. Jh.).
D Salzburg, Universitätsbibl., Cod. M I 137, Bl. 1r–3v (kurzer Ausschnitt in einer Freidank-Hs.) (14. Jh.).
H Köln, Hist. Archiv der Stadt, Cod. W 312* (14. Jh.).
L Krakau, BJ, Berol. mgq 1532 + 1533 (Ende 13. Jh.). Reste einer Sammelhandschrift, darin: Reinbot von Durne: „Georg" (E), Hartmann von Aue: „Gregorius", „Winsbecke" (E).
M Waidhofen an der Thaya, StA, Abschnitt 7, Verschiedene Schriften Nr. 21 (14. Jh.).
N Berlin, Saatsbibl., Frgm. 275 (1. Hälfte 13. Jh.).

Federprobe
– Trier, Stadtbibl., Hs. 1990/17 8°, Bl. 151v [Anfangsvers als Federprobe] (vgl. Gärtner 2003).

Lateinische Übersetzung
„Gesta Gregorii peccatoris"
– Paderborn, Erzbischöfl. Akad. Bibl., Pa 54, f. 210–227 (15. Jh.).
– Berlin, Königl. Bibl. (Fragment, ein Doppelblatt, 13. Jh.; seit 1837 verschollen).

Überlieferungsbesonderheiten: Der Prolog fehlt in allen alten Handschriften und ist nur in den Hss. J (Marburg) und K (Konstanz) enthalten. Da die lateinische Übersetzung Arnolds von Lübeck aber aus dem Prolog zitiert, muss er schon zur ursprünglichen bzw. zumindest einer sehr alten Fassung gehört haben.

Prologfragen

Entstehung
Wie die Artusromane Hartmanns ist der „Gregorius" aus einer französischen Vorlage geschöpft. Der um 1150 (Datierung in der Forschung umstritten; vgl. Johnson 1999, 404f.) entstandene altfranzösische Legendenroman „La vie du pape Grégoire" stimmt in weiten Teilen mit Hartmanns Fassung überein (Mertens 1978; 26–31 u. zuletzt Mertens 2004). Das Motiv des Mutter-Sohn-Inzests ist jedoch bereits in der Antike z.B. in der Ödipus-Geschichte verbreitet. Im Mittelalter wird die Ödipus-Geschichte über die „Thebais" des Statius und den altfranzösischen „Roman de Thebes" (um 1150) bekannt. Statius gehörte zur klassischen Schullektüre der *clerici* und war in fast jeder Klosterbibliothek des Abendlandes präsent. Schon früh (um 1150/55) entsteht eine französische Romanbearbeitung, die im Reich aber nicht rezipiert wird und Hartmann auch nicht bekannt gewesen zu sein scheint. Auch das zweite Motiv des Sünder-Heiligen ist als Grundmuster der christlichen Heiligenlegende (Maria Magdalena) weit verbreitet. Seit dem 10. Jh. finden sich auch vereinzelt Legenden von Inzest-Heiligen, in denen schon beide Motive vereint sind, so z.B. in der Legende des Metro von Verona (10. Jh.) und des Albanus (2. Hälfte 12. Jh.). Wie weit Hartmanns Kenntnisse in dieses klerikal-lateinische Traditionsumfeld hineinreichten, ist unsicher. Die z.T. recht detaillierten, kenntnisreichen Ausführungen zu theologischen und kirchenrechtlichen Fragen lassen aber auf theologische Grundkenntnisse schließen, die wohl nur im Kloster oder an einer Domschule erworben worden sein können.

Ödipus

Sünder-Heiliger

Im Schaffen Hartmanns wird der „Gregorius" aufgrund stilistischer und inhaltlicher Indizien nach der „Klage" und nach dem „Erec", aber vor dem „Iwein" verortet, was auf einen Zeitrahmen zwischen 1185 und 1200 hindeutet. Besondere Aufmerksamkeit verlangt dabei die Tatsache, dass bereits wenige Jahre nach Fertigstellung eine lateinische Fassung des Werks in Auftrag gegeben wurde.

Arnold von Lübeck, der Abt des benediktinischen Johannisklosters in Lübeck, übersetzte um/nach 1210 Hartmanns „Gregorius" ins Lateinische. Auftraggeber seiner „Gesta Gregorii peccatoris" war der 1184 im englischen Winchester geborene Welfenherzog Wilhelm von Lüneburg, der Sohn Heinrichs des Löwen. Der am englischen Königshof Heinrichs II. und Eleonores von Aquitanien erzogene Wilhelm war literarisch besonders interessiert. Neben der engen Beziehung zu dem von ihm geförderten Abt Arnold werden ihm Kontakte zu Eilhart von Oberg, dem Verfasser des „Tristrant", und zu Gervasius von Tilbury, dem Autor der „Otia imperialia", nachgesagt. Welche Interessen Herzog Wilhelm mit dem Übersetzungsauftrag verfolgte, lassen zahlreiche charakteristische Änderungen und Ergänzungen Abt Arnolds erkennen, der das Werk allerdings abschätzig beurteilt: *usum legendi talia non habemus* (wir haben nicht die Gewohnheit, derartiges zu lesen). Offensichtlich war die übersetzte „Gesta" nicht für den klösterlichen Lebensbereich, sondern zur Erziehung der herzoglichen Kinder und/oder zur Erbauung der

„Gesta Gregorii peccatoris"

herzoglichen *familia* gedacht. Zu diesem Zweck implementierte Arnold aus dem Bücherschatz seines Klosters biblische Reminiszenzen und Beispielfiguren sowie Elemente antiker Bildungstradition in Hartmanns volkssprachigen Text (vgl. Harms 1970, 35–37 u. Schilling 1986 u. Euringer 1987 u. Zäck 1989 u. Schröder 1997). Der lat. Text erhält damit einen deutlich stärker didaktischen Charakter, was der skizzierten eher privaten Interessenlage entspräche. Für ein solches privates Umfeld spricht auch der negative Überlieferungsbefund: Der Text wurde nur im Umfeld des Herzogshofs rezipiert und erlangte in der reichen mittellateinischen Legendenüberlieferung keine Wirkung.

Latein am Welfenhof

Dass der am 12. Dez. 1212 oder 1213 verstorbene Welfenherzog Wilhelm eine lat. Bearbeitung des mittelhochdeutschen Gedichts wünschte, ist eine Tatsache von besonderem Belang. In der Forschung wurde vermutet, dass das Latein wegen der in niederdeutschen Hofkreisen um 1200 empfundenen Fremdheit der hochdeutschen Literatursprache, der fremden Volkssprache vorgezogen wurde (Worstbrock 1978, 475). Angesichts der mit vielen hochdeutschen Elementen durchsetzten Lyrik norddeutscher Dichter sowie der ebenfalls hochdeutsch konzipierten Reimvorrede der „Sächsischen Weltchronik" (um 1230/40) und der in unmittelbarem welfischen Auftrag sogar bewusst (pseudo-)hochdeutsch verfassten „Braunschweiger Reimchronik" (um 1275) verliert das Argument allerdings an Kraft. Außer Frage steht aber, dass man am literarisch versierten Lüneburger Welfenhof offensichtlich bestens mit dem Latein vertraut war. Auch mit der Frage nach der Herkunft der Vorlage tat man sich in der Forschung schwer, denn die Zähringer-These verlangte eine Verbindung zu eben diesen Zähringern. Eine solche Beziehung ist allerdings für die Gesta-Vorlage wenig plausibel, da Welfen und Zähringer seit der Scheidung Heinrichs des Löwen von Clementia von Zähringen (Ehe Ende Nov. 1162 auf Betreiben Barbarossas annulliert) verfeindet waren. Außerdem war Wilhelms Politik ganz auf den Norden ausgerichtet (vgl. Weller 2004, 424–428).

Legendentradition

Wirkung

Mit 12 Handschriften des 13. bis 16. Jh.s und einem direkten Rezeptionszeugnis (Federprobe in der Trierer Hs.) gehört Hartmanns „Gregorius" zu den breiter überlieferten volkssprachigen Texten des ausgehenden 12. Jh.s. Vor allem in legendarisch-geistlichen Sammlungen hat sich der „Gregorius" schnell etablieren können (Hss. B, G, J, K). Sammlungsverbünde mit höfischen Texten sind ebenfalls verbreitet (Hss. A, E, evtl. D). Für die volkssprachige Literatur des 12./13. Jh.s völlig unüblich wird der „Gregorius" durch Arnold von Lübeck bald ins Lateinische übersetzt. Eine um 1300 entstandene dominikanische Exempelfassung, die in der 2. Hälfte des 14. Jh.s vollendete Hexameter-Fassung und zwei Prosa-Bearbeitungen des 14. und 15. Jh.s belegen das große Interesse in geistlichen Kreisen am Gregorius-Stoff (vgl. Kohushölter 2006). Trotz der abschätzigen Meinung Abt Arnolds von Lübeck wird der „Gregorius" als christliche Legende wahrgenommen und in diesem Sinn auch für die Legendentradition aufbereitet. Endgültig in der Legendenüberlieferung verankert wird die Geschichte über die Prosafassung in „Der Heiligen Leben" (um 1400). Eine Kurzfassung (evtl. aus einer französischen Vorlage) gelangte zudem in die „Gesta Romanorum". In diesem Milieu erreicht die Geschichte ihre größte Popularität: „Der Heiligen Leben" gehört mit über 40 erhaltenen Handschriften und 40 Druckauflagen, die „Gesta Romanorum" mit mehreren Hundert Handschriften und zahllosen Drucken zu den populärsten Texten des Mittelalters überhaupt. Erst in diesen indirekten Adaptionen wird die spätestens jetzt zur Legende avancierte „Gregorius"-Geschichte zu dem bis heute literarisch wirkmächtigen Stoff der Weltliteratur. Im 15. Jh. entstand eine frühneuhochdeutsche Prosafassung (Text bei Plate 1994). Eine wichtige Rolle beim Transfer des Stoffs in die Neuzeit spielte im 17. Jh. Martins von Cochem „Außerlesen-History-Buch". Ab der 2. Auflage dieses Bestsellers (1692) gehört die Gregorius-Legende zum Grundbestand. Vermittelt über diese Sammlung hält der Gregorius im frühen 19. Jh. Einzug in die populäre Volksbuch-Literatur. Das 1810 (1805?) in Köln erstmals aufgelegte Volksbuch „Ein schöne merkwürdige Historie des heiligen Bischofs Gregorius auf dem Stein" erlebt zahlreiche Auflagen. 1832/34 erscheint Franz Kuglers Ballade „Gregor auf dem Stein". Mitte des vergangenen Jahrhunderts erfährt der Stoff eine erneute Renaissance. 1940 erschien Hanna Stephans Gregorius-Bearbeitung „Die glückhafte Schuld", die 1968 unter dem Titel „Gregorius auf dem Stein. Legende" wiederaufgelegt wurde (vgl. Hörner 2001). Eine noch größere Wirkung erzielte Thomas Manns „Der Erwählte" (1951) (vgl. Stackmann 1959 u. Wolf 1964 u. Beer 2002).

Volksbuch

Textanalyse
Der vollständig nur in den jungen Hss. J und K (A hat nur die Überschrift) tradierte Prolog scheint ausweislich zitierter Passagen in der lateinischen Übersetzung Arnolds von Lübeck zum ursprünglichen Bestand gehört zu haben. Im Aufbau folgt der Prolog den Gesetzen der schulmäßigen Rhetorik. Einem *Prologus praeter rem* mit Autor- und Publikumsbezug (V. 1–50) folgt ein *Prologus ante rem*, der zur Vorstellung der Sache dient (V. 51–170). Insgesamt wirkt der Prolog streckenweise wie eine Predigt. Mit einer so konzipierten Geschichte könnte der an jedem größeren Hof präsente Kaplan (zur Rolle des Kaplans am Hof vgl. Sturlese 1993, 244–249) für die religiöse Unterweisung der *laici* gesorgt haben.

Prolog

Der *Prologus praeter rem* setzt mit Reflexionen über das eigene Schaffen ein. Das Dichter-Ich berichtet von seinen (Hartmanns?) Jugendsünden. Der Einsicht folgt das Bekenntnis, sein Leben und Dichten als Sühne zu verstehen, sowie eine autobiographisch gezeichnete Mahnung zur rechtzeitigen Umkehr: Wer denkt, *gebüezest si (missetât) im alter wol*, befindet sich im Irrtum, denn der *tôt* (V. 20) straft unerbittlich jede Überheblichkeit, ohne auf das Alter zu achten. Ist man erst tot, gibt es keine Chance zur Buße mehr. Zeitgenössische Predigten (z.B. die „St. Pauler Predigten") empfehlen deshalb Buße schon in der Jugend, um beim Jüngsten Gericht besser dazustehen. Wenn sich Hartmann hier ganz als Prediger gibt, lässt dies Rückschlüsse auf die intendierte Funktion des Werks zu. Offensichtlich sollte der „Gregorius" als Exemplum für die richtige Lebensführung dienen, um den Weg zum Heil, zu Gott zu finden.

Prologus praeter rem

Im *Prologus ante rem* führt Hartmann in die *materia* ein (V. 51–170). Die Handlung spielt in *wälhischem lant, / Equitâniâ genant* (V. 177f.), also im französischen Aquitanien (so auch Vie du pape V. 3), der Heimat Eleonores von Aquitanien. Mit Blick auf die Literatursituation im Westen hat die Forschung erwogen, ob Hartmanns Vorlage, die französische „Vie du pape Saint Grégoire", eventuell als Sühnewerk im Auftrag Eleonores entstanden sein

Prologus ante rem

könnte, denn ihr wurden Inzest-Verbindungen mit ihrem Onkel Raimund von Antiochia und ihrem Schwiegervater Geoffrey von Anjou nachgesagt. Für Hartmann spielen solche Überlegungen freilich keine Rolle. Aquitanien ist für ihn allein die geographische Folie für die Geschichte. Das Herzogtum hatte aber auch für die Reichsgeschichte erhebliche Bedeutung: Aquitanien stand seit dem 10. Jahrhundert unter der Herrschaft des Hauses Poitou. Nach dem Tod Eleonores von Aquitanien wird ihr Enkel Otto von Braunschweig Herzog von Poitou (Aquitanien). Dieser Otto ist der Sohn des Welfenherzogs Heinrich des Löwen und Mathildes von England. Er wird später als Kaiser Otto IV. die Geschicke des Reichs in seine Hand nehmen. Besagter Otto ist auch der Bruder Herzog Wilhelms von Lüneburg, der die lat. Gregorius-Übersetzung bei Arnold von Lübeck in Auftrag gab.

Aquitanien in der Reichsgeschichte

In Aquitanien liegt der Herrscher im Sterben (V. 187ff.). Vor seinem Tod legt der alte Herzog die Erbfolge fest. Sein zehnjähriger Sohn soll die Herrschaft übernehmen. Er war deshalb von seinem Vater schon vor dem nahenden Tod in die Herrscherpflichten unterwiesen worden. Der Vater hatte auch noch dafür gesorgt, dass ihm die Landherren huldigten. Nach dem Willen des Vaters soll sich der Sohn um seine gleichaltrige Schwester kümmern, für die es noch keine Eheabsprache gibt. Dies beschreibt der sterbende Herzog als großes Versäumnis. Nach dem Tod des Vaters machen Bruder und Schwester alles gemeinsam. Sie leben in idealer Freundschaft (V. 273ff.).

Tod des Herzogs von Aquitanien

Dies ruft den Teufel auf den Plan. *der werlde vînt* (V. 304) sät Begehren und Sünde zwischen die Kinder, um das Glück zu zerstören. Die vier Säulen des Übels sind die vom Teufel geschürte *minne* = die Liebe (V. 323f.), *sîner swester schoene* = die Schönheit der Schwester (V. 325), *des tiuvels hoene* = die Bosheit (V. 326) und *die kintheit* = die Unerfahrenheit der Geschwister (V. 327). Dem Teufel und seinen Verlockungen haben die Kinder nichts entgegenzusetzen. Die Begierde führt zum Inzest und in dessen Gefolge zur Schwangerschaft der Schwester (V. 398ff.). Der Autor-Erzähler warnt in einem Kommentar eindringlich vor den Folgen: Es droht der Verlust der Ehre (V. 464ff.). In völliger Verzweifelung sehen die Geschwister nur einen Ausweg. Sie fragen den weisen Ratgeber des verstorbenen Herzogs um Rat. Er rät dem Paar, die Herrschaft auf die Schwester zu übertragen, damit der Bruder auf Wallfahrt *ze dem heiligen grabe* (V. 573) gehen und für die Sünde büßen könne, denn am Heiligen Grab ist der höchste Ablass (Sündenvergebung) zu erlangen. Auch die Landherren wären mit einem solchen Verfahren einverstanden.

Teufel

Das Kind wird heimlich auf der Burg des Ratgebers geboren. Es ist ungeachtet der Umstände ein *wünneclîchez kint* (V. 674). Nach der Geburt überlegt man dennoch, es wegen der großen Sünde der Eltern zu töten, aber es wäre ein Verbrechen, dieses schöne Kind umkommen zu lassen (V. 686f.), denn die *schoene* (Schönheit) ist nach allgemeiner Vorstellung ein Zeichen der Liebe Gottes. Es zu töten, wäre also eine Sünde gegen Gott. Die Schwester bittet Gott deshalb um Erleuchtung, was mit dem Kind geschehen solle. Das Kind wird schließlich nach allgemeinem Rat, denn die Mutter allein ist nach mittelalterlicher Rechtsauffassung nicht zu einem solchen prinzipiell legitimen Schritt berechtigt (HRG I, 267f.), in einem *väzzelîn vil veste* in einer Barke aufs Meer ausgesetzt und damit in die Obhut Gottes gegeben. In das Fass werden dem in kostbaren Seidenstoff eingewickelten Kind (V. 708–712) *zweinzic marke von golde* (V. 715) beigegeben, d. h. ein ge-

Geburt

waltiger Schatz. Außerdem erhält es eine Tafel (Wachstafel) aus Elfenbein mit Gold und Edelsteinen. Diese Tafel und der Seidenstoff werden an neuralgischen Punkten den gesamten weiteren Verlauf der Geschichte strukturieren (vgl. Kraß 2006, 83–92). Auf der Tafel werden Angaben zur Herkunft des Kindes eingetragen. Dynastie und Stammland verschweigt die *tabula memoriae* zwar, aber die Materialität der Tafel lässt wie der kryptische Text keinen Zweifel an einer königlichen Abkunft (V. 719ff.). Gleichzeitig wird auf der Tafel der Entwurf eines neuen Lebens für das Kind eingetragen: | Tafel

> daz manz toufen solde
> und ziehen mit dem golde,
> und ob sîn vindaere
> alsô kristen waere,
> daz er im den schaz mêrte
> und ez ouch diu buoch lêrte   (V. 741–746)
>
> (dass man es taufen und das Gold für seine Erziehung verwenden solle. Und wenn der, der es finde, ein guter Christ sei, und sollte er das Vermögen vermehren und ihm eine gelehrte Ausbildung geben …)

Die Tafel ist ein Scharnier zwischen dem Gestern und dem Morgen (vgl. Wenzel/Wenzel 1996). Die Schwester und Mutter leidet in der Folge schwer unter ihrer Sünde und aus Angst um ihr Kind. Dann trifft auch noch die Nachricht vom Tod ihres Bruders auf der Jerusalem-Wallfahrt ein. Er ist dort vor Liebesschmerz gestorben, denn das Leiden des Bruders war noch um ein Vielfaches größer als das der Schwester: Nach mittelalterlicher Lehre lieben Männer weitaus heftiger als Frauen. Trotz des Leides erweist sich die Schwester bald als ideale Herrscherin. Viele Ritter wollen die edle Landesherrin heiraten. Doch wurden sie alle *entwert* (V. 870). Sie hat sich allein einem Herrn versprochen: *dem gnædigen got* (V. 885). Ein besonders hartnäckiger Bewerber (vgl. das korrespondierende „Iwein"-Motiv) will sich aber nicht abweisen lassen. Er droht mit Krieg und Gewalt (V. 899ff.). | Tod in Jerusalem

Mit V. 923 verlässt Hartmann Aquitanien und erzählt vom Schicksal des Kindes. Gott leitet die Barke zu einer Insel. Fischer finden das Fass mit dem Kind und bewundern den Seidenstoff, in den es gehüllt ist (V. 1051–1053). Diese Szene stammt nicht aus der Vorlage. Der Abt des nahe gelegenen Klosters sieht die Fischer mit dem Fass und fragt sie nach dem Inhalt. Sie wollen ihm jedoch nichts vom Inhalt verraten. Als das Kind schreit, lässt der Abt das Fass öffnen. Er liest die Tafel und dankt Gott. Die beiden Fischer müssen schwören, nichts von dem Fassgeheimnis zu verraten (V. 1054ff.). Der Ärmere der beiden bekommt das Kind in seine Obhut. Er erhält dafür zwei Goldmark von dem Goldschatz im Fass. Der andere Fischer erhält für sein Schweigen eine Goldmark. Der Abt nimmt die restlichen 17 Goldmark, die Tafel und das seidene Tuch an sich. Das Kind wird einige Zeit später auf den Namen des Abtes Gregorius getauft. Inwieweit Hartmann bzw. seine Vorlage hier auf den Kirchenlehrer und heiligen Papst Gregor den Großen anspielen, bleibt unklar. Beim zeitgenössischen Publikum können entsprechende Kenntnisse sicher vorausgesetzt werden. | Schicksal des Kindes

Taufe

Als geistlicher Ziehvater kümmert sich der Abt in den folgenden Jahren, den Worten der Tafel minutiös folgend, intensiv um seinen bei dem Fischer aufwachsenden Ziehsohn. Im Alter von 6 Jahren tritt der hochbegabte Gregorius auf Wunsch des Abts in die Klosterschule ein (V. 1155ff.). Dies ent- | *oblatio pueri* spricht dem allgemeinen Brauch der *oblatio pueri*, d. h. der Übergabe des Kindes in ein Kloster zur schulischen Ausbildung und zur Klosterlaufbahn. Nach der Benediktsregel ist die *oblatio* unwiderrufbar, wenn die Eltern zugestimmt haben (vgl. Benediktsregel Kap. 59). Der Akt der Aufnahme in das Kloster wird durch die Einkleidung mit *selher wât / diu pfäflîchen stât* (V. 1161 f.), d. h. mit der Mönchskutte auch nach außen hin sichtbar vollzogen (vgl. Kraß 2006, 88 f.). Im Kloster erweist sich schnell die unglaubliche Intelligenz des Kindes. Der Abschluss der Lateinstudien erfolgt mit 11 Jahren (V. 1181 ff.), der Abschluss der Gotteslehre mit 14 Jahren (V. 1185 ff.). Daraufhin widmet sich Gregorius dem Studium beider Rechte, wo er auch schnell zu Meisterschaft gelangt (V. 1193 ff.). Gregorius ist in jeder Hinsicht *saelden rîch* (Vollkommen) und alle sagen, wenn er entsprechender Herkunft wäre, könnte er Herrscher eines *rîchen landes* (V. 1273 ff.) sein. Als Fischersohn verwehrte ihm aber das *ordo*-Prinzip, d. h. die göttliche Vorherbestimmung qua Geburt, eine solche Position. Aufstieg wäre nur in einer geistlichen Laufbahn möglich und genau die scheint bei Gregorius vorgezeichnet.

Im Alter von 15 Jahren kommt es zu einer folgenschweren Begegnung mit dem Kind des Fischers, der ihn großgezogen hatte. Weil er von dem Kind geärgert wird, schlägt Gregorius das Kind. Aus Zorn über die Tat ihres Ziehsohnes schimpft die Frau des Fischers vor ihrem leiblichen Kind über das herkunftslose Findelkind. Gregorius belauscht zufällig diese Szene und hört dabei vom Geheimnis seiner Herkunft und dass er nicht das Kind der Fischer ist (V. 1315 ff.). Gregorius befragt daraufhin den Abt nach seiner Herkunft (V. 1375 ff.), weil er ohne das Wissen um seine Herkunft nicht leben kann. Der Abt bestätigt die Anschuldigungen der Ziehmutter. Gregorius will daraufhin seine Herkunft in der Welt suchen, denn ohne Herkunft fehlen dem mittelalterlichen Menschen die Wurzeln seiner Existenz. Ohne Wissen um die Herkunft sind die Grundlagen des Lebens entzogen.

Der Abt rät Gregorius vehement ab, das sichere Kloster gegen die unsichere Welt zu tauschen. Doch Gott, und daran lässt der Abt keinen Zweifel, hat Gregorius *vrîe wal* (freie Wahl) für die Gestaltung des Lebens in *schanden oder êren* gegeben. Dass der Abt Gregorius den freien Willen zugesteht, steht im Gegensatz zur kirchlichen Lehrmeinung, die seit Augustinus den freien Willen zur Sünde rechnet. Dem Abt ist bewusst, dass er nur durch Überzeugung seinen Ziehsohn für die Fortführung der Klosterlaufbahn gewinnen kann. Er zählt deshalb die Vorzüge des klösterlichen Lebens auf: Sein Leben wäre *pfafheit*. Er wäre *buoche wîse* und würde in nicht ferner Zukunft sein Nachfolger als Abt. Das Seelenheil wäre ihm gewiss. Gregorius anerkennt sehr wohl das positive Ansinnen des Abtes und gesteht sogar die graduelle Überlegenheit der klösterlichen Lebensform ein, kann ihm aber trotzdem nicht folgen, wegen der Schande der unbekannten Herkunft (V. 1490), seinem *geslähte* und dem Rittertum in seinem Blut (V. 1496 ff.). Der Abt mahnt ihn daraufhin noch einmal eindringlich, nicht aus dem geistlichen Stand auszutreten, denn mit Rittertum *verwürket man sêle unde lîp* (V. 1515 ff.). Der Abt spielt hier auf ein gängiges Motiv der klerikalen Überlegenheitstheorie dieser Zeit an. Die Heilsgefährdung durch das Waffenhandwerk ist ein weit verbreiteter klerikaler Topos. Wer sich von Gott abwendet, verfällt der Hölle.

Die Positionen des Abtes sind ambivalent. Auf der einen Seite vertritt er mit dem Überlegenheitsmotiv und der Heilsidee orthodoxe Positionen. Auf der anderen Seite wird man seine Stellung zum freien Willen zumindest in seiner Radikalität, die vielleicht am ehesten an die Lehren Anselms von Canterbury († 1109) erinnert, als avantgardistisch bezeichnen können: Anselm hatte den freien Willen als „Vermögen, die Rechtheit des Willens um der Richtigkeit seiner selbst willen zu wahren" (Anselm: „De libertate arbitrii", Kap. 3) definiert. Auch bei der *oblatio* entspricht die Haltung des Abts nicht der kirchlichen Orthodoxie. Er hatte Gregorius für das Kloster erwählt (V. 1526 f.), gesteht ihm jetzt aber das Recht zu, das Kloster wieder zu verlassen und die Richtung seines Lebenswegs frei zu wählen. Gregorius begründet diese freie Wahl juristisch korrekt mit seiner Herkunft und seiner Bestimmung. Auch der theologische Aspekt wird von dem in beiden Rechten Unterwiesenen überzeugend dargestellt:

> er mac gotes rîter gerner wesen
> danne ein betrogen klôsterman   (V. 1534 f.)
>
> (Lieber wird er Gottes Ritter sein als ein falscher Mönch)

Es folgt der letzte Versuch des Abts, Gregorius mit weltlichen Argumenten für das Klosterleben zu gewinnen. Der Abt erklärt, dass Gregorius die ritterliche Ausbildung fehle. Doch Gregorius fühlt die göttliche Bestimmung zum Rittertum in sich. Er trägt Rittertum in seinem *muote* und weiß in seinem *sinne* Bescheid: Er hat Rittertum längst in seinen Gedanken perfekt gelernt. Um sein ritterliches Wissen unter Beweis zu stellen, lässt Gregorius in Form eines Gedankenspiels eine ausführliche Beschreibung der ritterlichen Kampftechniken, der Turnierpraxis und der ritterlichen Ideologie folgen: *sô turnierte mîn gedanc* (V. 1585–1624). Seine klerikale Bildung betrachtet Gregorius dabei übrigens keinesfalls als hinderlich. Hartmann scheint hier auf seinen eigenen Bildungshorizont anzuspielen. Dieser Ritterbeweis beseitigt beim Abt die letzten Hoffnungen, sein Ziehkind im Kloster halten zu können. Gregorius wird vom Abt mit allen notwendigen Attributen eines Ritters ausgestattet. Er erhält *kleit* (Kleidung/Mantel) *von dem selben pfelle* (Seidenstoff) / *den er dâ bî im vant: / ez enkam nie bezzer in das lant* (V. 1642–1644). Gregorius tauscht also seine für das Mönchtum stehende *kutte* (V. 1557, 1562) gegen *ritterlîche wât* (V. 1559), die aus der Seide geschneidert ist, die ihm seine Mutter in die Barke legte. Mit der Einkleidung in eben diesen Stoff hat sich die Vorherbestimmung, wie sie auf der ihm noch immer unbekannten Tafel schriftlich formuliert ist, materiell erfüllt (vgl. Kraß 2006, 89). Das Geheimnis um die Tafel und das Gold hat der Abt allerdings noch nicht gelüftet. Er hofft nämlich, dass die fehlende finanzielle Ausstattung Gregorius doch noch von seinem Ritt in die Welt abhalten könne, denn ohne Geld und Gut ist man nichts in dieser Welt. Das hatte schon der Artusritter Erec erfahren müssen, als er mittel- und waffenlos in Tulmein nur bei dem verarmten Koralus Unterschlupf fand. Aber auch diese letzte Hoffnung zerschlägt sich. Der Abt führt Gregorius daraufhin in eine *kemenaten* (Zimmer zur Aufbewahrung von Kleidern und Wertgegenständen) und zeigt ihm *sîne tavel*. Auch übergibt er ihm *das golde: vünfziv und hundert marke* (V. 1766). Aus den 17 Goldmark von einst sind in rund 17 Jahren 150 Goldmark geworden, d. h. sie hatten sich mit rund 14 % per anno verzinst: Erfolgreiche Handels- und Geldgeschäfte waren im klösterlichen Umfeld durchaus üblich. Auch die erzielte Rendite scheint nicht außergewöhnlich (vgl. Hölze 1977).

Rittertum

Abschied aus dem Kloster

Geheimnis der Tafel Gregorius erfährt nun aus der Tafel vom Inzest seiner Eltern. Kirchenrechtlich ist er als Kind aus einer solchen ungesetzlichen Verbindung zwar nicht mit Schuld belastet, aber der Rechtsgelehrte (*lêgiste*, V. 1196) erkennt in seiner Herkunft für sich eine besondere moralische Gefährdung. Der Abt rät ihm deshalb noch einmal zu einer geistlichen Laufbahn, die ihm die Gnade Gottes sichern würde. Aber Gregorius wählt bewusst den gefährlicheren Weg in die Welt, in der er aber mehr denn je auf Gott vertraut, bis

> mir entuo noch gotes gnâde schîn
> von wanne ich sî oder wer.   (V. 1804 f.)

(… bis Gottes Gnade mir offenbart, woher ich komme, wer ich bin.)

Abschied Gregorius verlässt auf einem Schiff die Insel und reist in die Welt. Wie damals als Baby kennt er weder Weg noch Ziel. Er vertraut auf Gott. Gott bringt ihn in ein unbekanntes (bekanntes) Land. Dort rückt man zunächst *mit her* gegen sein Schiff vor, denn man befürchtet einen Angriff eines gefährlichen Landesfeindes (V. 1851 ff.). Die friedliche Absicht ist jedoch schnell erkannt. Die *burgære* berichten nach der Landung von der schlimmen Lage des Landes. Gregorius erklärt sich sofort bereit, im Dienst der Landesherrin gegen den Usurpator zu kämpfen (V. 1876). Grund des Krieges (vgl. Brunner 1996, 119) ist der Status der Landesherrin: Sie ist *schoene, junc und âne man*. Sie weigert sich seit vielen Jahren beharrlich, einen ihrer unzähligen Werber zu heiraten. Ohne Mann fehlt ihr und dem Land aber der legitime Schützer der Herrschaft.

Wiedersehen ohne Wiedererkennen In einem *münster*, also einer (Kloster)kirche oder einem Dom, treffen die Landesherrin und der durch *zuht und vrümekeit* ausgezeichnete Gregorius bei der Messe aufeinander. Beide – tatsächlich Mutter und Sohn – finden auf Anhieb Gefallen aneinander (V. 1955 ff.). Die Mutter wundert sich, dass Gregorius genau ein solches Seidentuch trägt, wie sie es damals ihrem Baby als Decke in das Fass gelegt hatte. Aber sie erkennt das Zeichen nicht. Wenn nun beide unschuldig schuldig werden, hat wieder der Teufel seine Hand im Spiel:

> daz machten sîne ræte
> der ouch vroun Êven verriet,
> dô si von gotes gebote schiet.   (V. 1960–1963)

(das war der Plan des Verführers, der auch Frau Eva verleitet hat, als sie sich von Gottes Gebot lossagte.)

Erbsünde Angespielt wird auf die Erbsünde und die Vertreibung aus dem Paradies. Die Frage der Erbsünde war zu Zeiten Hartmanns ein zentrales theologisches Diskussionsthema. Auf der Erbsünden-Lehre Augustins fußend, werden in der Frühscholastik durch die Schule von Laon und bei Petrus Lombardus verschiedene Modelle durchgespielt, die auch bei Hartmann sichtbar werden. Ausgangspunkt ist der von Augustin skizzierte Zustand ursprünglicher Güte und Wohlgeordnetheit der Paradiessituation. Im Paradies oder im seligen Leben existierte der Mensch in einer doppelten Harmonie, nämlich in der Unterordnung des Geistes unter den Schöpfer und (in Konsequenz) in einer Unterwerfung des Leibes und seiner Regungen unter den Geist (bzw. unter den Willen). Nach dem Sündenfall werden die Zustände verkehrt. In der Sünde resultierte der Verlust des *indumentum gratiae*, d. h. der Verlust des Kleids der Gnade (Augustinus: De civitate Dei, XIV 17) und eine Umwandlung der ganzen menschlichen Natur zu einer *natura humana vitiata* (Augustinus: De civitate Dei, XIII 3). Sie ist von Sterblichkeit, Begierde und letztlich von Gottesentfremdung gekennzeichnet. Und genau diese Begierde ist es, die der Teufel für seine Zwecke einsetzt.

Gregorius lernt in den folgenden Tagen das Ritterhandwerk und fühlt sich bald als bester Ritter der Welt (V. 1985 ff.). Sein Gegner, der *Rômaere*, hatte im Zweikampf alle Ritter der Landesherrin besiegt. Nun wagte es niemand mehr, sich ihm entgegenzustellen. Gregorius überlegt, was zu tun sei. In einer Brettspielallegorie (V. 2028 ff.) skizziert er sein zukünftiges, allein von Gott und dem Schicksal bestimmtes Handeln gegen den gefährlichen Usurpator. Die hehren Ziele seines Kampfs sind *durch got und durch êre daz unschuldige wîp* zu retten (V. 2070 ff.). Vor dem Kampf besucht der Ritter Gregorius gemäß der üblichen Gepflogenheiten die *messe*. Vor dem ritterlichen Kampf wird immer die Votivmesse zum Hl. Geist gesungen (vgl. Erec V. 662 ff. u. Iwein V. 4821, 6587 ff.). Gregorius besiegt anschließend in einem schweren Zweikampf den Herzog, nimmt ihn gefangen und erwirbt mit dem Sieg sowie mit dem nach dem Kampf gezeigten *erbarmen* Ruhm und Ehre (V. 2091–2164). Der besiegte Herzog verspricht, in Zukunft Land und Leute unbehelligt zu lassen. Für das Land bleibt allerdings die Gefahr, dass ohne einen starken Landesherren jederzeit eine ähnliche Bedrohung kommen könnte (V. 2185 ff.). Die *lantherren* kommen deshalb *ze râte* und fassen den Beschluss, die Herzogin zur Heirat mit Gregorius zu bewegen (V. 2194 ff.). Nach langer, schwerer Überlegung willigt die Landesherrin in die Heirat ein, denn die Notwendigkeit ist *rehte wârheit* (V. 2225), außerdem ist *êlîch hîrât* das *aller beste leben / daz got der werlde hât gegeben* (V. 2222–2224). Hartmann bewegt sich hier im Rahmen der zeitgenössischen auf Augustin fußenden Ehedoktrin. Nach der Heirat erweist sich Gregorius als idealer Herrscher (V. 2257 ff.). Privates Glück und Herrschaft scheinen perfekt verknüpft: Gregorius *was guot rihtaere*. Er zeichnet sich aus durch *milte und mâze*. Er *bevridete lant und marke*. Er *zuovorte die argen* (Feinde). Er ist *vestes muotes*. Sein Ziel ist *gotes êre*. Im Moment dieses höchsten Glücks tritt erneut der Teufel auf den Plan.

Trotz allen Glücks beschäftigt Gregorius die Sorge um seine unbekannte Herkunft. Heimlich liest er jeden Tag die *sündeclîche sache* auf der *tavel* und bittet für Vater und Mutter um die Gnade Gottes. Seine aktuelle *schulde erkande er niht*. Es stellt sich nun die Frage, ob Gregorius schon allein dieser Tatsache wegen unschuldig schuldig wird: Hat er Schuld auf sich geladen, weil er in die Welt gegangen ist und die Mahnungen des Abts missachtet hat? Oder handelt es sich beim 2. Inzest sogar um objektive Schuld als Teilhabe an der generellen Sündenverfallenheit der Menschheit? Für das biblisch geschulte mittelalterliche Publikum ruft die Anspielung des Teufels auf Eva und die Vertreibung aus dem Paradies jedenfalls die Erbsündentheorie auf.

Gregorius wird bei der Tafellektüre von einer *maget* beobachtet, die sich um sein Leid sorgt. Die *maget* berichtet der Landesherrin von ihren Beobachtungen (V. 2329 ff.). Die möchte herausfinden, was ihren Ehemann bedrückt und lässt die *tavel* heimlich von der *maget* beschaffen, während Gregorius sich auf der Jagd befindet. Wieder führt der *tiuvel* erfolgreich Regie (V. 2495 ff.). Nach der Lektüre der Tafel ist die Herkunft von Gregorius, dem *guoten sündaere* (V. 2606 u. ö.), offensichtlich. Die schlimmsten Befürchtungen bewahrheiten sich. Über den doppelten Inzest macht sich bei beiden

Ritter Gregorius

Messe

Ehe

Schuld?

Tafellektüren

Trauer

Bestürzung breit. Die Trauer ist größer als bei Judas und größer als bei David um Absalom. Mit dem Verweis auf David wird die Trauer allerdings auch schon wieder relativiert, denn Joab ermahnte den trauernden David damals, die Trauer nicht über seine Herrscherpflichten zu stellen (2 Sam. 16ff.). Die Trauer erweist sich damit einerseits als Modell zur Überwindung des Leids und gleichzeitig als Fundament idealer Herrschaft. Sie steht gegen die Verzweifelung: *diu sele entsaz den hellerôst* (Höllenfeuer). Untersucht man die Hintergründe der unglücklichen Verkettungen, die zum zweiten Inzest geführt haben, stößt man auf eine überraschende Beobachtungen: Niemand anderes als *gotes kraft* (V. 2655), d.h. Gott selbst, hatte diese Gemeinschaft geschaffen. Als Quintessenz bleibt die Erkenntnis, dass Gottes Wege den Menschen unergründlich sind. Ganz nebenbei – aber vermutlich auch ganz bewusst – relativiert Hartmann damit die Macht des Teufels. Letztlich ist auch er Teil des göttlichen Heilsplans, in dem für Gregorius und seine Mutter/Ehefrau die Gnade vorgezeichnet ist.

Bußtheorie

Als Rechtsgelehrter weiß Gregorius, dass selbst dem schlimmsten Sünder Verdammung nur dann droht, wenn er an Gott zweifelt. Vollkommene Reue/Buße kann demgegenüber jede Schuld tilgen (V. 2698–2702). Gregorius bewegt sich damit auf dem Boden der unter anderem auf den Lehren des Alanus ab Insulis, des Petrus Abaelard, des Petrus Lombardus und des Thomas von Aquin beruhenden scholastischen Bußtheorie. Die Tugend der Buße war ebenso fest im höfischen Tugendspiegel wie in der Moraltheologie verankert. Buße ist dabei in der Nachfolge Christi verstanden als Umkehr, Umwandlung und Erneuerung der sündenverfallenen Existenz aus der Kraft der Reue und Vergebung. In der menschlichen Gestalt erlitt Christus viele Erniedrigungen: Hunger, Durst, Schmerz, Erniedrigung und Spott. An dieses Vorbild angelehnte Bußmodelle finden sich in zahlreichen zeitgenössischen Bußbüchern sowie in lat. und dt. Predigten. Nach Petrus Abaelard (Ethica, Kap. 17) hat man sich die Wirkung der Buße folgendermaßen vorzustellen: „Dreierlei wirkt die Versöhnung des Sünders mit Gott: Reue (*poenitentia*), Beichte und Genugtuung […]. Mit dem inwendigen Aufseufzen und mit der Zerknirschung des Herzens – wir nennen dies die wahre *poenitentia*! – währt die Sünde nicht, die Verachtung Gottes und die Zustimmung zum Bösen, denn die Gottesliebe beseelt dieses Aufseufzen, und diese duldet die Schuld nicht. Augenblicklich werden wir mit dem Aufseufzen mit Gott versöhnt und erlangen Verzeihung der vorhandenen Schuld gemäß jenem Wort des Propheten (Ez. 33,12)." „Zur nämlichen Stunde, in welcher der Sünder aufseufzt, erlangt er das Heil" (Ethica, Kap. 19). Die kirchlichen Bußbücher und die scholastischen Bußsummen fordern für das Bußsakrament die Auferlegung einer der Sünde entsprechenden Buße. Die Mutter/Ehefrau/Landesherrin muss als Buße wie im ersten Fall die Landesherrschaft weiter ausüben. Sie ist wie David der Herrschaft verpflichtet. Der Sohn/Ehemann/Landesherr wählt als *buoze* die *Vita eremitica*. Zeitgenössische Bußbücher sehen in einem solchen Fall Bußzeiten von 10–15 Jahren bei Wasser und Brot vor. Zur Buße gehören außerdem der Verzicht auf Standeskleidung, der Weggang vom Schreckensort, der Auszug aus der Welt, die Reise mit bloßen Füßen, Mühsal (*arbeit*), ständiges Gebet, Demut und das Ertragen von Spott.

Buße

Auf dem wilden Stein

Gregorius verlässt Herrschaft und Besitz. Er tauscht seine höfischen Gewänder gegen dürftige *gewande*, d.h. ärmliche Kleidung (V. 2745–2750). Auf seinem Bußweg kommt er zu einem Fischer, der ihn wegen seiner schönen Gestalt und der nicht dazu passenden Büßerkleidung als Betrüger schilt. Nur die Frau des Fischers *erbarmte sich* (V. 2836), was den *übelen vischære* letztlich noch mehr gegen den *guoten sündære* aufbringt und seinen Spott verstärkt. Der Fischer gibt ihm schließlich den bösen Rat, wie und wo er seine Sünden unter größter Mühsal demütig büßen könne (V. 2975 ff.): Auf einem kahlen Stein, einer Insel. Der böse Fischer bringt Gregorius schließlich *ûf jenen wilden stein* (V. 3087), wo er ihn mit einer Fußschelle ankettet. Den Schlüssel wirft er ins Meer und überlässt den mit Hohn und Spott überladenen *sundære* seinem Schicksal. „Der Büßer trägt, wie einst Johannes der Täufer in der Wüste, ein *haerin hemede*, seine Arme und Beine aber sind entblößt (V. 3111–3113). [...] Nacktheit wird hier zum Zeichen von Heiligkeit" (Kraß 2006, 90 u. 220–224). Gregorius bleibt *sibenzehn jâr* auf der Insel und überlebt nur, *wan gote ist niht unmügelîch* (V. 3134 = Lucas 1,37 u. 17,11–19). Das Schutz- und Nahrungswunder zeigt Gottes Fürsorge für den reuigen Sünder.

Schlüssel

Zwischenzeitlich stirbt in Rom der Papst. Man kann sich dort aber nicht auf einen Nachfolger einigen (V. 3145 ff.). Gott offenbart daraufhin zwei weisen Römern, wer der neue Papst werden solle und wo man ihn finden könne:

Tod des Papstes in Rom

> ûf einem wilden steine
> ein man in Equitâniâ
> den enweste niemen dâ
> vol sibenzehen jâr   (V. 3180–3183)

(Es lebte da einsam auf einem wilden Felsen ein Mann in Aquitanien, von dem niemand hier wusste, ganze siebzehn Jahre lang)

Das im „Gregorius" beschriebene Wahlverfahren entspricht dem althergebrachten Brauch, dass die Wahl des Papstes, d. h. des Bischofs von Rom, durch den Stadtklerus und das Volk bzw. den Stadtadel von Rom im Beisein der benachbarten Bischöfe erfolgte, was wiederum den üblichen Regularien einer Bischofswahl entsprach. Da die beiden weisen Männer Kleriker sind, steht zu vermuten, dass in Hartmanns Version die *laici* allerdings schon aus dem Wahlverfahren eliminiert sind. Eine solche Einschränkung auf die Kleriker wurde in den Lateransynoden der Jahre 769 und 898 eingefordert, setzte sich aber erst im 10. Jh. durch. Gegen dieses klassische Papstwahlverfahren wurden im Zuge des Investiturstreits neue Wahlverfahren kreiert. So bestanden der Kaiser auf ein kaiserliches Designationsrecht und die Päpste auf ein Vorwahlrecht der Kardinalbischöfe. All diese Entwicklungen schlagen sich ebenso wenig wie das Laterankonzil von 1179, seit dem nur noch die Kardinäle wahlberechtigt waren, im „Gregorius" nieder. Der von Hartmann skizzierte Papstwahlmodus entspricht also – bewusst und ggf. mit Zustimmung des Auftraggebers oder unbewusst aus Unkenntnis – nicht dem aktuellen Rechtszustand.

Papstwahl in Rom

In Rom weiß niemand, wer dieser ominöse Gregorius sein und wo genau sich der *wilde stein* befinden könnte. Die beiden weisen Römer werden daraufhin vom Wahlkollegium nach Aquitanien geschickt, um den neuen Papst zu suchen. Trotz aufwendiger Nachforschungen (V. 3213 ff.) finden sie Gregorius zunächst nicht. Erst ein Fingerzeig Gottes weist den Weg: *daz man in danne müeste / suochen in der wüeste* (V. 3221 f.). Die Boten treffen schließlich in der Einöde (*wüeste*) auf den bösen Fischer. Beim Anblick der vornehm

Pabstsuche

Der böse Fischer	gekleideten Herren wittert der Fischer ein gutes Geschäft. Er hofft, bei guter Bewirtung auf reichlich Lohn. Auf den Tisch kommt deshalb ein prächtiger, gerade gefangener Fisch (V. 3277ff.), den er für viel Geld den Boten zubereitet. Plötzlich findet der *schatzgîre man* (V. 3294) im Magen des Fisches den einst ins Meer geworfenen Schlüssel. Der Fischer erkennt seine Verblendung. Jetzt weiß er, dass Gregorius tatsächlich ohne Sünde ist. Der Fischer erzählt daraufhin die Geschichte von Gregorius und weist den Boten den Weg *zuo dem steine* (V. 3344). Aber er befürchtet, Gregorius müsse längst
Imaginatio	tot sein. Auf dem Weg zum *lebende marterære* stellen sich die Boten aus Rom vor, welche herrliche, von Gott auserwählte Gestalt sie erwarten werde. Hartmann beschreibt ihre Vorstellungen überaus plastisch: Sie stellen sich den reuigen Sünder als wunderschön, herrlich in Gold und Seide gekleidet, mit strahlenden Augen und goldenem Haar vor (V. 3379–3400). Sie finden aber eine von Entbehrungen, Not und den Unbilden des Wetters schwer gezeichnete, abgemagerte erbarmungswürdige Gestalt (V. 3423–3465). Doch das ist nur der äußere Schein, denn wohlbehütet durch den *heiligen geist* (V. 3469) hat Gregorius seine Vitalität, seine Redekunst und seine Buchgelehrsamkeit bewahrt.
Auserwählt	Die Boten offenbaren Gregorius, dass er von Gott als Papst auserwählt sei. Gregorius sieht sich aber als unwürdig (V. 3562) und bezeichnet sich als *ein vollez vaz / süntlicher schanden* (V. 3596f.). Gregorius sagt, dass Gott erst den Schlüssel für seinen Fußfessel senden müsse, als Zeichen der Erlösung. Die Boten haben diesen Schlüssel dabei. Es gibt nun auch für Gregorius keinen Zweifel mehr an seiner Erlösung. Nachdem die Fußschelle aufgeschlossen ist, teilen die Boten ihre Priesterkleidung mit Gregorius. Mit dieser Investitur in den geistlichen Stand ist die letzte Hürde zur Ernennung als Papst genommen (vgl. Kraß 2006, 91). Nach der Investitur reist die Kette der Wunder nicht ab. So taucht durch ein Gotteswunder die einst verlorene Tafel unversehrt im Müll des Fischers wieder auf. Sie ist nach 17 Jahren neu
Gegenwart und Vergangenheit	wie am ersten Tag. Mit dem Wiederauffinden der Tafel scheint die Gegenwart des reuigen Sünders mit der Vergangenheit verbunden: Die Herstellung der Tafel beendete einst die Vorgeschichte. Auf ihr wurde das Geschehen schriftlich fixiert und in die Zukunft transportiert. Als der Abt sie bei dem Baby findet, leitet er aus der Tafellektüre sein Erziehungsmandat ab. Die Tafel fundiert im Kloster den Drang des Klosterschülers Gregorius, in die Welt zu gehen. Dort offenbart sie schließlich die Schuld in Form des zweiten Inzests. Als der Fischer die Tafel auf den Müll wirft, scheinen Geschichte wie Gegenwart ausgelöscht, aber Gott selbst bewahrt sie. „Die wunderbare Auffindung der Tafel verbindet höchste Schuld und höchste Gnade, ist Zeichen Gottes dafür, dass Gregorius als guter Sünder Gottes Zuneigung gewonnen hat. Er trägt tiefste menschliche Schuld und ist zugleich durch höchste Gottesnähe ausgezeichnet. Der Platz, der ihm in der Welt zugeordnet wird, ist deshalb der, selber ein Fels zu sein, ist der des Petrus in Rom (Mt 16,18)" (Wenzel/Wenzel 1996, 112). Auf der Reise nach Rom ge-
Wunder	schehen weitere Speise- und Heilungswunder. Kurz vor der Ankunft läuten in Rom alle Glocken wie von Geisterhand gerührt. In Rom selbst erweist sich Gregorius bald als idealer Papst (V. 3788ff.). Vor allem seine seelsorgerischen Fähigkeiten als *ein heilære / der sêle wunden* (V. 3791 f.) und sei-
Gnadenlehre	ne Rechtslehre werden gerühmt. Zentraler Gedanke dieser Rechtslehre ist die Idee, dass Gnade vor Recht geht. Die Rechtslehre des Papstes korres-

pondiert mit der Gnadenlehre des Prologs (V. 131 ff.) und der gelebten Buße des größten Sünders auf Erden.

In Aquitanien hört die sündige Mutter, Tante und Ehefrau von dem neuen, heiligen Papst. Sie erhofft von ihm die Erlösung von den Sünden.

Mutter

> Sîn muoter, sîn base, sîn wîp
> diu drî heten einen lîp   (V. 3831 f.)
>
> (Seine Mutter, seine Tante, seine Frau – die drei waren eine Person.)

Der Trinitätsbezug lässt auch in der sündigen Mutter das Prinzip des Heiligen erkennen. Sie muss wohl komplementär zum heiligen Papst Gregorius gesehen werden: Wie er vertraute sie stets auf Gott. Wie er leistete sie ohne Klagen ihre Buße (Herrschaft). Die Trinitätsanspielung rückt den Text allerdings verdächtig nahe an Häresie heran.

Trinität

Bei der Beichte in Rom erkennt Gregorius seine Mutter. Er gibt sich aber nicht zu erkennen. Unterdessen berichtet sie, wie sie für ihre Sünden gebüßt hat und dass sie nichts sehnlicher wünsche, als etwas über das Schicksal ihres Sohnes und Mannes zu erfahren. Gregorius erklärt, er habe ihren Sohn kürzlich getroffen und es ginge ihm gut. Auf Nachfrage der Mutter, ob sie ihn sehen könne, erklärt Gregorius: „jâ, wol: er ist unverre." Sie bittet: „herre, sô lât mich in sehen." (V. 3920 f.). Gregorius gibt sich daraufhin zu erkennen.

Im Epilog (V. 3989–4006) stellt Hartmann den Exempelcharakter der Erzählung in Analogie zum Prolog noch einmal deutlich heraus. Man soll die Geschichte als Lehre benutzen, um die Heilswege zu Gott zu finden. Zentrale Elemente sind Gottvertrauen, Buße und die Gnadenlehre. Die gebetsartige Schlusssequenz unterstreicht den legendarischen Charakter der Geschichte.

Epilog

2. Armer Heinrich

Überlieferung: 3 Handschriften + 3 Fragmente + 1 Federprobe

A   Strassburg, Stadtbibliothek (Bibl. der Johanniter, Cod. A 94; 1870 verbrannt; vollst. Abdruck nach einer alten Transkription bei Mettke 1974) (Mitte 14. Jh.).

Handschriften

Bb Cologny-Genf, Bibl. Bodmeriana, Cod. Bodm. 72 (1. Hälfte 14. Jh.). Sammelhandschrift: sog. Kalocsaer Märensammlung.

Ba Heidelberg, Universitätsbibl., Cpg 341 (vollst. Abdruck bei Mettke 1974) (1. Hälfte 14. Jh.). Sammelhandschrift: Mären, geistliche Gedichte.

C   Berlin, Staatsbibl., mgf 923 Nr. 7a (61 Verse) (1. Hälfte 13. Jh.).

Fragmente

D   München, BSB, Cgm 5249/29a+30a (117 Verse; Fragment aus Indersdorf) (2. Hälfte 14. Jh.).

E   München, BSB, Cgm 5249/29b (177 Verse; Fragmente aus Benediktbeuren) (um 1300).

F   Freiburg i. Br., Universitätsbibl., Hs. 381, Bl. 72r (Federprobe von 5 Versen) (verm. noch aus dem 13. Jh.).

Der ‚Arme Heinrich' ist in zwei Fassungen überliefert. Die beiden Fassungen B (Ba und Bb) und A unterscheiden sich im Versbestand z. T. erheblich. B hat gegenüber A zahlreiche Zusatzverse und ganze Zusatzabschnitte. Abweichende Charakteristika der B-Fassung sind:

Fassungen

- die Meierstochter ist 12 statt 8 Jahre
- die Beziehung Heinrichs zur Meierstochter trägt deutlich erotische Züge (Sexualisierung)
- die Ehe bleibt jungfräulich
- Heinrich wählt den geistlichen Stand und geht ins Kloster.

Der Schluss beider Fassungen unterscheidet sich völlig. A zeigt das erfüllte Leben in der Welt, B im Kloster. Die Fragmente C und E fügen sich weder zur A- noch zur B-Fassung. E ist eine Kurzfassung. Für die Bewertung dieser Überlieferungsbesonderheiten mag von Bedeutung sein, dass im Kontext von Exempeln und Mirakeln mehr oder weniger große Textveränderungen zur Überlieferungsnormalität gehören. Entsprechende Texte und Sammlungen werden als offene Gebilde verstanden, die man je nach intendiertem Publikum den aktuellen Erfordernissen oder Intentionen anpassen konnte. Eine neuzeitlichen Vorstellungen entsprechende Integrität der Texte gab es nicht, wohl aber des Werks, das ungeachtet aller Veränderungen und Wandlungen als identisch begriffen wurde.

Entstehung

Motive | Für Hartmanns „Armen Heinrich" konnte keine direkte Vorlage nachgewiesen werden. Die Motive des Aussätzigen bzw. der Heilung des Aussätzigen
Bibel | gehören seit der Antike zum Grundbestand literarischer Muster. In der Bibel sind entsprechende Motive sowohl im alten wie im neuen Testament präsent. Im AT spielt Aussatz als Strafe bzw. Prüfung Gottes vor allem in der Hiob-Geschichte eine zentrale Rolle. Im NT sind es die Heilungswunder von Jesus (Mt. 8,2–4; Mc. I,40–44; Lc. 5,12–14). Für Hartmann von Bedeu-
Silvesterlegende | tung ist auch die im Mittelalter weit verbreitete Silvesterlegende: Kaiser Konstantin (280–337) erkrankt wegen seiner negativen Haltung zum Christentum am Aussatz. Kinderblut könnte ihn heilen, aber das Leid der Mütter bewegt ihn dazu, die Heilung zurückzuweisen. Papst Silvester bringt ihn dazu, sich taufen zu lassen, was dann durch Gott selbst die Heilung bewirkt.
Amicus und Amelius | Ebenfalls weit verbreitet war die Geschichte von Amicus und Amelius: Von den zwei Freunden Amicus und Amelius erkrankt Amicus in Folge sexueller Verfehlungen am Aussatz. Der Gesunde erfährt von der Möglichkeit der Blutheilung und opfert seine Kinder für den Freund. Durch die Gnade Gottes werden die Kinder wiedererweckt. Die Freundesliebe wird honoriert. Die Heilung erfolgt durch die Liebe Gottes. Beide Geschichten waren zur Zeit Hartmanns durch die lat. Legendentradition, die Silvesterlegende sogar schon in volkssprachiger Übertragung in der „Kaiserchronik" (V. 7817–10633), weit verbreitet und Teil des kulturellen Gedächtnisses der klerikalen Gelehrtenwelt wie der laikalen Hofkultur.

Wirkung

Die handschriftliche Überlieferung des „Armen Heinrich" ist schmal. Möglicherweise konnte das mittelalterliche Publikum mit der eigentümlichen Geschichte, die weder Beispiel, Wunder noch höfische Erzählung ist, nur wenig anfangen. Wie beim „Gregorius" wird der Text aber schon früh (14. Jahrhundert) in lateinische Prosa übertragen. Die voneinander abhängigen Exempel in zwei Breslauer Handschriften (Breslau, UB, Cod. ms. I F 115 und II F 118) sind als „Henricus pauper" und „Albertus pauper" bekannt (Abdruck einer

Version mit Übersetzung bei Mertens 2004, 939–941). In die großen Legendensammlungen des Mittelalters kann der Stoff jedoch nicht vordringen. Im 15. Jh. brechen Überlieferung und Rezeption ab. Erst im 18. Jh. wird der Text wiederentdeckt. Christoph Heinrich Myller publiziert einen Abdruck der heute verbrannten Straßburger Hs. A des „Armen Heinrich" in seiner 1784 in Berlin erschienenen „Sammlung deutscher Gedichte aus dem XII., XIII. und XIV. Jahrhundert". Im 18./19. Jh. erlangt der „Arme Heinrich" den Status einer alten Volkssage. Neben Johann Gustav Büschings Übersetzung (Zürich 1810) ist es vor allem die Ausgabe der Brüder Grimm mit Wilhelm Grimms Nacherzählung (Berlin 1815), die den Stoff populär macht. Auch wenn das unmittelbare wissenschaftliche Echo gering blieb, geriet der Stoff durch Wilhelm Grimms Übersetzung bald „in den Sog einer künstlich aufbereiteten Volkstümlichkeit. Seine Karriere vollzieht sich in den Tradierungsformen des 19. Jahrhunderts: Er wird den Serien und Reihen einverleibt" (Rautenberg 1985, 183). In der Folge entstehen unzählige Bearbeitungen, Übersetzungen, Nachdichtungen und Theaterversionen. Eine nahezu vollständige Übersicht der Ausgaben/Bearbeitungen von 1810–1930 findet sich bei Rautenberg (1985, 267–271):

Volkssage

– Johann Nepomuk Graf Mailáth: „Auserlesene altdeutsche Gedichte", 1819
– Gustav Schwab: „Buch der schönsten Geschichten und Sagen für Alt und Jung", 1836
– Adalbert Chamisso: Ballade „Der Arme Heinrich", 1839
– Gotthold Oswald Marbach: Volksbuchausgabe, Leipzig 1842
– Henry Wadsworth Longfellow: „The Golden Legend" (Drama), 1851
– Conrad Ferdinand Meyer: In: „Huttens letzte Tage", 1881
– Hans Pöhnl: In: Deutsche Volksbühnenspiele, Bd. 1, 1887
– Hans Pfitzner: Musikdrama in drei Akten „Der arme Heinrich", 1893 (Uraufführung 1895)
– Ricarda Huch: „Der arme Heinrich", 1898
– Gerhard Hauptmann: „Der arme Heinrich", 1902 (vgl. Schmidt-Krayer 1994)
– Gerhart Hermann Mostar: „Der arme Heinrich". Eine Singfabel, 1928 (Uraufführung in der Deutschen Welle).

Die aktuellsten Bearbeitungen sind Markus Werners „Bis bald" (1995) und Tankred Dorsts Drama „Armer Heinrich" (Uraufführung 1997).

Textanalyse
Im Prolog skizziert Hartmann stellenweise mit denselben Worten wie im „Iwein" sich selbst bzw. das Autor-Ich. Zentraler Gedanke ist dabei die Tatsache, dass er als Ritter aus weltlichem Stand über eine klerikale Ausbildung verfügt. Er ist in der Lage zu lesen, zu schreiben und kennt sich im Umgang mit Büchern aus. *Hartmann* bezeichnet sich zudem als *dienstman ze Ouwe*, steht also als Ministerialer im Dienst eines nicht näher bezeichneten Herren, der in einem ebenfalls nicht näher bezeichneten Aue residiert oder Besitzungen hat. Für den klerikalen Bildungshorizont Hartmanns charakteristisch sind die Ausführungen zur Quellensuche:

Prolog

> der nam im manege schouwe
> an mislîchen buochen.   (V. 6f.)
> (Er schaute sich nun ausgiebig in vielen verschiedenen Büchern um.)

Acedia — Er suchte also in vielen verschiedenen Büchern nach der richtigen Geschichte. Auch die im weiteren Verlauf des Prologs formulierten Intentionen des Werks weisen auf einen gelehrt-lateinischen Bildungshintergrund. Es geht Hartmann um die Vertreibung schmerzhafter Langeweile und schwerer Stunden. Sein Tun richtet sich gegen die Muße, d. h. gegen das Laster der *Acedia* (Trägheit). Dagegen stellt er die Heilkraft des Lesens, *dâ mite er swære stunde / möhte senfter machen* (V. 10 f.). Zweites Anliegen ist Ruhm und Ehre Gottes für sich und seine Leser zu erlangen (V. 12 f.). Das dritte Anliegen hat seine Tätigkeit als Dichter im Blickpunkt und zeigt die intendierte Wirkung des Schreibens bzw. Dichtens auf:

> und dâ mite er sich möhte
> gelieben den liuten.   (V. 14 f.)
>
> (und damit möchte er sich bei den Menschen beliebt machen.)

Buch und Schrift — Wenn Hartmann als Quelle explizit *eine rede, die er geschriben vant* (V. 17) benennt, ruft er damit das gelehrt-schriftliche Wahrheitssystem auf. Schriftlichkeit war – und dies gilt offensichtlich auch am illiteraten Hof – eine Chiffre für Wahrheit und Legitimität. Es folgt der für einen gelehrten Dichter geradezu obligatorische Bescheidenheitstopos und eine Fürbitte an den geneigten Leser, dem Dichter den gerechten Lohn nicht zu verweigern (V. 18–28). Nebenbei erfährt man, wo die Geschichte spielt und von wem sie handelt. Und wieder wird auf die schriftliche Quelle verwiesen:

> Er las daz selbe mære,
> wie ein herre wære
> ze Swâben gesezzen   (V. 29–31)

Tugendkatalog 1 — Hartmann hat also von einem Herren in Schwaben gelesen. Dieser Herr steht in der Blüte seiner Jahre. Seine ritterlichen Qualitäten sind einzigartig. Er verfügt über *tugende*, seine *geburt ist unwandelbære*, er ist *wol den vürsten gelîch* und verfügt über *rîcheit. / ouch was sîn tugent vil breit*. Hartmann verrät auch den Namen dieses hervorragenden Ritters. *er hiez der herre Heinrich / und was von Ouwe geborn* (V. 48 f.). Die Herkunftsangabe erinnert dabei auffällig an den Dichter selbst. Hartmanns Beschreibung seines Helden wurden denn auch in der Forschung wiederholt autobiographisch gedeutet. Belege für eine solche These lassen sich allerdings nicht beibringen. Unmittelbar auf den ersten folgt ein zweiter, noch umfänglicherer Tugendkatalog, der nahezu alle positiven Attribute des Rittertums auf Heinrich überträgt (V. 50–74). Wie schon bei der Beschreibung der ritterlichen Tugenden Erecs nach dem Sieg beim Hochzeitsturnier, ist in den Augenblick des höchsten Lobes aber auch schon der Makel implementiert. Wie im „Erec" nutzt Hartmann für das ambivalente Spiel um Ideal und Makel geistliches Material. Nun sind es jedoch keine Anspielungen auf alttestamentarische Personen, sondern ein lateinisches Hymnen-Antiphon (Gegengesang): *mêdiâ vitâ / in morte sûmus* (V. 92 f.). Gemäß dem zu erwartenden Bildungsniveau seines höfischen Publikums übersetzt Hartmann die Passage in die Volkssprache:

Tugendkatalog 2

Hymnen-Antiphon

> daz bediutet sich alsus,
> daz wir in dem tôde sweben,
> so wir aller beste wænen leben.   (V. 94–96).
>
> (Das heißt auf deutsch, dass wir vom Tod umfangen sind, wenn wir am schönsten zu leben glauben.)

Hartmann legt das Hymnenzitat im Sinn eines Predigers für alle verständlich aus (V. 97–111). Er führt dazu zunächst das Kerzengleichnis an: Die Kerze wird zur Asche, in dem Augenblick wo sie Licht spendet. Dies dokumentiert die Vergänglichkeit der Welt. Den selben Tatbestand umschreibt das Stoffgleichnis: Wir sind aus zerbrechlichem Stoff gemacht. Auch das Hönig-Galle-Gleichnis zielt in die selbe Richtung: Süßer Hönig ist mit bitterer Galle gemischt. Hartmann greift hier auf ein in lateinischen Texten beliebtes Wortspiel zurück. Aus *mel* (Hönig) wird dabei *fel* (Galle). In der Volkssprache funktioniert das Wortspiel zwar nicht, aber die Verbindung von Hönig und Galle ist zu Hartmanns Zeiten auch ohne Kenntnis der sprachhistorischen Zusammenhänge längst sprichwörtlich. Das vielleicht drastischste Beispiel ist das abschließende Blütengleichnis: Die Blüte fällt ab, wenn sie am schönsten ist (biblisches Bild aus Ps. 89,6 + 102,15). Alle Gleichnisse drehen sich um *Contemptus mundi*, d.h. Weltverachtung und Vergänglichkeit. Insgesamt erweckt die komplette Passage den Eindruck einer Predigt, die auf das nun folgende *bîspel* – die Leidensgeschichte des Armen Heinrich – voraus weist.

_{Auslegung}

Der edle Ritter Heinrich glaubt sich bei all seiner ritterlichen Idealität unverbrüchlich auf der Sonnenseite des Lebens. Aber durch den Willen Gottes fällt Heinrich plötzlich und unerwartet aus höchster Ehre ins Leid. Gott straft ihn mit der *miselsuht*. Das ist Lepra (Aussatz). Lepra gilt im Mittelalter als unheilbar. Die Krankheit wird als Zeichen der Strafe Gottes, als symbolische göttliche Krankheit gedeutet. Bei der theologischen Ausdeutung der Krankheit spielt die alttestamentarische Geschichte um Hiob eine zentrale Rolle. Und auch Hartmann verweist direkt auf Hiob.

_{Aussatz}

_{Hiob}

> als ouch Jôbe geschach,
> dem edeln und dem rîchen,
> der alsô jæmerlîchen
> dem miste wart ze teile
> mitten in sînem heile.   (V. 128–132)
>
> (Ganz so, wie es Hiob geschah, dem hochgeborenen, mächtigen, der auf so jammervolle Weise auf den Misthaufen kam, mitten in seinem Glück.)

Hiob gilt als Prototyp des vorbildlichen Dulders, der von Gott im Augenblick höchsten Glücks mit Aussatz gestraft wird und trotzdem nie an Gott zweifelt. Ungeachtet seiner schweren, eigentlich unverdienten Krankheit vertraut er unbeirrt auf die Gnade Gottes, der ihn schließlich nicht nur erlöst und heilt, sondern ein Leben besser denn je ermöglicht. Im Gegensatz zu Hiob nimmt Heinrich sein von Gott auferlegtes Schicksal aber nicht an. Er versucht, allein auf sich und seine Kräfte vertrauend, gegen das Schicksal anzugehen und verflucht den Tag, an dem er geboren wurde (V. 160ff.). Heinrich hofft auf Heilung durch *arzâte*. Auf Rat der heimischen *arzâte* reist Heinrich zu den Zentren der mittelalterlichen Heilkunst. Zunächst konsultiert er in *Munpasiliere* (Montpellier) die besten Ärzte. Montpellier besitzt seit 1137 eine bald weithin berühmte medizinische Fakultät, deren Reputation sich weitgehend aus dem über Toledo importierten arabischen Wissen speist. Aber dort kann man Heinrich nicht helfen. Sein nächstes Ziel ist *Salerne*. Salerno ist das Zentrum der wissenschaftlichen Medizin des Abendlandes überhaupt (grundlegend Eis 1973). Salerno hatte sich im 10.–12. Jh. zu einer Schnittstelle des medizinischen Wissenstransfers entwickelt. Im Jahr 1063 kommt Constantinus Africanus nach Salerno. Er macht erstmals den praxisbezoge-

_{Montpellier}

_{Salerno}

nen Teil der arabischen Medizin für die Schule von Salerno zugänglich. Im 12. Jh. wird das arabische Medizinwissen u. a. von Bartholomaeus Salernitanus auf die abendländische Gebrauchssituation hin umgestaltet und durch eigene Texte und Kommentare ergänzt. Die komplexen Rezeptformeln werden in riesigen Arzneimittel-Kompendien zusammengefasst. Von all diesen Details berichtet Hartmann freilich nichts. Seine Ausführungen bleiben unspezifisch, allgemein, oberflächlich. Wenn Hartmann auch keine vertiefenden medizinischen Kenntnisse gehabt zu haben scheint und „sich die verwendeten Einzelheiten eher auf dem Niveau eines gebildeten Laien bewegen" (vgl. Haferlach 1991, 218), so wusste er doch um die Aura der medizinischen Zentren seiner Zeit Bescheid. Genau dort, im Zentrum der abendländischen Medizin, findet Heinrich den *besten meister*, der ihm mit rätselhaften Andeutungen das Wesen seiner Krankheit erklärt.

Relativität des Wissens

> der sagete ime zehant
> ein seltsæne mære,
> daz er genislîch wære
> und wære doch iemer ungenesen.   (V. 184–187)
>
> (der erzählte ihm gleich eine eigenartige Geschichte: Dass er gesund werden könne, aber doch nie genesen würde.)

Arznei

Der universitär ausgebildete Arzt berichtet Heinrich von zwei möglichen Heilungsmethoden. Deren eine bedarf einer *arzenîe*, von der es jedoch heißt:

> „nu enist aber nieman sô rîch
> noch von sô starken sinnen
> der si müge gewinnen.   (V. 200–202)
>
> (Nun aber ist niemand so reich noch von so starker Willenskraft, der sie erlangen könne.)

Gottvertrauen

Diese Arznei scheint also unerreichbar. Doch der *meister* deutet noch eine zweite Heilungsvariante an:

> des sît ir iemer ungenesen,
> got enwelle der arzât wesen."   (V. 203 f.)
>
> (Deshalb bleibt ihr immer ungeheilt, wenn nicht Gott selbst der Arzt ist.)

Behandlungskosten

Den tieferen Sinn dieses zweiten ärztlichen Rates versteht Heinrich schon nicht mehr. Nach den Stichworten *arzenîe* und *rîch* (teuer) denkt er nur noch daran, wie die teure Medizin zu beschaffen sei. Er bietet dem Arzt für die richtige Medizin eine große Summe an Geld: *beidiu mîn silber und mîn golt*. Der Arzt nennt daraufhin die genaue Beschaffenheit der Medizin.

> ir müeset haben eine maget,
> diu vollen manbære
> und ouch des willen wære,
> daz sî den tôt durch iuch lite.
> nu enist ez nicht der liute site,
> daz ez ieman gerne tuo.
> so enhoeret ouch anders nicht dar zuo
> niuwan der maget herzebluot:
> daz wære für iuwer suht guot.   (V. 224–232)
>
> (Ihr müsstet eine Jungfrau haben, die voll mannbar und außerdem entschlossen wäre, den Tod für Euch zu leiden. Aber es ist nicht die Art des Menschen, dass jemand sich gern opfert. Es gibt kein anderes Mittel als das Herzblut der Jungfrau. Das würde Eure Krankheit heilen.)

Nur das Blut einer unschuldigen Jungfrau, die sich freiwillig für ihn opfert, könnte Heinrich heilen. So glaubt es jedenfalls Heinrich. Den zweiten Weg – eine Heilung durch Gott (V. 203 f.) – hat er schlicht überhört. Bei der Definition der Medizin lohnt sich ein Blick auf die Details, denn die benötigte Jungfrau muss über ein ebenso wichtiges wie rätselhaftes Attribut verfügen, ohne das die Heilwirkung nicht wäre: *diu vollen manbære*. In den Kommentaren zur Stelle findet sich ein ganzes Spektrum von Deutungsansätzen: im heiratsfähigen Alter, heiratsmündig, frei geboren, zur freien Entscheidung fähig, rechtlich erwachsen, freiwillig. Auch die einschlägigen Wörterbücher geben keine befriedigende Erklärung. Der Lexer übersetzt wie der BMZ mit *mannesfähig, mannbar.* Offensichtlich sind es aber nicht nur das Alter und die juristische Heiratsfähigkeit, die der Arzt für die Wirksamkeit der ‚Jungfrau-Medizin' fordert. Der spätere Handlungsverlauf zeigt vielmehr, dass die bewusste Freiwilligkeit zum Opfer von zentraler Bedeutung ist. Es scheint hier also um den freien Willen und die Befähigung, einen freien Willen überhaupt erst artikulieren bzw. denken zu können, zu gehen (vgl. die entsprechende Passage im „Gregorius"). Eventuell ist hier die alte, im Mittelalter noch sehr präsente Bedeutung von *man* als ‚denkendem Wesen' mitgedacht. Dass man es hier nicht allein mit neuzeitlichen Übersetzungsproblemen zu tun hat, zeigen übrigens auch die mittelalterlichen Handschriften. In Hs. A sind die Qualitäten der Jungfrau beispielsweise mit *vollen erbere* = angesehen, edel (Mettke Hs. A V. 225) und in Hs. B mit *vollen vriebere* = heiratsfähig, von freiem Stand (Mettke Hs. B V. 207) völlig unterschiedlich wiedergegeben (vgl. Mertens 2004, 915). Also schon die mittelalterlichen Schreiber waren sich nicht im Klaren, was mit dem von Hartmann kreierten Terminus umschrieben werden sollte.

Blut der Jungfrau

diu vollen manbære

Heinrich erkennt die Ausweglosigkeit der Lage und zieht sich aus der Welt zurück. Er verschenkt fast sein gesamtes Hab und Gut an Verwandte, Bedürftige und an die Kirche. Er behält nur einen Rodungshof (*geriute*), auf den er sich zurückzieht. Leprosorien, wie sie im spätern Mittelalter vielerorts üblich werden, gab es um 1200 im deutschen Südwesten noch nicht. Auf dem Hof wird Hartmann von seinem Meier freundlich aufgenommen. Im Rahmen der Villikationsverfassung war der Meier zunächst ein grundherrlicher Verwaltungsbeamter als Vorsteher eines Fronhofs. Im 12. Jh. bewirtschaftete ein Meier einen größeren grundherrlichen Hof in der Regel selbständig. Die Besitzrechte lagen beim Grundherren. Wegen ihrer wichtigen Funktionen bei der Verwaltung der Villikationen erlangten die unfreien Meier im Laufe der Zeit eine bedeutsame Stellung im Grundherrschaftsbereich. Ein grundlegender Wandel kündigte sich zu Hartmanns Zeiten an. Der Grundbesitz geht jetzt häufig in das Eigentum des Meiers über. Ihre Ämter beanspruchen sie wie die Ministerialen als erbliche Lehen. Im Südwesten wurden viele Fronhöfe an Meier verliehen, doch bildete sich kein spezielles Meierrecht aus. Die Meier waren hier selbständige Bewirtschafter ihrer Höfe, die im Spätmittelalter in der Regel zu den größten Bauern im Dorf gehörten und mit Sonderrechten ausgestattet waren. Der Meier im „Armen Heinrich" gehört zum Typ der – noch – besitzlosen Pächter. Zum Schluss der Geschichte wird sich sein Besitzstatus im Sinne der aktuellen juristischen Entwicklungen ändern.

Rückzug aus der Welt

Leprosorien

Meierrecht

Auf dem Meierhof wird Heinrich von dem ihm treu ergebenen Meier auf das Beste versorgt. Ganz besonders kümmert sich die 8-jährige (in B: 12-jäh-

Auf dem Meierhof

rige) Tochter um den Kranken (zur Bedeutung der Altersdifferenz vgl. Schiewer 2000), der sie mit Spiegeln, Haarbändern, Gürteln und Ringen reich beschenkt (V. 335–338). Nach 3 Jahren beginnt sich der Meier ernsthafte Sorgen um die Zukunft zu machen. Er fürchtet, nach dem Tod seines Grundherren die Abmeierung, denn ein neuer Herr könnte nach geltendem Meierrecht dann frei über den Hof verfügen und ggf. dem alten Meier die Meierrechte entziehen. Sicherheit würde also nur die Heilung Heinrichs bedeuten. Auf die Frage des Meiers, ob es eine Heilungschance gäbe, beklagt Heinrich sein Schicksal: *„Ich hân den schämelîchen spot / vil wol gedienet umbe got.* (V. 383f.). Seine Krankheit interpretiert er entsprechend der mittelalterlichen Aussatztheorie als Strafe Gottes, weil er sich als *werlttôr* ausschließlich weltlichen Freuden hingegeben habe. Heinrich erläutert dann in Beantwortung der Frage des Meiers die Erfahrungen in Salerno und den hoffnungslosen Rat des Arztes: Heilung sei nur durch das Blut einer unschuldigen Jungfrau möglich. Die zweite Heilungsvariante – Gottvertrauen – erwähnt er nicht. Der Meier und seine Frau sehen wie Heinrich die Hoffnungslosigkeit der Situation ein. Auch die Meier-Tochter hört Heinrichs Klage (V. 459ff.). Die Qual in ihrem Herzen ist unermesslich. Sie fürchtet nach dem Tod des Grundherren die Abmeierung (V. 490ff.). Die Eltern stimmen dieser Einschätzung zu, machen aber mit Verweis auf die Allmacht Gottes deutlich, dass die Situation hoffnungslos sei (V. 499ff.). Das Mädchen beschließt daraufhin, sich für Heinrich und die Familie zu opfern (V. 525ff.).

Grundlage ihrer Opferidee ist die weit verbreitete Vorstellung, dass wer früher stirbt, nicht so viele Sünden auf sich laden und um so gewisser in das Himmelreich gelangen kann (V. 593–610). Die Mutter versucht mit dem Hinweis auf das 4. Gebot: *daz man muoter unde vater / minne und êre biete* (V. 642f.), die Tochter vom Opfertod abzuhalten, denn verlöre sie das Leben, nähme sie den Eltern jede Lebensfreude. Die Tochter lässt sich aber nicht beirren. Es folgt eine theologisch ausgefeilte Rechtfertigungsrede des Mädchens (V. 663–854). Auf Basis der *contemptus mundi*-Theorie begründet sie mit messerscharfen Argumenten ihre Entscheidung: Der Mensch soll sich, seiner hohen Bestimmung gemäß, um absolute, unvergängliche Werte bemühen und der Welt entsagen. Die dt. Schriften zur *contemptus mundi*-Theorie sind nicht vollständig erfasst und aufgearbeitet. Bekannt sind Übertragungen verbreiteter, meist Bernhard von Clairvaux oder Robert Grossetete zugeschriebener Texte. In der Zeit waren entsprechende Ideen aber auch durch Hildegard von Bingen wirkmächtig präsent. Unklar ist, ob Hartmann direkt auf diese lateinischen Grundlagenwerke oder bereits übersetzte Texte zurückgreift. Wie schon bei der Medizin erscheint sein Wissen eher oberflächlich.

Die über die Opferidee schockierten Eltern erkennen, dass aus dem Mund des Kindes Gott selber sprechen muss.

sî jâhen daz der heilec geist
der rede wære ir volleist   (V. 863f.)
(Sie erkannten, dass der Heilige Geist der Ursprung ihrer Worte sein müsse.)

Die *maget,* hier als *gemahel* (weltliche oder geistige Brautschaft?) bezeichnet, offenbart dem armen Heinrich ihren Entschluss (V. 906ff.). Er lehnt mit Verweis auf die Einfalt der Kinder das Angebot ab: *gemahel, dû tuost als diu kint, / diu dâ gæhes muotes sint* (V. 949f.). Die Überzeugung des Mädchens ist jedoch so fest und ihre Argumente sind theologisch so ausgereift, dass schließlich alle trotz Schmerz, Trauer und Zweifel den Opfertod akzeptieren. Für die Reise nach Salerno wird das Mädchen gleich einer Königin mit den herrlichsten Accessoires der Hofkultur ausgestattet (Kraß 2006, 216):

Abreise nach Salerno

> schœniu pfert und rîchiu cleit,
> diu si getruoc nie vor der zît.
> hermîn unde samît,
> den besten zobel, den man vant,
> daz was der mägede gewant.   (V. 1022–1026)
>
> (Schöne Pferde, herrliche Gewänder, wie sie sie nie vorher getragen hatte: Hermelin und Samt, der beste Zobel, den es gab, daraus waren die Kleider des Mädchens.)

Die nicht standesgemäße Kleidung weist wohl schon auf die geistige Brautschaft voraus. Trauer und Freude liegen nun nahe beieinander: Die Eltern trauern um ihre dem Opfertod geweihte, aber von göttlicher Einsicht inspirierte Tochter. Die Tochter hofft, bald sündenrein Gott und das Himmelreich zu sehen.

Nach dem Eintreffen in Salerno (V. 1055 ff.) stellt Heinrich die *maget* dem *meister* vor. Eingehende Prüfungen und Erklärungen des Arztes folgen. Er will sich ein Bild machen von der Freiwilligkeit und der Überzeugung der *maget*. Er erklärt ihr, dass sie sich für die Operation völlig nackt ausziehen müsse. Das beschriebene Verfahren ist ungewöhnlich, da in der salertanischen Medizin eigentlich nur die zu behandelnden Körperstellen entblößt werden. Das Töten zur Medizingewinnung ist aus christlichen wie ethischen Erwägungen sowieso verboten (vgl. Eis 1973, 142, 147 u. Haferlach 1991, 153 f.). Es scheint sich hier also nicht um eine rein medizinische Vorgehensweise zu handeln. Nacktheit und Tod verweisen auf ein rituell-archaisches Muster (Blutopfer), auf religiöse Motive (himmlische Braut-Idee), auf eine Prüfung wie bei Märtyrerinnen und auf die Reinigung vom Irdischen. Einige Andeutungen lassen auch eine erotische Komponente erahnen. Dies gilt insbesondere für die B-Fassung, wo das Mädchen 4 Jahre älter (jetzt also 15) ist als in der A-Fassung (vgl. Schiewer 2000). Auf alle Fragen und Beschreibungen des Arztes reagiert die *maget* lachend. Scham und Nacktheit sind ihr gleichgültig (V. 1085 ff.). Ihr Entschluss steht fest. Als Lohn winken ihr *êwiges leben* und die *himelkrône*. Sie fürchtet nur noch, den Arzt oder Heinrich könne der Mut verlassen (V. 1119 ff.).

In Salerno

Blutmedizin

Nacktheit und Scham

Der Arzt bescheinigt Heinrich nach der Rede des Mädchens, dass die *maget unwandelbaere* (V. 1172) und damit bestens geeignet für das Blutopfer sei. Zur Operationsvorbereitung wird das Mädchen in ein Behandlungszimmer geführt. Der Arzt verschließt das *heimlîch gemach* (V. 1181), damit Heinrich nicht das Ende des Mädchens mit ansehen muss. Im Behandlungszimmer entkleidet sich die *maget* froh und ohne Scham. Die fehlende Scham könnte Zeichen der Kindlichkeit sein, doch V. 1128 bezeichnete sich das Mädchen als *wîp*, d. h. als erwachsene Frau. Wahrscheinlicher ist also eine Deutung als Zeichen der Reinheit, der Entweltlichung und der himmlischen Brautschaft. Eine solche Vermutung wird auch durch die anzitierten biblischen Formulierungen wie *nacket unde blôz* gestützt. Ob mit Nacktheit und Schamlosigkeit des Mädchens auch Paradiesnähe angedeutet wird, ist unklar. Eine Idealisierung der Nacktheit vor dem Sündenfall kennt die Theologie zu dieser Zeit wohl noch nicht (vgl. Freytag 2001).

Operationsvorbereitung

Scham-Thesen

Opferung Nachdem alle Vorbereitungen getroffen sind, wetzt der Arzt das Operationsmesser. Es ist ein besonders *scharpfez messer*, um das Leiden so kurz wie möglich zu machen, denn beim Anblick hatte der Arzt *erbarmen* mit dem Mädchen. Eine *schœner krêâtiure* hat er auf der ganzen Welt noch nicht gesehen (V. 1199f.). Heinrich hört unterdessen draußen vor der Tür das Wetzen des Messers. Auch er empfindet *erbarmen*. Er beginnt nach einem Loch in der Tür oder einer Ritze in der Wand zu suchen. Durch die Ritzen sieht er

minneclich sie schließlich nackt und gebunden auf dem Operationstisch: *ir lîp der was vil minneclich*. Wobei das Attribut *minneclich* durchaus zweideutig ist. Nach Lexer (I, 2147) sind Übersetzungen wie „zur minne gehörend, lieblich, liebenswert, schön, zierlich" möglich. Beim Anblick wachsen die Zweifel. Heinrich schaut sie an und dann sich. Dem Zweifel folgt die Einsicht, dass er den Opfertod keinesfalls akzeptieren könne. Die Gründe des Zweifels scheinen hier ambivalent. Sicher spielt die *niuwe güete* die Hauptrolle, aber erotische Momente sind – zumindest in der B-Fassung – auch nicht bedeutungslos. Er verhindert in deutlicher Analogie zur Silvesterlegende, wo sich Kaiser Konstantin beim Anblick der leidenden Kinder und Mütter ebenfalls vor dem Opfer umentscheidet, in letzter Sekunde den Opfertod (V. 1257ff.). Heinrich

Gotteserkenntnis erkennt in diesem Augenblick Gott und begibt sich in Gottes Hand: *gotes wille müeze an mir geschehen!* (V. 1276). Das Mädchen ist gerettet. Heinrich und der Arzt sind zufrieden, aber das Mädchen ist tief bestürzt über die vermeintliche Rettungstat. Sie fürchtet ihren Lohn, die *himelkrône*, verloren und obendrein auch ihren Herren endgültig dem Tode geweiht zu haben: *Sus bat sî genuoc umbe den tôt*. Trotz heftigster Klagen wird sie weder vom Arzt noch von Heinrich erhört. Heinrich bezahlt schließlich den Arzt (V. 1345f.) und verlässt ungeheilt mit dem wieder angekleideten Mädchen (vgl. Kraß 2006, 216) Salerno Richtung Heimat. Heinrich legt von nun an sein weiteres Leben in die Hände Gottes. Er nimmt sein Schicksal an, wie es

Heilung Hiob einst tat. Auch die *maget* hadert nicht mehr mit ihrem Schicksal. Gott sieht die Wandlungen und schenkt ihnen wie Hiob seine Gnade:

> dô erzeicte der heilec Krist
> wie liep im triuwe und bärmde ist,
> und schiet si dô beide
> von allem ir leide
> und machete in dâ zestunt
> reine unde wol gesunt.   (V. 1365–1370)

(da zeigte der heilige Christus, wie lieb ihm Treue und Erbarmen sind, und nahm ihnen beiden all ihr Leid und machte ihn zur Stunde rein und ganz gesund.)

Neider in B Nach der Wunderheilung verbreitet sich die Kunde schnell im ganzen Land. Alle freuen sich. Die B-Fassung bringt an dieser Stelle jedoch einige bemerkenswerte Zusatzverse. In B treten die Neider auf den Plan. Die ausgesprochen weltkritischen Zusatzverse in B scheinen auf die finale Vergeistigung der Geschichte in B vorauszuweisen.

> ez enbenæme eteswenne der nît,
> der sît Adâmes zît
> in der werlde nie gelac
> noch geliget unz an den suontac.   (V. 1386e–h)

(… wenn es nicht der Neid verhinderte, der seit Adams Zeiten in der Welt nicht aufgehört hat und bis zum Jüngsten Tag nicht aufhören wird.)

In der Heimat werden *tohter und herre* in beiden Fassungen gleichermaßen freudig empfangen. Und wie bei Hiob sind durch göttliche Fügung die Besitztümer Heinrichs nicht nur erhalten, sondern bedeutend erweitert worden (V. 1430–1436). Herrschaft, Besitz und Ansehen stehen fortan in nie erreichter Blüte. Aus Dankbarkeit erhält der Meier den Hof und die Grundholden als Eigentum. Er bleibt aber in Abhängigkeit von seinem (Lehns)herren (V. 1437–1445). Der neue Rechtsstatus des Meiers rekurriert augenscheinlich auf die aktuellen Veränderungen des Meierrechts. Hartmann ist hier juristisch auf der Höhe der Zeit.	Zuhause
Um das Glück und die Herrschaft endgültig zu festigen, bedarf der Landesherr einer Frau und eines Erben. Die *wîsen* raten ihm deshalb eindringlich zur *êlîchen hîrât*. Die rechte Frau scheint der Versammlung zwar nicht in Sicht, doch Heinrich hat konkrete Pläne. Als Braut hat er die *maget* erwählt. Vermutlich wegen der zu erwartenden Bedenken um die niedere Herkunft der Meierstochter begleitet seine Eheentscheidung eine ausführliche Begründung, die Gott und Gotteswillen in das Zentrum stellt (V. 1480–1486): Falls man seinen Heiratsplänen nicht zustimme, wolle er ehelos bleiben. Schließlich verdanke er Ehre und Leben nur ihr (V. 1500ff.). Durch diesen Verweis auf den Tugendadel der opferbereiten *maget* werden die Standesschranken relativiert. Hartmann scheint hier auf die im Mittelalter weit verbreitete Pastoralregel Gregors des Großen anzuspielen, die besagt, dass vor Gott als dem gerechten Richter die Beschaffenheit der Handlungen das Verdienst ändert, welches dem Stand an sich zukäme. Es gibt keinen Widerspruch, und die Ehe erlaubt für das Paar schließlich nicht nur das ideale Leben in der Welt. Gleichzeitig wird auch das ewige Leben und die ewige Seligkeit vorbereitet. „Damit ist die Lebensform des verheirateten Laien, der in der Verantwortung vor Gott lebt, als Heilsweg sanktioniert" (Mertens 2004, 936).	Heirat Tugendadel
Einen grundsätzlich anderen Schluss bietet die B-Fassung. Das Paar heiratet zwar auch, vollzieht die Ehe aus religiösen Gründen aber nicht, obwohl *Er hette si wol beslafen / Nach wertlichem schafen* (Mertens 2004, 936: V. 1513f–g). Heinrich hätte also gerne mit ihr nach weltlicher Sitte geschlafen und die Ehe weltlich vollzogen. Er verzichtet aber um Gottes Willen darauf. Damit erfüllt sich der zu Beginn der Opferentscheidung des Mädchens stehende Wunsch nach der geistigen Brautschaft doch noch. Letztlich streben beide danach, zu zwei Engeln zu werden (Mertens 2004, 936: V. 1513a–m). Heinrich wendet sich von der Welt ab. *Er tet sich in ein Kloster*, d. h. er ging in ein Kloster (Mertens 2004, 936: V. 1513i). Nur wenige Verse später erfährt man allerdings, dass er sich der Gottesmutter Maria in einem Domstift anvertraute (V. 1513j–l). Mertens (Mertens 2004, 937) schlägt zur Lösung dieses Widerspruchs eine winzige Lesartenkorrektur vor und ändert den Klosterpassus in: *Er tet sie in ein Kloster*, d. h. er schickte sie (seine Frau) in ein Kloster. So korrigiert, ergeben auch die Schlussverse einen Sinn, denn dort heißt es, dass *beide da* (dort) – und das kann nur im Kloster und im Domstift sein – *Daz vrone himelriche* (Mertens 2004, 936: V. 1516) erlangen.	Geistige Brautschaft
Der gebetsartige Schluss mit der Gebetsformel *Des helfe vns got amen* (Mertens 2004, 936: V. 1520) lässt keinen Zweifel an der geistigen Dimension der Geschichte. Beide Modelle – das mit dem finalen Glück samt Erlösung in der Welt ebenso wie das mit dem finalen Glück samt Erlösung im Kloster bzw. im Domstift – sind in Hartmanns Epoche wie im darauf folgenden 13. Jahrhundert verbreitete Heilsvarianten.	Schlussgebet

VI. Klage und Lyrik

1. Klage (*dirre klage*)

Überlieferung: 1 Handschrift
Handschrift   Wien, ÖNB, cod. ser. nov. 2663, Bl. 22^{rc}–26va („Ambraser Heldenbuch").

Entstehung
Mit der „Klage" betritt Hartmann literaturtheoretisches Neuland. Wer ihm den Auftrag dazu gab, wer eventuell Quellen vermittelte und warum die höfische Minne in so außergewöhnlicher, die Konventionen z.T. heftig kritisierender Weise reflektiert wurde, entzieht sich der Überprüfung. Trotz der Angabe, der Kräuterzauber stamme *von Kärlingen* (v. 1280), d.h. aus Frankreich, bleibt die Quellensuche ohne greifbares Ergebnis. Ein altfranzösisches Streitgedicht „Un samedi par nuit" weist nur geringe Parallelen auf. Dennoch steht Hartmanns minnetheoretische Schrift in der literarischen Tradition der romanischen Minnekultur, die sich allerdings aus vielen französischen und vor allem gelehrt-lateinischen Quellen speist. Das von Hartmann als Folie der „Klage" verwendete allegorische Streitgespräch ist in der lateinischen Tradition vorgeprägt. Ein Leib-Seele-Gespräch findet man beispielsweise in der „Visio Fulberti". Dort ist aber die Seele Dialogpartnerin des Leibs. Ein Streitgespräch zwischen *herze* und *lîp* in der für Hartmann charakteristischen Variante ist nicht bekannt. Die immer wieder anzitierte Rechtssituation mit Klage und Gegenklage entspricht wie die verwendeten rhetorischen Mittel und das minnetheoretische Grundgerüst ebenfalls der gelehrt-lateinischen Wissenspraxis. Auch das Denken Augustins ist spürbar. Ob die frühscholastischen Einflüsse so stark sind, wie es Gewehr in seinen Studien herauszustellen versucht, wird man jedoch zurückhaltend beurteilen müssen (Gewehr 1975). Die aktuellen Abhandlungen eines Alanus ab Insulis oder Hugo von St. Victor sind kaum fassbar. Herangezogen wurde wohl am ehesten die ebenfalls um Liebe, Dienst, Körper, Herz und Seele kreisende (z.T. auch schon volkssprachige) zeitgenössische Predigtliteratur. Gewehr macht in diesem Zusammenhang auf Parallelen zum „St. Trudperter Hohelied" (um 1160) aufmerksam (Gewehr 1975, 81f., 88f.).

Französische Vorbilder

Lateinische Vorbilder

Rezeption/Wirkung
Als programmatische Abhandlung der Minnethematik und -psychologie ist die „Klage" zu Hartmanns Zeit isoliert und wirkungslos geblieben. Handschriften aus dem 13.–15. Jh. sind nicht erhalten. Einer der ersten Nutzer der „Klage" könnte der Verfasser des sog. „Zweiten Büchleins" gewesen zu sein. Der anonyme Verfasser dieser lange Zeit Hartmann zugeschriebenen, aber erst zwischen 1220 und 1250 entstandenen Minneklage zitiert Hartmanns Lieder und die epischen Texte oft und ausführlich (Ausgabe: Zutt 1968; vgl. Glier 1971, 46–49). Die Bezüge zu Hartmanns „Klage" bleiben jedoch vage.

Hartmanns „Klage" wird erst im frühen 16. Jh. über das „Ambraser Helden- Ambraser
buch" fassbar. Diese Sammlung wurde im Auftrag Kaiser Maximilians zwi- Heldenbuch
schen 1504 und 1516 von dem Zollschreiber Hans Ried zusammengetragen.
Die Intention der Sammlung zeigt retrospektive bzw. archivalische Züge: Im
Auftrag des Kaisers versammelt Hans Ried in seinem Buch die Zeugnisse vergangenen ritterlichen Glanzes. Für die Aufnahme der „Klage" scheinen dabei zwei Gesichtspunkte maßgeblich gewesen zu sein: Zum einen bemühte
sich Ried um so etwas wie ein Hartmann-Autorkorpus. Er kopierte auch den
„Iwein" und den „Erec" in seine Sammlung. Zum anderen reflektiert und diskutiert die „Klage" Vorstellungen höfischer Minne, die in einer Sammlung
epischer Texte natürlich zu einem Grundhandlungsmuster vieler Texte gehörte. Hans Ried hat sie wohl in diesem Sinn mit *disputatz* (Lexer I, 440:
„disputatio, gelehrte streitigkeit") betitelt.

Textanalyse
Im Prolog (V. 1–32) wird die Allgewalt der Minne thematisiert. Als Proband Prolog
nennt Hartmann einen *jungelinc* (V. 7). Seine Minne hat sich *durch schoene
sinne* und den *schoenen lîp* (V. 12) einer Frau entzündet. Aber sie weist seinen Minnedienst zurück. Ungeachtet dessen bemüht er sich im Sinn der
Idee von der *hohen minne* (Dienstgedanke) weiter. Die Zurückweisung seines Minnedienstes führt zur inneren Reflexion über Minne insgesamt. Das
Autor-Ich identifiziert sich dabei mit dem Minnenden (V. 29f.):

> daz was von Ouwe Hartman
> der ouch dirre klage began.
> durch sus verswigen ungemach
> sîn lîp zuo sînem herzen sprach.   (V. 29–32)

(Das war Hartmann von Aue, der auch diese Disputation begann. Wegen seines
verschwiegenen Leidens sprach sein Leib/Körper zu seinem Herzen.)

Die Identifikation des Autors Hartmann mit dem Minnenden hat schon früh Autobiografische
dazu geführt, die „Klage" autobiographisch auf Hartmann zu beziehen. Eine Züge?
so stilisierte Ich-Rolle ist in der Minnelyrik jedoch meist gerade nicht autobiographisch motiviert. Wahrscheinlicher ist deshalb, dass es sich hier um
eine fingierte innere Reflexion über Minne an sich handelt. In diese Richtung
deutet auch die rhetorisch hochartifizielle Gestaltung der „Klage" als Streitgespräch mit wechselnder Rede und Gegenrede.

Der *lîp* klagt über Leid und Vergeblichkeit der Minne (V. 33–484). Um- Rede des *lîp*
worben ist eine (fiktive) Frauengestalt. Ihre Idealität wird mit den Attributen
güete (V. 83, 91 u.ö.), *schoene* (V. 12, 1074) und *tugende* (V. 155) beschrieben. Die Angebetete ist Ruhm und Zierde des Hofs (V. 168). Alle Gedanken
des *lîp* kreisen um diese fiktive Ideal-*vrouwe*. Sie ist die Angebetete (*minne*)
und damit die Herrscherin des eigenen Selbst. Quintessenz der Dienstidee
sollte der Lohn, d.h. der finale Gruß der *vrouwe* sein. Für diesen Gruß ginge
der Dienst des Liebenden bis hin zum Einsatz des Lebens: *unz anden tôt*
(V. 189). Aber das Dienstbemühen bleibt ohne Lohn (V. 285) bzw. wird sogar
mit *übele* abgegolten (V. 113). Die Minnefolgen (Minnpsychologie) sind für
den Minnenden dramatisch. Er verliert das Farbbewusstsein (V. 293ff.), das
Situationsbewusstsein (V. 300f.) und die Sprache (V. 302ff.). Sein Verstand
wird verwirrt (V. 348ff.). Innere Gefühlsstürme (V. 353ff.) machen sein Leben
zur Qual. Hartmann vergleicht die Minnefolgen in ihrer Intensität und zer-

störerischen Kraft mit den schwersten Stürmen und Springfluten am Bodensee: *und hebet sich ûf von grunde ein wint, / daz heizent sie selpwege* (V. 360f.). Der Minnekranke ist ein *vröudelôser man* (V. 334). Letztlich droht sogar der Verlust der Gesellschaft (V. 378f.). Welche Konsequenzen dies haben kann, führt Hartmann in der Mabonagrin-Episode des „Erec" ja beispielhaft vor.

Gegenrede des herze

Für die Gegenrede des *herze* (V. 485–972) sind einige Grunddaten von zentraler Bedeutung. So hat das *herze* die Macht über den Leib (V. 44f.). Es gibt den Auftrag zum Minnedienst (V. 181). Es wählt die Minnedame aus (V. 76ff.) und leitet den *lîp* zum richtigen Handeln an. Es ist von der Minne direkt betroffen, erkrankt ohne Ausweg an der Minnekrankheit und es kann vom *lîp* Gehorsam verlangen. Aus dieser Position heraus klagt das *herze* über den mangelnden Einsatz des *lîp* und seinen Hang zu *gemach*, denn nur im Dienst aktiv geübte Tugenden können Minne verwirklichen und die Angebetete erlangen. Der *lîp* erkennt die Macht des *herze* an und verpflichtet sich zum Minnedienst (V. 425f.). Er stellt seine *mâge* (Kraft/Macht) in den Dienst der Sache und unter die Aufsicht des *herze*, denn die Macht benötigt Rat und Anleitung durch das *herze* (V. 200ff.; 1010). Außerdem verzichtet der so gescholtene *lîp* angesichts der überzeugenden Argumente mit der juristisch exakten Formel: *lâze sîne klage* (V. 492), auf sein Recht der Gegenklage. Trotz dieses Bekenntnisses bleiben beim *herze* Zweifel, denn die Natur des *lîp* ist Trägheit, Bequemlichkeit (V. 860), Passivität (V. 856) und Unbelehrbarkeit (V. 862ff.).

Wahrnehmungs- und Minnetheorien

Hartmann referiert hier grosso modo die gängigen Wahrnehmungs- und Minnetheorien seiner Zeit. Grundlage jeder Erkenntnis ist die sinnliche Wahrnehmung durch die Augen. Sie sind *des herzen spehaere* (V. 553). Sie nehmen alles und jedes wahr und übermitteln die Außeneindrücke an den *lîp*, dem aber die Kompetenz fehlt, aus der Fülle der Eindrücke das Wesentliche herauszufiltern. Die fehlende Urteilskompetenz benötigt die Erkenntnisfähigkeit des *herze*. Es fällt das Urteil darüber, ob es zur Minne kommt. Entgegen der gerade aktuellen Sehtheorie des Neuplatonismus handeln die Augen aber ohne den erklärten Willen des *herze* gleichsam autonom. Sie nehmen alles auf. Die Auswahl erfolgt nachgängig. Nach Hartmann muss man für die Liebe neben dem *lîp* auch die *sêle* wagen:

> beide sêle unde lîp
> mouz man wâgen durch diu wîp   (V. 637f.)
>
> (sowohl Seele/Geist als auch Leib/Körper muss man einsetzen für die Frauen)

Seele

Entgegen dem gängigen Muster scheint Hartmann hier von zwei eigenständigen Kategorien auszugehen. Gewehr identifiziert den *sêle*-Passus als Verweis auf Gott. „Dies ist Hartmanns entscheidende Aussage: Der Weg zum erfolgreichen Minnedienst führt nur durch den amor Dei, durch die Einbeziehung Gottes in die irdische Gebundenheit und Unvollkommenheit der ritterlich-höfischen Welt […] Die Hartmannsche Minnekonzeption besteht also in der Einbeziehung Gottes, in jener trigonalen Beziehung Gott – Herz – Leib, die grundlegend ist für das Verständnis der im ‚Klage-Büchlein' gegebenen Disposition, da aus dieser Perspektive die Rolle des Herzens ihre entscheidende Prägung erhält" (Gewehr 1975, 75f.). Hartmanns Formulierungen sind jedoch keinesfalls so eindeutig, wie Gewehr sie lesen möchte.

Minnekrankheit

Das *herze* wird durch die Minne krank. Es kann sich anders als der *lîp* durch nichts ablenken. Dem *lîp* steht demgegenüber neben dem ergötzlichen Schlaf in der Nacht (V. 676ff.) ein breites Repertoire an höfischen Vergnügungen zur Verfügung. Er kann *singen, sagen* (Geschichten erzählen), *beizen* (an der Beizjagd teilnehmen), *jagen, spilen, schiezen, tanzen, springen* (V. 681–85).

der dinge ist tûsent stunt mê,
diu lânt dir selten werden wê.
du wirst von kurzewîle vrô.
so enist mir niender sô! (V. 687–690)

(Dieser Dinge/Vergnügungen sind noch tausend Mal mehr. Die lassen es dir selten schlecht sein. Du wirst durch Kurzweil froh. Mir ergeht es niemals so.)

Symptome

Symptome und Folgen der Minnekrankheit (V. 695ff.) sind ständiges Denken an die Minne, Schlaflosigkeit, Minneträume, *arebeit* (Lexer I, 88: „mühe, mühsal, not die man leidet") und *leit* (Lexer I, 1871f.: „leiden, böses, betrübnis, schmerz"). Hartmann rekurriert hier erneut auf die gelehrt-lateinische Minnetheorie. Entsprechende Erklärungsmodelle waren allerdings auch schon im volkssprachigen Literaturdiskurs verbreitet. Im deutschen Sprachraum wären etwa die „Kaiserchronik" (um 1150) und der „Eneas"-Roman Heinrichs von Veldeke anzuführen. In der „Kaiserchronik" ist es z.B. die Venusminne des Jünglings Astrolabius (Kaiserchronik V. 13086ff.), die pathologische Züge zeigt. Im „Eneas"-Roman, erörtern Lavinia und ihre Mutter im Gespräch Symptome, Auswirkungen und Heilungschancen der Minnekrankheit (Eneas V. 9854ff.). Die bei Eneas auftretenden Symptome der Liebeskrankheit: Appetitlosigkeit (Eneas V. 11015), Schlaflosigkeit (Eneas V. 11022), Hitze und Röte (Eneas V. 11030ff.), stimmen auffällig mit der „Klage" überein. Hartmann verwendet allerdings nicht die für „Kaiserchronik" und „Eneas" maßgebliche antik-mythologische Variante der Minneerklärung (vgl. Hoffmann 1990), sondern eine seinem Publikum aus der zeitgenössischen französischen und dt. Minnelyrik bekannte Jahreszeitenallegorie:

Sich, lîp, mir ist alse wê
sam dem bluomen underm snê
der in dem merzen ûf gât (V. 821–823)

(Schau Leib, ich leide genauso wie die Blumen unter dem Schnee, der erst im März aufbricht.)

Die benutzten Metaphern spielen als Allegorien im Minnekontext eine große Rolle. Der Winter steht dabei für das Leid, der mit seinem Schnee die Blumen niederhält. Im Frühling bricht der Schnee auf.

Versöhnungsangebot des *lîps* und Stichomythie

Nachdem sich beide Parteien gegenseitig alle Versäumnisse, Verdächtigungen und Schmerzen vorgehalten und sich sogar mit Todesdrohungen (V. 41), Messerattacken (V. 70ff., 524) und handgreiflicher Gegenwehr (V. 527ff.) bedroht haben, bietet der einsichtige *lîp* die Versöhnung an (V. 973–1125). Das *herze* nimmt das Versöhnungsangebot an (V. 1126–1167). Die Versöhnungsbereitschaft des *lîp*s fordert anschließend die Minnelehre des Herzens heraus. In einer Stichomythie (Wechsel von Rede und Gegenrede) (V. 1126–1268) werden die Paradoxien der Minne und deren pathologische Konsequenzen pointiert dargestellt. Eine Minneparadoxie mit pathologischen Zügen beschreibt den Beginn der Minne:

Minneparadoxie

> ‚Mir ist wê, und ich bin gesunt.'
> ‚wie dem sî daz ist mir unkunt' (V. 1197f.)
>
> (Ich fühle mich krank und ich bin gesund. Wie das sein kann, ist mir ein Rätsel.)

Auf der einen Seite stehen Leiden und Bedrängnis, auf der anderen Freude, Glück und Erwartung, wobei beide Aspekte trotz ihrer Gegensätzlichkeit Teil des einen Ichs sind. Die Infektion des Ich mit den Krankheitskeimen der Minne erfolgt durch eine von außen kommende Macht, die bis ins Innerste hinein wirkt.

Kräuterzauber

Das *herze* weist anschließend im allegorischen Kräuterzauber (V. 1269–1375) nach, das einzig die konsequent verwirklichten Tugenden bzw. Tugendkräuter *milte* (Lexer I, 2139: „freundlichkeit, güte, gnade, barmherzigkeit, woltätigkeit, freigebigkeit"), *zuht* (Lexer III, 1169–1171: „bildung des innern u. äussern menschen, wolgezogenheit, feine sitte u. lebensart, sittsamkeit, höflichkeit, liebenswürdigkeit, anstand"), *diemuot* (Lexer I, 424f.: „demut, herablassung, milde, bescheidenheit"), *triuwe* (Lexer II, 1520f.: „wolmeinenheit, aufrichtigkeit, zuverlässigkeit, treue"), *staete* (Lexer II,1146: „festigkeit, beständigkeit, dauer"), *kiuscheit* (Lexer I,1592f.: „keuschheit, reinheit"), *schame* (Lexer II, 651f.: „scham, schamhaftigkeit, züchtigkeit, scham-, ehrgefühl") und *gewislichiu manheit* (Lexer I, 2031f.: verbürgte „männlichkeit, mannhaftes, tapferes wesen, tapferkeit") den Weg zum Glück in der Anerkennung durch die Dame, Gott und die Gesellschaft ermöglichen. Das *herze* hat dieses geheimnisvolle Rezept (*zouberlist*) und die notwendigen Ingredienzien *von Karlingen* (V. 1280) mitgebracht, d.h.

Gott der würzaere

aus dem Land der Karolinger, dem karolingischen Frankreich. Hergestellt wurden die *krût* von einem *würzaere* (V. 1296). Der mhd. Fachterminus *würzaere* entspricht dem lat. *pigmentarius* = Apotheker. Niemand anderes als *got ist der würzaere*, der eine solche Arznei zusammenbringen kann.

Treueid und Anwendung der Treue

Der Treueid zwischen *lîp* und *herze* schafft die Voraussetzungen für erfolgreiche Minne (V. 1377–1644). *herze unde lîp* diskutieren in der Folge verschiedene Minnecharakteristika hinsichtlich der Erwartungen und Hoffnungen des Werbenden. Ziele sind *genâde* (V. 1386, 1446), *gruoz* (V. 1390) und *güete* (V. 1495ff.) der Dame. Aber die Reaktion der Minnedame ist trotz der genau befolgten Regeln, Rezepte und Verhaltensnormen letztlich unkalkulierbar (V. 1394ff., 1585ff.).

> Welch wünne ein wîp dâ mite hât
> daz sî ir vriunt sô lange lât
> an zwîvellîchen sorgen
> die sint mir gar verborgen
> ez ist ein unbescheiden site,
> ir vriunt verderbent sî dâ mite
> und sûment guote minne (V. 1585–1591)
>
> (Welches Vergnügen eine Frau dabei hat, dass sie ihren Freund so lange im Ungewissen lässt, sind mir verborgen. Es ist eine üble Unart. Ihrem Freund schadet sie damit und beschädigt die wahre Liebe.)

Der werbende *dienstman* benötigt deshalb unerschütterliche Ausdauer, Mut, Rat, Weisheit und eine unglaubliche Frustrationstoleranz, denn steter Tropfen höhlt den Stein (V. 1616ff.). Die Erfolgsaussichten bleiben wegen des wankelmütigen Charakters der Minnedame trotzdem vage. Der undurchschaubaren Unzugänglichkeit der Umworbenen kann nur Beständigkeit (*staete*) entgegengesetzt werden: *bis staete, daz ist der beste list* (V. 1615). Und *ist sî danne ein guot wîp / sich, sô lônet sî dir, lîp* (V. 1630f.). Versöhnt sendet das *herze* schließlich durch den *lîp* einen Liebesgruß an die Frau.

Das finale Minnegeständnis in 15 Strophen (V. 1645–1914) ist artistisch gestaltet. Die Strophen sind jeweils mit einem Reimpaar durchgereimt und nehmen Strophe für Strophe um ein Reimpaar von 32 auf 4 Zeilen ab. „Die Häufung der Reimklänge erinnert an die okzitanische Lyrik. Während sich dort jedoch solche Häufungen aufgrund der extensiven Reimmöglichkeiten der romanischen Sprachen mühelos ergeben, bedeutet die größere Anstrengung, sie im Deutschen zusammenzubringen, dass Hartmanns erste, längere Reimreihen eher dringend als zwingend wirken, die späteren, vor allem der letzte inständige Vierzeiler, aber eine feierliche Intensität gewinnen" (Johnson 1999, 440). Am Schluss der Minnebotschaft ermahnt der Leib eindringlich die Minnedame, die Werbung zu erhören. Ihre Verantwortung ist groß, denn seine *sêle* und sein *lîp* sind vollständig in die Gewalt der Dame gegeben. Die Folgen einer leichtfertigen Zurückweisung wären für den *man* dramatisch, denn es droht, dass er *gar âne vröude ersterbe* oder *verderbe* (V. 1908, 1910), d.h. es drohen Verderben und ein freudloser Tod. Als letztendliches Ziel formuliert Hartmann das Heil. Zunächst ist im Minnezusammenhang an eine weltliche Konnotation in Form der Gunst der Minnedame zu denken. Aber „die Minne schöpft ihre Würde aus Analogien zur Religion, und sie ist zugleich irdisch-säkulares Äquivalent in einer von kirchlich-klerikaler Bildung emanzipierten Laienkultur" (Cormeau/Störmer 1985, 105). Man könnte also als finales Ziel der Minne, und zwar im Sinne eines gerechten Geben und Nehmen vermutlich sogar für beide Seiten, auch die Gnade Gottes und das Himmelreich verstehen. Für Cormeaus Sichtweise sprechen dabei die Schlusssequenzen von „Erec", „Iwein" und „Armem Heinrich", wo die zum Teil durchaus turbulenten Minnebeziehungen nicht nur in ideale Eheverbindungen, sondern zugleich in die Heilsgewissheit münden.

Minnegeständnis

Minneheil – Göttliches Heil

2. Lyrik

Überlieferung

C „Große Heidelberger Liederhandschrift" (Codex Manesse): Heidelberg, Universitätsbibl., cpg 848, Bl. 184^v–187^r (nach 1300 in Zürich). 60 Strophen in 18 Tönen (Melodien).

B „Weingartner Liederhandschrift": Stuttgart, Landesbibl., cod. HB XIII 1, S. 33–39 (Anfang 14. Jh., Konstanz?). 28 Strophen.

A „Kleine Heidelberger Liederhandschrift": Heidelberg, Universitätsbibl., cpg 357, Bl. 30^r (um 1270, im westalem. Sprachraum/Elsaß?). 10 Strophen.

E „Würzburger Liederhandschrift" (2. Teil des Hausbuchs des Michael de Leone): München, Universitätsbibl., 2° Cod. ms. 731 (1345–1354, Würzburg). 7 ansonsten Hartmann zugewiesene Strophen werden in der „Würzburger Liederhandschrift" unter den Namen Walther von der Vogelweide und Reinmar (verstreut auf den Bll. 168vb–191va) überliefert. Die „Würzburger Liederhandschrift" kennt Hartmann ansonsten überhaupt nicht.

Liederhandschriften

Streuüberlieferung

Zwei jüngere Liederhandschriften enthalten nur wenige Hartmann-Splitter unter anderem Namen:

m „Mösersche Bruchstücke": Berlin, Staatsbibl., mgq 795 (14. Jh., nd. Sprachraum). 6 Blätter einer niederdeutschen Liederhandschrift, die unter dem Namen Walthers von der Vogelweide drei Strophen des Hartmann-Liedes *Wê, war umbe trûren wir?* überliefert. In der „Würzburger Liederhandschrift" (E) ist dieses dort vier Strophen umfassende Lied in leicht geänderter Strophenfolge (1–3–4–2) Reinmar zugeschrieben. In der Forschung gilt das Lied überwiegend als ‚unecht' (vgl. Reusner 1985, 160f. u. Kühnel 1989, 30–32).

s „Haager Liederhandschrift": Den Haag / 's-Gravenhage, Königl. Bibl., Cod. 128 E 2 (um 1400, mnl. / mhd. / altfranzösisch). In der insgesamt 115 Minnereden, Lied- und Spruchstrophen umfassenden Sammlung wird unter der Überschrift *Hern Walter zanch* die 5. Strophe des Hartmann-Lieds *Dir hât enboten, vrouwe guot sînen dienst* (MF 214,34) tradiert. Das gesamte, in der jüngeren Forschung überwiegend Walther zugeschriebene Lied ist in der „Würzburger Liederhandschrift" (E) Walther von der Vogelweide zugewiesen. Die Strophen 1–4 und 5 stehen jedoch an unterschiedlichen Stellen. In den beiden Heidelberger Liederhandschriften (A, C) erscheinen jeweils die ersten drei Strophen im Hartmann-Korpus, in C zusätzlich eine Strophe bei Walther (vgl. Reusner 1985, 133–136 u. Kühnel 1989, 27–30).

Entstehung
Über die Entstehung der einzelnen Lieder und deren Verortung in der Werkchronologie Hartmanns von Aue ist viel spekuliert worden. Allgemein nimmt man an, dass die Minnelieder zu einem größeren Teil zu Beginn seiner Schaffensperiode entstanden sind, allerdings ohne beweiskräftige Indizien beibringen zu können (resümierend Johnson 1999, 253 u. Bumke 2006, 7f.). Der thematisierte Tod des Gönners, der Verlust der Gunst einer Dame und eine thematisierte Kreuznahme scheinen eine Zäsur im Leben des Dichters widerzuspiegeln. Es bleibt aber fraglich, inwieweit die in den Liedern thematisierten Erfahrungen, Erlebnisse und Ereignisse eine Rückbeziehung zur Biografie des Dichters haben. Dass sie direkt auf das Leben Hartmanns von Aue übertragen werden können, ist, auch wenn das Dichter-Ich vielfach wie Hartmann erscheint und sich etwa in MF 216,29 sogar explizit als Hartmann bezeichnet, wohl auszuschließen. Man wird wie bei den Dichterkollegen, die mit denselben Mitteln arbeiten, mit einem hohen Prozentsatz topischer bzw. performativer Bestandteile rechnen müssen.

Wirkung/Rezeption

Lob der Zeitgenossen

Die artifizielle Meisterschaft der Lyrik Hartmanns von Aue ist schon seinen Zeitgenossen aufgefallen. Heinrich von dem Türlin (nach 1225) rühmt Hartmann als hervorragenden Minnesänger. In der „Crône" werden *Hartmann vnd Reinmar* gleichermaßen ob ihrer hervorragenden Dichtkunst, ihrer guten Lehre und ihres perfekten Frauenlobs vor allen Liederdichtern gerühmt (Crône V. 2416–2437). Nicht weniger hymnisch fällt das Lob des Schweizer Minnesängers von Gliers (2. Hälfte 13. Jh.) aus. Insgesamt wird Hartmann aber weit weniger als Walther oder Reinmar als Minnesänger wahrgenommen, auch wenn seine Lyrik ebenfalls Bestandteil der drei großen, rund ein Jahrhundert nach Hartmann entstandenen Lyriksammlungen des Mittelalters (A, B, C) geworden ist. Ältere Zeugnisse existieren nicht.

Thematik

Bemerkenswert ist die thematische Breite von Hartmanns Lied-Œuvre. Im Zentrum steht zeittypisch die *hohiu minne*, wo sich alles um den Dienst des Mannes und den – in der Regel ausbleibenden – Lohn der Dame dreht. Es überwiegt die Klage über den ungelohnten Dienst, über das Leid des sehnsuchtsvollen Werbens. Die Frau wird zu einem unerreichbaren Sehnsuchtsideal verabsolutiert. Der mehrfach thematisierte Versuch, sich aus der Minnebindung zu lösen, ist Ausgangspunkt für erneuten Frauenpreis. Einige Lieder der Minnehoffnung eröffnen eine hoffnungsvollere Perspektive auf die Minne. Für den Minnedienst wird dabei der erwartete Lohn tatsächlich in Aussicht gestellt. Der ersehnte Minneerfolg ist aber an bestimmte Bedingungen geknüpft: Hoffnungsvoll ist die Minne oft nur in der räumlichen Distanz. Abwesenheitsgründe können eine reale Entfernung wegen übergeordneter Notwendigkeiten sein. An anderer Stelle führt Hartmann Beispiele wie Fehde und Kreuzzug an. Abwesenheitsgründe können aber auch die Angst vor einer Absage der Dame, die Verehrung aus Distanz (Ethisierung) und die gesellschaftliche Distanz (Standesunterschiede) sein. Im sog. „Unmutslied" distanziert sich Hartmann von allen höfischen Minnespielen. Die mehr oder weniger radikale Minneabsage stellt das gesamte Konzept der höfischen Minne und der Dienstidee in Frage. Hartmann richtet den Blick auf die nicht näher spezifizierten *armen wîbe*, die ohne ständische Dünkel und degenerierte Spielregeln der Hofgesellschaft wahre, gegenseitige Liebe möglich erscheinen lassen. Insgesamt nutzt Hartmann in den Liedern anders als in den Epen die literarischen Freiräume, um nicht nur alle Facetten des höfischen Minnediskurses durchzuspielen, sondern auch kritisch zu hinterfragen bzw. sogar zu negieren. Die in den Epen geradezu selbstverständliche Gegenseitigkeit der Liebenden und das ebenso selbstverständliche Modell der Konsensehe, die in eine ideale Herrschaft einmündet, spielen in den Minneliedern wegen der Erwartungen des Publikums und den Gattungsgesetzen jedoch nur als Postulat, als fernes und meist gerade nicht realisiertes Ideal, kaum eine Rolle. Mit den skizzierten ebenso traditionellen wie innovativen Aspekten steht Hartmanns Lyrik in enger Beziehung zu seiner minnetheoretischen „Klage". In der „Klage" diskutiert Hartmann theoretisch, dass er nicht die manirierten Minnespiele der Hofgesellschaft, sondern das in den Epen realisierte Ehemodell als Basis der ‚richtigen' höfischen Liebe versteht: Den Ehepaaren Erec und Enite, Iwein und Laudine sowie Heinrich und seiner *maget* ist neben dem Glück auf Erden auch die Gnade Gottes und das Himmelreich gewiss. Einer völlig anderen Thematik widmet sich Hartmann in den sog. Kreuzliedern. Drei Lieder (MF 209,25; MF 211,20; MF 218,5) reflektieren die Kreuznahme als wahre Erfüllung des ritterlichen Ethos und als Resultat ganz persönlicher Weltabkehr. Die Kreuznahme wird in den Kreuzliedern moralisch-ethisch begründet, reflektiert und als zentrale Aufgabe des Rittertums beschrieben. Nach der Kreuznahme winken gesellschaftliche Anerkennung und *gottes hulde*. Die Idee des Ritters im Dienste Gottes (*miles christi*) wird dabei bisweilen radikal mit der auch im „Armen Heinrich" und im „Gregorius" thematisierten Idee der Weltabkehr (*contemptus mundi*) verknüpft. Auffällig, aber für die Zeit typisch, ist das Faktum, dass für die Kreuzzugsthematik die Minneterminologie nahezu unverändert genutzt wird. Dienst, Minne und Lohn beziehen sich nun aber nicht auf eine Minnedame und ihren *gruoz*, sondern auf Gott und das Heil der Seele. In dem Minnelied

Randspalte:
Hohe Minne

Unmutslied

Kreuzlieder

„*Sît ich den sumer truoc*" (MF 205,1) könnten beide Aspekte eventuell direkt miteinander verwoben sein.

Inhaltszusammenfassung/Deutung
hohiu minne
Lied I = „*Sît ich den sumer truoc*" (MF 205,1).
Thema: Klage über eine gescheiterte Werbung.
Überlieferung: B, C (in C = 5 Strophen; in B = 2 Strophen).
Metrik: 9-zeilige Stollenstrophen mit dem Reimschema 5 ab ab bcccc.
Die Strophen 1–2 und 3–4 sind über den Reim miteinander verbunden. In der Forschung herrscht Unklarheit über die ‚richtige' Abfolge der Strophen. Vorgeschlagen wurden nahezu alle erdenklichen Kombinationen:
1 – 4 – 2 – 5 (Strophe 3 wird ausgeschieden)
1 – 2 – 4 – 5 (Strophe 3 wird ausgeschieden)
1 – 2 – 4 – 5 – 3

Liedfassungen Die Unsicherheit über die Strophenfolge hat mehrere Ursachen. So sind in Hs. B überhaupt nur 2 Strophen in der Abfolge 1 – 2 überliefert. In Hs. C findet sich die Strophenfolge 1 – 2 – 3 – 5. Eine weitere Strophe wurde später, aber noch im direkten Entstehungszusammenhang der Sammlung an anderer Stelle eingetragen. Sie sollte laut Verweiszeichen des Schreibers nach Strophe 2 eingefügt werden. Die Anordnung in MF, wo die ergänzte Strophe nach Strophe 3 eingefügt wird, entspricht also nicht der Überlieferung. Als Hauptproblem bei der Konturierung des Liedes erweist sich aber nicht diese nachgetragene Strophe und ihre Einordnung, sondern Strophe 3. Sie wechselt anscheinend unvermittelt den thematischen Rahmen. Statt des Minneleids werden Gönner- und Gunstverlust beklagt. Von der Forschung wurde diese Strophe deshalb wiederholt als unecht ausgeschieden. Die Überlieferungsrealität liefert dafür aber keinen Beweis.

Liebesklage Inhalt (Kommentare: Reusner 1985, 97–101 u. Kühnel 1989, 13–15 u. Kasten 1995/2005, 712–717): Strophe 1 bietet eine Liebesklage in der üblichen Jahreszeitenmetaphorik. Charakteristisch ist der topische Gegensatz von Sommerfreude und dem im Winter versinnbildlichten Liebesleid. Die unerfüllte Werbung mit schwerem *dienst* und *langem wân*, langer Ungewissheit, entspricht in der Gefühlslage dem Winter. In der 2. Strophe werden die Gründe des Scheiterns, d. h. des vergeblichen Minnedienstes, aufgezeigt. Zentraler Gedanke ist die richtige Relation von *dienst* und *lôn*. In einer *revocatio* nimmt der gescheiterte Minnediener die volle Schuld für das Scheitern auf sich: *diu schulde ist mîn*. Der Wert der Minnedame steht außer Frage.

Totenklage Die Zugehörigkeit der 3. Strophe zum Lied wurde vielfach angezweifelt, weil die Minnethematik verlassen wird. Als Gründe für Traurigkeit und Freudlosigkeit werden neben der *vil sendiu nôt*, also der in den Strophen 1 und 2 skizzierten Liebesqual, ein Gönnerverlust genannt: *mînes herren tôt*. Außerdem *hât ein wîp genâde widerseit*, d. h. eine Frau hat ihm die Gunst entzogen. Die Liebesklage schlägt um in eine Toten- und Verlustklage, was die Frage aufdrängt, ob es hier einen bewussten Zusammenhang von Liebesklage, Totenklage und Gönnerklage gibt oder ob ein Überlieferungszufall unterschiedliche Lieder bzw. Liedbestandteile ohne Hartmanns Zutun zu-

Interpretationsansätze sammengeführt hat. Um die einzelnen Bestandteile als Einheit verstehen zu können, wurden verschiedene Interpretationsansätze diskutiert. So wurde die These geäußert, dass durch die Totenklage die Liebesklage relativiert werde. Brackert sah die Totenklage überhaupt als das eigentliche Thema dieses Liedes (Kasten 1995/2005, 713f.). Unabhängig von diesen Fragen wurden die geschilderten Verlustereignisse – Gönnerverlust, Gunstverlust einer Minnedame oder Gunstverlust einer Förderin – in der Forschung biographisch auf Hartmann gedeutet.

Strophe 4 kehrt zur Minne und den Problemen des vergeblichen Dienstes zurück. Der Minnedienst hat die *vrouwe* nicht erreicht. Gründe der Erfolglosigkeit sind die eigene Unbeständigkeit (*mîn wandel*), die Angst der Frau um ihre Ehre bzw. um ihren guten Ruf (*dúr ir êre*) und ihr Kalkül, dass es aus gesellschaftlichen Erwägungen besser für sie sei, ihn zurückzuweisen. Alle Argumente richten sich nicht persönlich gegen den Mann, sondern haben ihre Basis in gesellschaftlichen Konventionen und Konstellationen, die hier für Mann und Frau antithetisch gegenüberzustehen scheinen. Sein *wandel* korrespondiert negativ mit ihrer *êrê*. Man kann vermuten, dass es ihr höherer gesellschaftlicher Status und/oder die ablehnende Haltung ihrer Verwandten ist, die diese Verbindung objektiv unmöglich machen. Eine scheinbar überraschende Wendung bringt Strophe 5. Sie berichtet, dass sein Minnedienst von der Frau eigentlich gar nicht zurückgewiesen wurde: *si lônde mir, als ich si dûhte wert. / michn sleht niht anders wan mîn selbes swert* (MF 206,8f.). Beinahe mit denselben Worten beklagt Iwein den Verlust der Liebe Laudines, als er um der *êre* willen bzw. *durch sîn swert* die Frist versäumt. Der gewährte Lohn, über dessen genaues Aussehen wir freilich nichts erfahren, aber aus der Parallelität zur „Iwein"-Stelle vielleicht erahnen können, entsprach wie im „Iwein" gerade nicht den Vorstellungen des Mannes: Das offensichtliche Missverständnis zwischen Mann und Frau begründet sich darin, dass der vom Minnediener angebotene Dienst von der Dame unter falschen Voraussetzungen angenommen und deshalb mit dem falschen Lohn in Beziehung gesetzt wurde. Mann und Frau haben eine differierende Wahrnehmung von *dienst* und *lôn*. Ob ein solches Missverstehen auch die Grundlage seines *wandel*s (Fehlverhaltens) und damit des vorenthaltenen Lohns ist, wird nicht ausgeführt, aber erneut scheint der „Iwein", wo das *turnieren* zum Verlust von *lôn* und *vrouwe* führt, eine mögliche Antwort anzudeuten. Ebenfalls nicht deutlich wird, ob der fehlende oder falsche Minnelohn mit dem thematisierten Gunstverlust in der Strophe 3 in Verbindung steht.

Dienst und Lohn

wandel und êrê

Missverständnisse zwischen Mann und Frau

Lied IV: *Mîn dienst der ist alze lanc* (MF 209,5)
  Thema: *hôhiu minne*; langer Dienst und nicht erhaltener Lohn.
  Überlieferung: B, C (in C = 2 Strophen; in B = 2 Strophen).
  Metrik: 10-zeilige Stollenstrophen mit dem Reimschema 4a 3b, 4a 3b, 2cc 3dd 4e 7e.
  Inhalt (Kommentar: Reusner 1985, 107f.): Auch in der 1. Strophe des Minneliedes „*Mîn dienst der ist alze lanc*" werden langer Dienst und nicht erhaltener Lohn thematisiert. Selbst verzweifelte Klagen an die Dame sind und bleiben erfolglos. Für den Mann ergibt sich als Folge, dass er die Last des Lebens kaum noch ertragen kann. Er wird, wie schon in der „Klage" drastisch geschildert, von Melancholie befallen. In der 2. Strophe wird aus der Klage eine Anklage. Der Minnediener fragt sich, was die Frau erst einem Feind antäte, wenn sie das Schlimmste schon einem Freund antut. Die Zurückweisung führt für ihn direkt ins Verderben. Und dieses Verderben ist schlimmer

Minneklage

Anklage

als das Los eines Geächteten, dem vor der Reichsacht immer noch die Flucht als letzte Rettung bliebe. Dem Minneleid kann der Betroffene nicht entfliehen. Es begleitet ihn unablässig. Er ist sein eigen. Anders als in den Epen und in der „Klage" werden die pathologischen Details von Minnekrankheit und Minneleid gattungstypisch nur final betrachtet.

Minnehoffnung
  Lied VIII: *Rîcher got, in welher mâze* (MF 212,13)
  Thema: Minnelied; Distanz und *staete* begründen Minnehoffnung.
  Überlieferung: B, C (in C = 3 Strophen; in B = 3 Strophen).
  Metrik: 8-zeilige Stollenstrophen mit dem Reimschema 6ab, ab ccd 7d.
  Inhalt (vgl. Kommentar Reusner 1985, 122–126 u. Kasten 1995/2005, 728–730): Strophe 1 macht Hoffnung auf den *gruoz*, d.h. den gerechten Lohn der Minnedame. Grund der Hoffnung ist die Einsicht der Minnedame. Diese und den *gruoz* zu erreichen, verlangt beim Mann unbedingte *staete*, was nach Lexer II, 1145 f. mit Festigkeit, Beständigkeit, Dauer zu übertragen wäre. Hoffnung ist, dass ihre *staete* und Urteilskraft seiner *staete* und seinen Taten entspricht. Strophe 2 zeigt, worin sich die Hoffnung begründet: Es ist die Abwesenheit. In der Entfernung bewiesene *staete* ersetzt die lange Zeit des Minnedienstes vor Ort und verlangt von der Minnedame zuhause *staete* in gleichem Maße, wozu dann auch der gerechte *lôn* gehört. Für die Zeit nach der Rückkehr (von einem Kreuzzug oder einer Fehde) mahnt der Sänger die v*rouwe* deshalb eindringlich, dass *unstaete* (Untreue von ihrer Seite) ein böser Schlag gegen den *staeten* Mann sei. Strophe 3 geht mit den höfischen Damen hart ins Gericht, denn die lassen sich durch Schmeicheleien nur zu gerne beeinflussen und zu unverdientem *lôn* hinreißen. Eine solche erschmeichelte Minnebeziehung ist aber nur von geringer Dauer. Allein *staete* ist der Garant dauerhaften Glücks. Beständiges Minneheil kann nur der *staete* erlangen.

Minneklage/Witwenklage
  Lied XVI: *Diz waeren wunneclîche tage* (MF 217,14).
  Thema: Totenklage (Witwenklage) einer Frau um den Verlust ihres Mannes oder Geliebten. In der Forschung ist das Lied als Hartmanns „Witwenklage" bekannt und wird autobiographisch gedeutet der Witwe seines Lehnsherren und Förderers in den Mund gelegt. Es gibt allerdings keinen Beleg für eine solche These (vgl. Mertens 1978, 167f. u. kritisch Kasten 1995/2005, 741).
  Überlieferung: C (= 3 Strophen).
  Metrik: 10-zeilige Stollenstrophen mit dem Reimschema 4ab, ab, 5c 4dcde 5e.
  Die Autorschaft Hartmanns war lange umstritten, scheint aber mittlerweile zu Gunsten Hartmanns geklärt (MF Anm. 116). Unklar ist das Verhältnis zu dem Reinmar-Lied „*Si jehent, der sumer der sî hie*" (MF 167,31), das von Stil und Inhalt engste Übereinstimmungen zeigt und in der Forschung als Reinmars „Witwenklage" firmiert (vgl. Reusner 1985, 147–150 u. Kasten 1990, 241 f. u. Kasten 1995/2005, 740 f.).
  Inhalt (Kommentare: Reusner 1985, 146–151 u. Kasten 1995/2005, 742): In der 1. Strophe wird das Leid thematisiert, das Gott der hier klagenden Frau (Frauenlied) auferlegt hat: Sie hat ihren Mann verloren, der, solange er lebte, ein vorbildlicher *vriunt* und Grund der *vröit* gewesen ist. Nun sorgt Gott für

ihn, und zwar besser als seine Frau jemals für ihn sorgen konnte. In der 2. Strophe umschreibt die Frau den unermesslichen Verlust als Grund für ihr Klagen *unz an mînen tôt*. Wer aber glücklicher ist, der soll und darf das auch zeigen. In der 3. Strophe werden beide Motive noch einmal aufgenommen. Gott erweist der Frau große Gnade, die nie liebte, denn sie muss auch keinen Verlust betrauern. Wer aber wirklich liebte, bezahlt das Liebesglück nach dem Verlust mit *klage sô manegen liehten tac*. Quintessenz ist die Erkenntnis: ‚Ich bin durch die Liebe glücklich gewesen, werde das Glück aber mit tausendfachem Leid vergolten bekommen.'

Minneabsage
Lied XV: *Maniger grüezet mich alsô* – sog. „Unmutslied" (MF 216,29).
Thema: Absage an das höfische Minneprozedere.
Überlieferung: C (= 3 Strophen).
Metrik: 8-zeilige Stollenstrophen mit dem Reimschema 4aa, 3b-b-, 4cccc.
Inhalt (vgl. Kommentar Reusner 1985, 143–146): Im Eingangswortwechsel wird der Sänger gegen die lyrischen Konventionen mit Hartmann gleichgesetzt.

Unmutslied

„Hartman, gên wir schouwen
ritterlîche vrouwen."   (MF 216,31f.)

Umgehend folgt ein zweiter Konventionsbruch: Der Sänger/Hartmann verzichtet brüsk darauf, wie in seinen Kreisen eigentlich üblich, den höfischen Damen aufzuwarten, weil ja sowieso nichts zu erwarten sei. Er geht demonstrativ nicht *schouwen*. Hartmann formuliert hier – scheinbar aus eigener Erfahrung – eine radikale Absage an den klassischen Minnedienst. Man wird sich allerdings erneut davor hüten müssen, die Aussagen unmittelbar biographisch als „Autorsignatur" (so Kasten 1999, 433) zu lesen. Der topische Charakter entsprechender Stilfiguren ist in den Liedern anderer Sänger belegt. In Strophe 2 führt Hartmann den Gedanken ein, dass Minne nur Sinn in der Gegenseitigkeit macht. Gegenseitigkeit ist allerdings bei den manierierten Damen der höfischen Gesellschaft nicht zu erwarten. Hartmann wendet sich deshalb den einfachen, erreichbaren *armen wîben* (*wîp* im Gegensatz zu *vrouwe*) zu. Es wird allerdings nicht klar, wer konkret damit gemeint ist. Später, beispielsweise in Walthers Liedern von der *nidderen minne* und dann vor allem in Neidharts *dörper*-Lyrik, werden es Bauernmädchen sein. „Die extremste Auslegung war *meretrices* (Dirnen, Huren)" (Johnson 1999, 151). Das Œuvre Hartmanns schließt eine solche Deutung aus, macht es aber auch unwahrscheinlich, in seinen *armen wîben* Bauernmädchen zu identifizieren, denn selbst im „Armen Heinrich" wird die Meierstochter für den Adligen erst in dem Augenblick heiratsfähig, als ihre Familie den Status der Freien erlangt. Als Faktum bleibt die unmissverständliche Absage an das *hôhe zil*, d. h. an die *hohiu minne*. Die Gründe der radikalen Sichtweise werden in Strophe 3 transparent: Sein Minneantrag war brüsk abgelehnt worden. Dem Dienst stand wieder einmal kein adäquater Lohn gegenüber. Inwieweit solche Ausführungen tatsächlich Basis einer neuen Minnekultur und Minnetheorie waren bzw. wurden, bleibt offen. Von den zeitgenössischen Lyrikern wurden Hartmanns radikale Gedanken kaum rezipiert.

Konventionsbrüche

arme wîp

Kreuzlieder
Lied V: *Dem kriuze zimet wol reiner muot* – Das Kreuz bedarf eines reinen Herzen (MF 209,25)
Thema: Notwendigkeit der Übereinstimmung von Einsicht und Pflicht. Der Absicht zur Kreuznahme muss die Kreuznahme selbst, d.h. die Tat, folgen. Irdische Verlockungen werden im Zuge der Weltabkehr gegen den Lohn des Himmelreiches eingetauscht. Es winken Seelenheil, Freude und Annerkennung.
Überlieferung: B, C (in C = 4 + 2 Strophen; in B = 4 Strophen).
Metrik: 12-zeilige Kanzonenstrophen mit dem Reimschema 4 a 2 b 4 a 2 b, 4 c 2 d 4 c 2 d, 3 eef 4 f.
Neben den 4 Strophen MF 209,25–210,34 werden in der „Großen Heidelberger Liederhandschrift" (C) zwei weitere Strophen an anderer Stelle überliefert. Vermutlich gehören alle 6 Strophen zu einem Lied.

Inhalt (Kommentar: Reusner 1985, 108–117 u. Kasten 1995/2005, 721–726 u. Kraft 2005; vgl. zur Überlieferung Kühnel 1989, 24–27): Strophe 1 zeigt die Voraussetzungen und den zu erwartenden Lohn der Kreuznahme auf. Das Kreuz gibt Sicherheit, aber man muss es nicht nur auf dem Gewand, sondern im Herzen tragen. Kraft sieht hier Anklänge an das Sendschreiben des 1189 gestorbenen, wortgewaltigen Kreuzzugspredigers Heinrich von Clairvaux/Albano, der vor allem auf dem Mainzer Hoftag von 1188 große Wirkung erzielen konnte (Kraft 2005, 269f.). In Strophe 2 wird die Kreuznahme als genuin ritterliche Aufgabe und als Grundidee des Rittertums beschrieben. Die Idee der *militia christi* vereint Gott und Rittertum und verspricht doppelten Gewinn: *der welte lop, der sêle heil.* Voraussetzungen sind Dienst und grenzenloses Gottvertrauen, wie es im „Gregorius" und im „Armen Heinrich" beschrieben wird. Strophe 3 verdeutlicht, dass die Verlockungen der Welt keinen Lohn brachten. Weltabkehr und Minneabsage finden ihre Erfüllung in der Kreuznahme. Die Verlockungen der *werlt* sind allerdings gefährlich und können nur mit Gottes Hilfe gemeistert werden. Strophe 4 legt die Hintergründe der Kreuznahme bzw. der *conversio* offen. Die persönliche Motivationen für die Kreuznahme sind der Tod des Herren, der Verlust der Freude, die Sorge um das Seelenheil des Herren und die Ablassidee. Der hier thematisierte Verlust des Herren wurde mit dem Tod von Hartmanns Gönner in Beziehung gesetzt und der Verlust der Freude direkt auf seine persönliche Biografie bezogen. Für das Seelenheil seines Gönners nimmt das Dichter-Ich das Kreuz, denn auf dem Kreuzzug winkt als Gotteslohn der höchste Ablass der Sünden. Den halben Lohn reserviert das Dichter-Ich für seinen Gönner.

Die Strophen 5 und 6 stehen nur in C und dort auch an anderer Stelle. Strophe 5 verknüpft mit der Sommerzeit-Metaphorik der Minnelyrik die auf dem Kreuzzug zu erwerbenden Blumen Christi. Ziel ist das Erreichen des 10. Chores der Engel, wo einst der hehrste der Engel, Luzifer, residierte: Der verwaiste 10. Chor der Engel bietet der Menschheit nach mittelalterlicher Vorstellung die Chance, in den Himmel einzuziehen. Zum Verständnis der Anspielungen vorausgesetzt ist die Kenntnis der Geschehnisse um den 10. Chor: Das theologisch geschulte mittelalterliche Publikum wusste selbstverständlich, dass Gott 10 Chöre der Engel geschaffen hatte und das im 10. Chor Luzifer war – der Schönste der Engel. Er und seine Gefährten wollten sich nicht mit ihrer Position bescheiden und Gott gleich sein. Sie rebellierten gegen Gott. Luzifer und die rebellierenden Engel stürzten und schädigten im Sturz Welt und Menschen. Der Engelssturz (Offenbarung 12,7–12) erklärt den Ursprung des Bösen und des Teufels (Luzifers). Nach dem Fall Luzifers in die Hölle blieb der 10. Chor der Engel leer. Ihn sollen die zum Heil gelangten Menschen füllen.

In Strophe 6 dreht sich alles um das Übel der Welt. Die (personifizierte) Welt hat vielen Fesseln angelegt, so dass sie wegen der Minnesehnsucht bleiben müssen. Minnebindungen stehen in der Weltklage gegen Kreuzzugspflichten. Aber es gibt die Freiheit zur Weltabkehr. Nicht deutlich wird, ob sich diese Abkehr auf den Gönnerverlust bezieht oder ob der Weg aus der Welt wegen erfolgloser Minnedienste oder generell im Sinn einer *conversio* gewählt wird. In jedem Fall winkt nach der Freude des Kreuzzugs das Gottesheil. Kreuzzugspflicht und Kreuzzugsfreude sind in harmonischer Weise auf dieses eine Ziel perspektiviert. Erneut sind Anklänge an Thema und Leitmotiv des großen Mainzer Hoftags *Curia Jesu Christi* von 1188 nicht zu verkennen. Er sollte den Boden bereiten „für eine erfolgreiche Kreuzzugswerbung zur Befreiung Jerusalems" (Kraft 2005, 280).

Übel der Welt

Lied VI: *Swelh frowe sendet ir lieben man* – Daheim und in der Ferne (MF 211,20)

Thema: Modell, wie sich Minnebindung und Kreuzzugspflicht ideal vereinen lassen.

Überlieferung: B, C (in C = 1 Strophe; in B = 1 Strophe)

Metrik: 7-zeilige Stollenstrophe mit dem Reimschema 4ab, ab, cxc. Lieder von Engelhart von Adelnburg (MF 148,25), Reinmar (MF 191,34) und Walther von der Vogelweide (Lachmann 49,25) zeigen ein nahezu identisches Bauprinzip.

Inhalt (vgl. Kommentar Reusner 1985, 118 u. Kasten 1995/2005, 726–728): Die Einzelstrophe zeigt, wie sich Minnebindung und Kreuzzugspflicht ideal vereinen lassen. Trotz Minnebindung sendet die Frau den Mann zum Kreuzzug. Sie betet daheim. Er kämpft in der Ferne. Sie erhält dafür den halben Lohn, d.h. den halben Ablass der Sünden. Die Symmetrie zwischen Frau und Mann ist im gegenseitigen Geben und Nehmen – wie in Hartmanns Artusepen und bedingt im „Armen Heinrich" – verwirklicht. Das Lied scheint eine positive Antwort zu geben auf das in der „Klage" postulierte Minnekonzept.

Minnebindung und Kreuzzugspflicht

Zeittafel

1115–53	Bernhard von Clairvaux
1135/38	Geoffrey of Monmouth: „Historia Regum Britanniæ" (lateinisch)
1152–1190	Kaiser Friedrich I. (Barbarossa)
1142/1156	Heinrich der Löwe wird Herzog von Sachsen und Bayern
um 1150	„Kaiserchronik", Pfaffe Lambrecht: „Tobias", und „Alexander"
1152	Eleonore von Aquitanien wird von König Ludwig VII. von Frankreich geschieden und heiratet Heinrich Plantagenet
um 1150/60?	Geburt Hartmanns von Aue
1152–91	Welf VI. Markgraf von Tuszien und Herzog von Spoleto
1152–86	Berthold IV. Herzog von Zähringen und Rektor von Burgund
1154–89	Heinrich Plantagenet wird König Heinrich II. von England
1155	Wace: „Roman de Brut" (französische Artus-Chronik)
1160–80	Marie de France: „Lais Lanval" (französisch)
1161	„Hochverratsbrief" Bertholds IV. von Zähringen (nach Konflikten mit Kaiser Barbarossa bietet der Zähringer dem französischen König seine Hilfe an)
um 1160/70	„Herzog Ernst", „König Rother"
	Früher Minnesang (Kürenberger, Dietmar v. Aist)
1165–76	Chrétien de Troyes: „Cligés", „Lancelot", „Yvain", „Erec" (französisch)
1170/80	Robert de Boron: „Roman de saint graal" (französisch)
1170/80	Chrétien de Troyes: „Perceval" mit 4 z. T. anonymen Fortsetzungen (französisch)
1171–1193	Saladin Sultan von Ägypten
1172	Pilgerfahrt Heinrichs des Löwen über Byzanz nach Jerusalem
1172? / 1180?	Pfaffe Konrad: „Rolandslied"
1175/80	Eilhart von Oberge: „Tristrant"
1176	Chiavenna: Der Konflikt zwischen Kaiser Friedrich Barbarossa und Herzog Heinrich dem Löwen eskaliert
um 1180	Beginn der Schaffensperiode Hartmanns von Aue „Erec" + Minnelyrik + „Klage"
1180	Bannung und Reichskrieg gegen Heinrich den Löwen. Der Löwe muss 1181 zu seinem Schwiegervater Heinrich II. von England ins Exil gehen
1186	Tod Bertholds IV. von Zähringen
1187	Saladin erobert Jerusalem – Papst Gregor VIII. ruft zum Kreuzzug auf
1188	Mainzer Hoftag *Curia Jesu Christi*
um 1180/90?	Hartmann von Aue: „Gregorius" und „Armer Heinrich"

um 1190	„Lucidarius" (im Auftrag Heinrichs des Löwen?)
1189/1190	Kreuzzug – Tod Barbarossas auf dem Kreuzzug
1190–97	Nachfolger wird Heinrich VI. – Vorläufige Aussöhnung zwischen Staufern und Welfen
1190–1217	Landgraf Hermann I. von Thüringen
1191	Tod Welfs VI. – Walther von der Vogelweide wird ihn als großen Freund der Dichtung und freigiebigen Herrscher rühmen: *des lop was ganz, ez ist nach tode guot* (sein Ruhm war vollkommen und besteht noch nach seinem Tod)
um 1190/1200	Hartmann von Aue: Lyrik (Minne- und Kreuzlieder)
1193	Tod Saladins
1192–94	Gefangenschaft von Richard Löwenherz
1194/1203	Ulrich von Zatzikhoven: „Lanzelet"
1195	Tod Heinrichs des Löwen
1197	Sog. „Deutscher Kreuzzug" – Tod Kaiser Heinrichs VI. noch vor der Abfahrt
1198	Doppelwahl und Bürgerkrieg im Reich zwischen Welfen (Otto IV. von Braunschweig) und Staufern (Philipp von Schwaben)
um 1198–1227	Lyrik Walthers von der Vogelweide
um/nach 1200	„Prosa-Artus-Zyklus" (französisch)
vor 1203	Hartmann von Aue: „Iwein"
nach 1203	Wolfram von Eschenbach: „Parzival"
vor 1204	„Nibelungenlied" und „Klage" im Auftrag Bischof Wolfgers von Passau
1205/1210	Gottfried von Straßburg: „Tristan" (erwähnt Hartmann als lebend)
1208	Ermordung Philipps von Schwaben
um 1210?	Tod Hartmanns von Aue
1210/20	Wirnt von Gravenberg: „Wigalois"
1215	Wolfram von Eschenbach: „Titurel"
1218	Tod Bertholds IV. von Zähringen und Kaiser Ottos IV.
1220	Stricker: „Daniel vom blühenden Tal"
nach 1225	Heinrich von dem Türlin: „Crône" (mit Totenklage auf Hartmann)
vor 1250	„Prosa-Lancelot" (deutsch)

Bibliographie

1. Hartmann-Bibliographien

KLEMT (1968) = Ingrid Klemt: Hartmann von Aue. Eine Zusammenstellung der über ihn und sein Werk von 1927–1965 erschienenen Literatur. Köln 1968 [Bibliographie bis 1965].

NEUBUHR (1977) = Elfriede Neubuhr: Bibliographie zu Hartmann von Aue. Berlin 1977 [Bibliographie bis 1976].

HAASE (1988) = Gudrun Haase: Die germanistische Forschung zum „Erec" Hartmanns von Aue. Frankfurt a. M. et al. 1988 [Forschungsüberblick].

HÖRNER (1998) = Hartmann von Aue. Mit einer Bibliographie 1976–1997. Hg. v. Petra Hörner. Frankfurt a. M. et al. 1998 [Bibliographie von 1976 bis 1997].

Aktuelle Bibliographien finden sich u. a. in den Ausgaben von Scholz 2004, S. 1009–1067 („Erec"), Mertens 2004, S. 1065–1105 („Iwein", „Gregorius", „Armer Heinrich"), Gärtner 2006, S. XLIV–XLIX („Erec") sowie bei Bumke 2006, S. 153–170 [zu „Erec"] und CORMEAU/STÖRMER ³2007, S. 264–281 [Auswahlbibliographie 1992–2006].

2. Literaturgeschichten

SCHWEIKLE (1970) = Dichter über Dichter in mittelhochdeutscher Literatur. Hg. v. Günther Schweikle. Tübingen 1970 [mit Abdruck aller relevanten Textstellen].

BERTAU (1972/73) = Karl Bertau: Deutsche Literatur im europäischen Mittelalter. Bd. 1: 800–1197. München 1972 [zu Hartmann: S. 562–569, 621–635, 707–717, passim].

RUH (1977) = Kurt Ruh: Höfische Epik des deutschen Mittelalters. Teil 1: Von den Anfängen bis zu Hartmann von Aue. 2., verb. Aufl. Berlin 1977 [zu Hartmann: S. 106–165].

WEHRLI (1980) = Max Wehrli: Geschichte der deutschen Literatur vom frühen Mittelalter bis zum Ende des 16. Jahrhunderts. Bd. 1. Stuttgart 1980 [zu Hartmann: S. 281–294, 363 f., passim].

BUMKE (1990) = Joachim Bumke: Geschichte der deutschen Literatur im hohen Mittelalter. München 1989 [zu Hartmann: S. 146–162, passim].

BRUNNER (1997) = Horst Brunner: Geschichte der deutschen Literatur des Mittelalters im Überblick. Stuttgart 1997.

JOHNSON (1999) = L. Peter Johnson: Die Höfische Literatur der Blütezeit. Tübingen 1999 [zu Hartmann: S. 133, 146–153, 251–272, 385–389, 403–414, 439–441, passim].

3. Wörterbücher, Lexika, Begriffsdatenbank

BMZ = Mittelhochdeutsches Wörterbuch von Georg Friedrich Benecke, Wilhelm Müller und Friedrich Zarncke. Leipzig 1854–1866 (erweiterter und ergänzter Nachdruck. Stuttgart 1990). Online: http://germazope.uni-trier.de/Projects/WBB/woerterbuecher/bmz/wbgui?lemid=BA00001.

LEXER = Mittelhochdeutsches Handwörterbuch von Matthias Lexer. Leipzig 1872–1878 (Nachdruck mit einer Einleitung. Stuttgart 1992). Online: http://germazope.uni-trier.de/Projects/WBB/woerterbuecher/lexer/wbgui?lemid=LA00001.

MHDBDB = Mittelhochdeutsche Begriffsdatenbank. Online: http://mhdbdb.sbg.ac.at:8000/index.de.html.

TOBLER-LOMMATZSCH = Altfranzösisches Wörterbuch. Adolf Toblers nachgelassene Materialien bearb. und hg. v. Erhard Lommatzsch. Berlin und Mainz 1915/1925 ff. (Edition électronique. Stuttgart 2002).

DLB (1994) = Dictionary of Literary Biography. Vol. 138: German Writers and Works of the High Middle Ages: 1170–1280. Ed. by James Hardin and Will Hasty. Detroit et al. 1994, S. 27–43 [knapper Überblick zu Hartmann].

HRG = Handwörterbuch zur Rechtsgeschichte. Begründet von Wolfgang Stammler, Adalbert Erler und Ekkehard Kaufmann. Berlin 1964–1998 (2., völlig überarb. und erw. Aufl. hg. v. Albrecht Cordes et al. Berlin 2004 ff.).

LMA = Lexikon des Mittelalters. München/Zürich 1980–1998 (Elektronische Version. Stuttgart et al. 2000).

²VL = Die deutsche Literatur des Mittelalters. Verfasserlexikon. Begründet von Wolfgang Stammler, fortgeführt von Karl Langosch. 2., völlig neu bearb. Aufl. hg. von Kurt Ruh und Burghart Wachinger. Berlin/New York 1978–2004 (Studienauswahl, hg. v. Burghart Wachinger. Berlin/New York 2001) [Hartmann-Artikel = Bd. 3, Sp. 500–520; in der Studienausgabe = Sp. 198–219].

4. Überblicksdarstellungen zu Hartmann von Aue

SPARNAAY (1933/1938) = Hendricus Sparnaay: Hartmann von Aue. Studien zu einer Biografie. 2 Bde. Halle 1933 u. 1938 (Nachdruck mit einem Nachwort von Christoph Cormeau. Darmstadt 1975) [Analyse aller Werke, Konstruktion einer Autorbiografie, Forschungsdokumentation].

WAPNEWSKI (1962) = Peter Wapnewski: Hartmann von Aue. Stuttgart 1962 [Überblicksdarstellung].

LINKE (1968) = Hansjürgen Linke: Epische Strukturen in der Dichtung Hartmanns von Aue. Untersuchungen zur Formkritik, Werkstruktur und Vortragsgliederung. München 1968.

CARNE (1970) = Eva Maria Carne: Die Frauengestalten bei Hartmann von Aue. Ihre Bedeutung im Aufbau und Gehalt der Epen. Marburg 1970.

MÜLLER (1974) = Karl Friedrich Müller: Hartmann von Aue und die Herzöge von Zähringen. Lahr 1974.

KAISER (1973/1978) = Gert Kaiser: Textauslegung und gesellschaftliche Selbstdeutung. Die Artusromane Hartmanns von Aue. Frankfurt a.M. 1973 (2. Aufl. Wiesbaden 1978).

KUHN/CORMEAU (1973) = Hartmann von Aue. Hg. v. Hugo Kuhn und Christoph Cormeau. Darmstadt 1973 (Wege der Forschung 359) [23 grundlegende Aufsätze zur Hartmann-Forschung].

CORMEAU (1981) = Christoph Cormeau: Hartmann von Aue. In: ²VL 3, 1981, Sp. 499–520 [Überblick].

VOSS (1983) = Rudolf Voss: Die Artusepik Hartmanns von Aue. Köln 1983.

CORMEAU/STÖRMER (1985) = Christoph Cormeau und Wilhelm Störmer: Hartmann von Aue: Epoche – Werk – Wirkung. München 1985 (s. auch CORMEAU/STÖRMER ²1993/1998 und ³2007) [umfassender Überblick zur Person und den Werken].

McFARLAND/RANAWAKE (1988) = Hartmann von Aue. Changing Perspectives. Hartmann-Symposium 1985. Hg. v. Timothy McFarland u. Silvia Ranawake. Göppingen 1988.

CORMEAU/STÖRMER (²1993/1998) = Christoph Cormeau u. Wilhelm Störmer: Hartmann von Aue. Epoche – Werk – Wirkung. 2., überarb. Aufl. München 1993/Nachdruck 1998 [leicht erweiterte Fassung].

JACKSON (1994) = William H. Jackson: Chivalry in twelfth-century Germany. The works of Hartmann von Aue. Cambridge et al. 1994 [Überblick zu Hartmanns Rolle bei der Entstehung des Rittertums].

SCHUPP/VON LASSBERG (1998) = Volker Schupp und J. von Lassberg: Hartmann von Aue, ein Schweizer, und zwar ein Thurgauer? In: *Ist mir getroumet mîn leben?* Vom Träumen und vom Anderssein. FS Geith. Hg. v. André Schnyder et al. Göppingen 1998, 127–139.

SCHIROK (1999) = Bernd Schirok: *Ein rîter, der gelêret was.* Literaturtheoretische Aspekte in den Artusromanen Hartmanns von Aue. In: *Ze hove und an der strâzen.* Die deutsche Literatur des Mittelalters und ihr „Sitz im Leben". FS Schupp. Hg. v. Anna Keck u. Theodor Nolte. Stuttgart/Leipzig 1999, S. 184–211.

HASTY (2002) = Will Hasty: Love and adventure in Germany. The romances of Hartmann von Aue, Wolfram von Eschenbach, and Gottfried von Straßburg. In: A companion to Middle High German literature in the 14th century. Ed. by Francis G. Gentry. Leiden et al. 2002, S. 215–287.

GENTRY (2005) = Francis G. Gentry: A companion to the works of Hartmann von Aue. Rochester et al. 2005.

CORMEAU/STÖRMER (³2007) = Christoph Cormeau u. Wilhelm Störmer: Hartmann von Aue. Epoche – Werk – Wirkung. 3. Aufl. München 2007 [mit aktualisierter Bibliographie].

5. Werke

Erec

Online-Resourcen

http://www.fgcu.edu/rboggs/hartmann/Erec/ErMain/ErHome.htm [Überlieferungsübersicht, Transkription der Hss. A, K und V; Konkordanz, Reimindex und Namenregister].

http://www.fh-augsburg.de/%7Eharsch/germanica/Chronologie/12Jh/Hartmann/har_erec.html [Übersicht und Textauswahl: V. 1–178, 2904–3112, 8360–8457, 10107–Schluss].

http://cgi-host.uni-marburg.de/~mrep/liste_inhalt.php?id=148 [Gesamtverzeichnis aller Handschriften und Fragmente].

Ausgaben, Kommentare, Hilfsmittel

BECH (1893) = Hartmann von Aue. Hg. v. Fedor Bech. Erster Theil: Erec, der Wunderaere. Leipzig 1893.

BOGGS (1979) = Roy A. Boggs: Hartmann von Aue. Lemmatisierte Konkordanz zum Gesamtwerk. Mit Index zur Lyrik, Verzeichnis der Eigennamen, Reimindex, und rückläufigem Verzeichnis der Lemmata. 2 Bde. Nendeln 1979.

MOHR (1980) = Hartmann von Aue. Erec. Übersetzt und erläutert von Wolfgang Mohr. Göppingen 1980 [mit Nachweis der Parallelstellen bei Chrétien].

OKKEN (1993) = Lambertus Okken: Kommentar zur Artusepik Hartmanns von Aue. Anhang von Bernhard D. Haage: Die Heilkunde und der Ouroboros. Amsterdam 1993 [umfangreicher, aber schwer zu nutzender Kommentar].

CRAMER (1999) = Thomas Cramer: Hartmann von Aue. Erec. Mittelhochdeutscher Text und Übertragung. Frankfurt a. M. ²²1999.

SCHOLZ (2004) = Hartmann von Aue: Werke. Vollständige Ausgabe: Bd. 1: Erec. Hg. v. Manfred G. Scholz. Frankfurt a. M. 2004 [zweisprachige Ausgabe mit Kommentar, Inhaltszusammenfassung, allgemeinem Überblick und Bibliographie].

GÄRTNER (2006) = Hartmann von Aue: Erec. Mit einem Abdruck der neuen Wolfenbütteler und Zwettler Erec-Fragmente. Hg. v. Albert Leitzmann, fortgeführt von Ludwig Wolff. 7. Aufl. bearb. von Kurt Gärtner. Tübingen 2006 [mit Überlieferungsübersicht und vollständigem Abdruck der W- und Z-Fragmente].

Französische Vorlage

Erec et Enide = Chrétien de Troyes: Erec und Enide. Übersetzt und eingeleitet von Ingrid Kasten. München 1979.

Erec et Enide = Chrétien de Troyes: Erec et Enide. Erec und Enide. Altfranzösisch/deutsch. Übers. u. hg. v. Albert Glier. Stuttgart 1987.

Überlieferung, Rezeption, Bildzeugnisse

MILDE (1978) = Wolfgang Milde: *daz ich minne an uch suche*. Neue Wolfenbüttler Bruchstücke des Erec. In: Wolfenbüttler Beiträge 3 (1978), S. 43–58.

GÄRTNER (1982) = Kurt Gärtner: Der Text der Wolfenbütteler Erec-Fragmente und seine Bedeutung für die Erec-Forschung. In: PBB 104 (1982), S. 207–230, 359–429.

MILDE (1982) = Wolfgang Milde: Zur Kodikologie der neuen und alten Wolfenbüttler Erec-Fragmente und zum Anfang des darin überlieferten Erec-Textes. In: PBB 104 (1982), S. 190–206.

NELLMANN (1982) = Eberhard Nellmann: Ein zweiter Erec-Roman? Zu den neu gefundenen Wolfenbütteler Fragmenten. In: ZfdPh 101 (1982), S. 28–78, 436–441.

GÄRTNER (1984) = Kurt Gärtner: Zur Rezeption des Artusromans im Spätmittelalter und den Erec-Entlehnungen im „Friedrich von Schwaben". In: Artusrittertum (s. u.), 1984, S. 60–72.

SCHIROK (1988) = Bernd Schirok: *Als dem hern Erekken geschhach*. Literarische Anspielungen im klassischen und nachklassischen deutschen Artusroman. In: LiLi 18 (1988), S. 9–25.

EDRICH-PORZBERG (1994) = Brigitte Edrich-Porzberg: Studien zur Überlieferung und Rezeption von Hartmanns Erec. Göppingen 1994.

MÜHLEMANN (2000) = Joanna Mühlemann: Die „Erec"-Rezeption auf dem Krakauer Kronenkreuz. In: PBB 122 (2000), S. 76–102.

MÜHLEMANN (2002) = Joanna Mühlemann: Erec auf dem Krakauer Kronenkreuz. Zur Rezeption des Artusromans in Goldschmiedekunst und Wandmalerei. In: Literatur und Wandmalerei I. Freiburger Colloquium 1998. Hg. v. Eckart C. Lutz et al. Tübingen 2002, S. 199–254.

GÄRTNER (2003) = Kurt Gärtner: Der Anfangsvers des „Gregorius" Hartmanns von Aue als Federprobe in der Trierer Handschrift von Konrads von Würzburg „Silvester". In: Literatur – Geschichte – Literaturgeschichte. FS Honemann. Hg. v. Nine R. Miedema und Rudolf Suntrup. Frankfurt a. M. et al. 2003, S. 105–112.

GÄRTNER (2004) = Kurt Gärtner: Die Zwettler Erec-Fragmente: Versuch einer ersten Auswertung. In: Literatur als Erinnerung. FS Woesler. Hg. v. Bodo Plachta. Tübingen 2004, S. 35–50.

NELLMANN (2004) = Eberhard Nellmann: Der „Zwettler Erec". Versuch einer Annäherung an die Fragmente. In: ZfdA 133 (2004), S. 1–21.

GOLLER (2005) = Detlef Goller: *wan bî mînen tagen und ê hât man sô rehte wol geseit*. Intertextuelle Verweise zu den Werken Hartmanns von Aue im *Tristan* Gottfrieds von Straßburg. Frankfurt a. M. et al. 2005.

SPRINGETH et al. (2005) = Margarete Springeth et al.: Die Stift Zwettler Fragmente. Beschreibung und Transkription. In: PBB 127 (2005), S. 33–61.

NELLMANN (2006) = Eberhard Nellmann: Mhd. + *moysel*, mndl. *damoysel*. Zum Wortschatz des „Zwettler Erec". In: ZfdPh 125 (2006), S. 112–115.

Forschungsliteratur

KUHN (1973) = Hugo Kuhn: Erec. In: Kuhn/Cormeau 1973 (s. o.), S. 17–48.

HÖHLER (1974) = Gertrud Höhler: Der Kampf im Garten. Studien zur Brandigan-Erpisode in Hartmanns Erec. In: Euphorion 68 (1974), S. 371–419.

PEIL (1975) = Dietmar Peil: Die Gebärde bei Chrétien, Hartmann und Wolfram: Erec, Iwein, Parzival. München 1975.

CORMEAU (1979) = Christoph Cormeau: Joie de la court. Bedeutungssetzung und ethische Erkenntnis. In: Formen und Funktionen der Allegorie. Hg. v. Walter Haug. Stuttgart 1979, S. 194–205.

KERN (1984) = Peter Kern: Reflexe des literarischen Gesprächs über Hartmanns „Erec" in der deutschen Dichtung des Mittelalters. In: Artusrittertum (s. u.), 1984, S. 126–137.

HAHN (1986) = Ingrid Hahn: Die Frauenrolle in Hartmanns „Erec". In: Sprache und rechtliche Beiträge zur Kulturgeschichte des Mittelalters. FS Schmidt-Wiegand. Hg. v. Karl Hauck et al. Berlin, New York 1986, S. 172–190.

HAUPT (1991) = Barbara Haupt: Heilung von Wunden. In: An den Grenzen der höfischen Kultur. Hg. v. Gert Kaiser. München 1991, S. 77–114.

WANDHOFF (1994) = Haiko Wandhoff: Aventiure als Nachricht für Augen und Ohren. Zu Hartmanns von Aue „Erec" und „Iwein". In: ZfdPh 113 (1994), S. 1–22.

WANDHOFF (1996) = Haiko Wandhoff: Gefährliche Blicke und rettende Stimmen. Eine audiovisuelle Choreographie von Minne und Ehe in Hartmanns „Erec". In: Aufführung und Schrift in Mittelalter und früher Neuzeit. Hg. v. Jan-Dirk Müller. Stuttgart, Weimar 1996, S. 170–189.

WILLMS (1997) = Eva Willms: *Ez was durch versuochen getan.* Überlegungen zu Erecs und Enites Ausfahrt bei Hartmann von Aue. In: Orbis Litterarum. International Review of Literary Studies 52/2 (1997), S. 61–78.

HAUG (2000) = Walter Haug: Joie de la curt. In: Blütezeit. Hg. v. Mark Chinca et al. Tübingen 2000, S. 271–290.

LUTZ (2000) = Eckard C. Lutz: Herrscherapotheosen. Chrétiens Erec-Roman und Konrads Karls-Legende im Kontext von Herrschaftslegitimation und Heilssicherung. In: Geistliches in weltlicher und Weltliches in geistlicher Literatur des Mittelalters. Hg. v. Christoph Huber et al. Tübingen 2000, S. 89–104.

BENNEWITZ (2002) = Ingrid Bennewitz: Die Pferde der Enite. In: Literarische Leben. Hg. v. Matthias Meyer u. Hans-Jochen Schiewer. Tübingen 2002, S. 1–17.

STEPPICH (2002) = Christoph J. Steppich: Geoffrey's „Historia Regum Britanniae" and Wace's „Brut". Secondary sources for Hartmann's „Erec"? In: Monatshefte für deutschsprachige Literatur und Kultur 94 (2002), S. 165–188.

GEPHART (2003) = Irmgard Gephart: Welt der Frauen, Welt der Männer. Geschlechterbeziehung und Identitätssuche in Hartmanns von Aue „Erec". In: Archiv für Kulturgeschichte 85 (2003), S. 171–199.

GLASER (2004) = Andrea Glaser: Der Held und sein Raum. Die Konstruktion der erzählten Welt im mittelhochdeutschen Artusroman des 12. und 13. Jahrhunderts. Frankfurt a. M. et al. 2004.

BUSSMANN (2005) = Britta Bussmann: *Do Sprah Diu Edel Künegin ...* Sprache, Identität und Rang in Hartmanns „Erec". In: ZfdA 134 (2005), S. 1–29.

GEPHART (2005) = Irmgard Gephart: Das Unbehagen des Helden. Schuld und Scham in Hartmanns von Aue *Erec.* Frankfurt a. M. et al. 2005.

MÜLLER (2005) = Stephan Müller: „Erec" und „Iwein" in Bild und Schrift. In: PBB 127 (2005), S. 414–435.

BUMKE (2006) = Joachim Bumke: Der „Erec" Hartmanns von Aue. Eine Einführung. Berlin/New York 2006.

Iwein

Online-Resourcen

ttp://www.fgcu.edu/rboggs/hartmann/Iwein/IwMain/IwHome.htm [Beschreibungen und Abbildungen aus den Hss. A, B und d; Konkordanz, Reimindex und Namenregister].

http://www.fh-augsburg.de/%7Eharsch/germanica/Chronologie/12Jh/Hartmann/har_iwei.html [Übersicht und Textauswahl: V. 1–85, 543–672, 1075–1118, 2245–2335, 2763–2798, 3201–3238, 4561–4592, 5145–5574, 7805–Ende].

http://cgi-host.uni-marburg.de/~mrep/liste_inhalt.php?id=150 [Gesamtverzeichnis aller Handschriften und Fragmente].

Ausgaben, Kommentare und Wörterbuch

BENECKE/LACHMANN (1827) = Karl Lachmann/Georg F. Benecke: der riter mit dem lewen / getihtet von dem Hern Hartman Dienstman ze Ouwe. Berlin 1827 (2. überarbeitete Auflage Berlin 1843).

BENECKE (1874/1965) = Georg F. Benecke: Wörterbuch zu Hartmanns Iwein. 2. Ausg. besorgt von E[rnst] Wilken. Neudr. d. Ausg. von 1874. Wiesbaden 1965.

HEINRICHS (1964) = Hartmann von Aue, Iwein. Handschrift B, Faksimile mit einer Einl. v. Matthias Heinrichs. Köln/Graz 1964 [Faksimile der Gießener Handschrift].

WOLFF (1968) = Hartmann von Aue „Iwein". Hg. v. G. F. Benecke u. K. Lachmann, neubearb. von Ludwig Wolff, 7. Ausg. Berlin 1968.

BOGGS (1979) = s. „Erec" [Konkordanz].

MOHR (1985) = Hartmann von Aue. Iwein. Mit Beobachtungen zum Vergleich des „Yvain" von Chrestien von Troyes mit dem „Iwein" Hartmanns. Göppingen 1985 [mit „Yvain"-Konkordanz].

OKKEN (1993) = s. „Erec" [umfangreicher, aber schwer zu nutzender Kommentar].

CRAMER (2001) = Hartmann von Aue: Iwein. Text der siebenten Ausgabe. Nachwort von Thomas Cramer. Hg. v. Georg F. Benecke, Karl Lachmann, Ludwig Wolff. Übersetzt von Thomas Cramer. 4., überarb. Aufl. Berlin/New York 2001.

MERTENS (2004) = Hartmann von Aue: Werke. Vollständige Ausgabe. Bd. 2: Gregorius, Armer Heinrich. Iwein. Hg. v. Volker Mertens. Frankfurt a. M.

2004, S. 317–767, 942–1051 [zweisprachige Ausgabe mit Kommentar, Inhaltszusammenfassung, allgemeinem Überblick und Bibliographie].

Französische Vorlage
Yvain = Chrétien de Troyes: „Yvain". Übersetzt und eingeleitet von Ilse Nolting-Hauff. München ³1983.

Überlieferung, Rezeption, Bildzeugnisse

OKKEN (1974) = Hartmann von Aue. „Iwein". Ausgewählte Abbildungen und Materialien zur handschriftlichen Überlieferung. Hg. v. Lambertus Okken. Göppingen 1974.

OTT/WALLICZEK (1979) = Norbert H. Ott und Wolfgang Walliczek: Bildprogramm und Textstruktur. Anmerkungen zu den „Iwein"-Zyklen auf Rodenegg und in Schmalkalden. In: Deutsche Literatur im Mittelalter. Kontakte und Perspektiven. FS Kuhn. Hg. v. Christoph Cormeau. Stuttgart 1979, S. 473–500.

SCHUPP (1982) = Volker Schupp: Die Ywain-Erzählung von Schloß Rodenegg. In: Literatur und bildende Kunst im Tiroler Mittelalter. Die Iwein-Fresken von Rodenegg und andere Zeugnisse der Wechselwirkung von Literatur und bildender Kunst. Innsbruck 1982, S. 1–23.

EISSENGARTEN (1985) = Jutta Eissengarten: Mittelalterliche Textilien aus Kloster Adelhausen im Augustinermuseum Freiburg. Freiburg im Breisgau 1985.

BONNET (1986) = Anne-Marie Bonnet: Rodenegg und Schmalkalden. Untersuchungen zur Illustration einer ritterlich-höfischen Erzählung und zur Entstehung profaner Epenillustration in den ersten Jahrzehnten des 13. Jahrhunderts. München 1986.

MASSER (1986) = Achim Masser: Die Iwein-Fresken von Rodenegg. In: Heimatbuch Rodeneck. Geschichte und Gegenwart. Hg. v. Alois Rastner und Ernst Delmonego. Rodeneck 1986, S. 127–142.

RUSHING (1992) = James A. Rushing: Iwein as Slave of Woman. The Maltererteppich in Freiburg. In: Zs. für Kunstgesch. 55 (1992), S. 124–135.

WEGNER (1992) = Wolfgang Wegner: Die „Iwein"-Darstellungen des Maltererteppichs in Freiburg i. Br. Überlegungen zu ihrer Deutung. In: Mediaevistik 5 (1992), S. 187–196.

CURSCHMANN (1993) = Michael Curschmann: Der aventiure bilde nemen. The intellectual and social environment of the Iwein murals at Rodenegg Castle. In: Chrétien de Troyes and the German Middle Ages. Ed. with an introd. by Martin H. Jones and Roy Wisbey. Cambridge 1993, S. 219–227.

MASSER (1993) = Achim Masser: Die Iwein-Fresken von Burg Rodenegg in Südtirol und der zeitgenössische Ritterhelm. Innsbruck 1993.

BEUTIN (1994) = Heidi u. Wolfgang Beutin: Der Löwenritter in den Zeiten der Aufklärung. Gerhard Anton von Halems Iwein-Version „Ritter Twein", ein Beitrag zur dichterischen Mittelalter-Rezeption des 18. Jahrhunderts. Göppingen 1994.

VOß (1994) = Rudolf Voß: Die Iwein-Rezeption Ulrich Füetrers. Der „Iban" im Kontext des „Buchs der Abenteuer". In: Die Romane von dem Ritter und dem Löwen. Hg. v. Xenia von Ertzdorff. Amsterdam et al. 1994, S. 331–352.

SCHUPP/SZKLENAR (1996) = Volker Schupp u. Hans Szklenar: Ywain auf Schloß Rodenegg. Eine Bildergeschichte nach dem „Iwein" Hartmanns von Aue. Sigmaringen 1996.

CURSCHMANN (1997) = Michael Curschmann: Vom Wandel im bildlichen Umgang mit literarischen Gegenständen. Rodenegg, Wildenstein und das Flaarsche Haus in Stein am Rhein. Freiburg (Schweiz) 1997.

OTT (2000) = Norbert Ott: Höfische Literatur in Text und Bild. Der literarische Horizont der Vintler. In: Schloß Runkelstein. Die Bilderburg. Ausstellungskatalog. Bozen 2000, S. 311–330.

WETZEL (2000) = René Wetzel: Die Wandmalereien von Schloss Runkelstein und das Bozner Geschlecht der Vintler. Literatur und Kunst im Lebenskontext einer Tiroler Aufsteigerfamilie des 14./15. Jahrhunderts. Habil. masch. 2000.

BOCK (2001) = Bestandskataloge der weltlichen Ortsstiftungen der Stadt Freiburg im Breisgau. Bd. V: Die Textilien. Hg. v. Sebastian Bock und Lothar A. Böhler. Rostock 2001 [mit Farbabb. des Malterer-Teppichs].

SCHÖN (2004) = Barbara Schön: Hartmanns von Aue Iwein im Hessenhof zu Schmalkalden – Rettung oder Verlust? In: Aus der Arbeit des Thüringischen Landesamtes für Denkmalpflege (2004), S. 89–92.

HAFNER (2006) = Susanne Hafner: Erzählen im Raum. Der Schmalkaldener „Iwein". In: Visualisierungsstrategien in mittelalterlichen Bildern und Texten. Hg. v. Horst Wenzel und Stephen Jaeger. Berlin 2006, S. 90–98.

Forschungsliteratur

WOLF (1971) = Alois Wolf: Erzählkunst und verborgener Schriftsinn zur Diskussion um Chrestiens „Yvain" und Hartmanns „Iwein". In: Sprachkunst 2 (1971), S. 1–42.

HAUG (1975) = Walter Haug: Der aventiure meine. In: Würzburger Prosastudien II. FS Ruh. Hg. v. Peter Kesting. München 1975, S. 93–111.

SHAW (1975) = Frank Shaw: Die Ginoverentführung in Hartmanns „Iwein". In: ZfdA 104 (1975), S. 32–40.

MERTENS (1977) = Volker Mertens: Imitatio Arthuri. Zum Prolog von Hartmanns Iwein. In: ZfdA 106 (1977), S. 350–358.

MERTENS (1978) = Volker Mertens: Laudine. Soziale Problematik im Iwein Hartmanns von Aue. Berlin 1978.

RAGOTZKY/WEINMEYER (1979) = Hedda Ragotzky u. Barbara Weinmeyer: Höfischer Roman und soziale Identitätsbildung. Zur soziologischen Deutung des Doppelwegs im „Iwein" Hartmanns von Aue. In: Christof Cormeau: Deutsche Literatur im Mittelalter. Kontakte und Perspektiven. Hugo Kuhn zum Gedenken. Stuttgart 1979, S. 211–253.

ZUTT (1979) = Herta Zutt: König Artus, Iwein und der Löwe. Die Bedeutung des gesprochenen Wortes in Hartmanns „Iwein". Tübingen 1979 [mit Strukturschema des Iwein auf der letzten Seite].

SCHMITT (1985) = Wolfram Schmitt: Der Wahnsinn in der Literatur des Mittelalters am Beispiel des „Iwein" Hartmanns von Aue. In: Psychologie in der Mediävistik. Gesammelte Beiträge des Steinheimer Symposiums. Hg. v. Jürgen Kühnel et al. Göppingen 1985, S. 197–217.

SCHNELL (1991) = Rüdiger Schnell: Abaelards Gesinnungsethik und die Rechtsthematik in Hartmanns „Iwein". In: DVjs 65 (1991), S. 15–69.

WIS (1991) = Marjatta Wis: Hartmanns Connelant und Chrétiens „Cligés". Der Dichter und der Stauferhof. In: Neuphil. Mitt. 92 (1991), S. 269–280.

RAGOTZKY (1992) = Hedda Ragotzky: *saelde und êre und der sêle heil*. Das Verhältnis von Autor und Publikum anhand der Prologe zu Hartmanns „Iwein" und zum „Armen Heinrich". In: Grundlagen des Verstehens mittelalterlicher Literatur. Literarische Texte und ihr historischer Erkenntniswert. Hg. v. Gerhard Hahn u. Hedda Ragotzky. Stuttgart 1992, S. 33–54.

ERTZDORFF (1994) = Xenja von Ertzdorff: Hartmann von Aue: Iwein und sein Löwe. In: Die Romane von dem Ritter mit dem Löwen. Hg. v. Xenja Ertzdorff. Amsterdam 1994, S. 287–311.

GEBELEIN (1994) = Helmut Gebelein: Alchemistisches im Roman Iwein, der Ritter mit dem Löwen, von Hartmann von Aue. In: Ertzdorff 1994, S. 313–330.

WANDHOFF (1994) = Haiko Wandhoff: Aventiure als Nachricht für Augen und Ohren. Zu Hartmanns von Aue „Erec" und „Iwein". In: ZfdPh (1994), S. 1–22.

KUGLER (1996) = Hartmut Kugler: Fenster zum Hof. Zur Binnenerzählung von der Entführung der Königin in Hartmanns „Iwein". In: Erzählungen in Erzählungen. Phänomene der Narration in Mittelalter und Früher Neuzeit. Hg. v. Harald Haferland u. Michael Mecklenburg. München 1996, S. 115–124.

SCHRÖDER (1997) = Werner Schröder: Laudines Kniefall und der Schluß von Hartmanns Iwein. Stuttgart 1997, S. 17–25.

BEIN (1998) = Thomas Bein: *Hie slac, dâ stich*! Zur Ästhetik des Tötens in europäischen „Iwein"-Dichtungen. In: LiLi 28 (1998), S. 38–58.

SPECKENBACH (1998) = Klaus Speckenbach: *Rîter – geselle – herre*. Überlegungen zu Iweins Identität. In: Erkennen und Erinnern in Kunst und Literatur. In Verbindung mit Wolfgang Frühwald hg. v. Dietmar Peil u. a. Tübingen 1998, S. 115–146.

ZUTT (1998) = Herta Zutt: Die unhöfische Lunete. In: Chevaliers errants, demoiselles et l'autre. Höfische und nachhöfische Literatur im europäischen Mittelalter. FS Ertzdorff. Hg. v. Trude Ehlert. Göppingen 1998, S. 103–120.

HAUG (1999) = Walter Haug: Das Spiel mit der arthurischen Struktur in der Komödie von Yvain/Iwein. In: Erzählstrukturen der Artusliteratur. Forschungsgeschichte und neue Ansätze. Hg. v. Friedrich Wolfzettel und Peter Ihring. Tübingen 1999, S. 99–118.

HAUSMANN (2001) = Albrecht Hausmann: Mittelalterliche Überlieferung als Interpretationsaufgabe. ‚Laudines Kniefall' und das Problem des ‚ganzen Textes'. In: Text und Kultur. Mittelalterliche Literatur 1150–1450. Hg. v. Ursula Peters. Stuttgart et al. 2001, S. 72–95.

WENZEL (2001) = Franziska Wenzel: Keie und Kalogrenant. Zur kommunikativen Logik höfischen Erzählens in Hartmanns *Iwein*. In: Literarische Kommunikation und soziale Interaktion. Studien zur Institutionalität mittelalterlicher Literatur. Hg. v. Beate Kellner et al. Frankfurt a. M. et al. 2001, S. 89–109.

KERN (2002) = Manfred Kern: Iwein liest ‚Laudine'. Literaturerlebnisse und die ‚Schule der Rezeption' im höfischen Roman. In: Meyer/Schiewer 2002 (s. u.), S. 385–414.

SCHUPP (2002) = Volker Schupp: Iwein an der Gewitterquelle. In: Ars et scientia. FS Szklenar. Hg. v. Carola L. Gottzmann und Roswitha Wisniewski. Berlin 2002, S. 121–133.

WEIGAND (2002) = Rudolf Kilian Weigand: Rechtsprobleme in den Erzählungen Hartmanns von Aue. Die Bedeutung des Rechts in der ritterlichen Lebensform. In: Meyer/Schiewer 2002 (s. u.), S. 829–852.

HÜBNER (2003) = Gert Hübner: Erzählform im höfischen Roman. Studien zur Fokalisierung im „Eneas", im „Iwein" und im „Tristan". Tübingen et al. 2003 [S. 122–201 zum „Iwein"].

MÜLLER (2005) = s. „Erec"

MERTENS (2006) = Volker Mertens: Recht und Abenteuer – Das Recht auf Abenteuer. Poetik des Rechts im „Iwein" Hartmanns von Aue. In: *Juristen werdent herren ûf erden*. Recht – Geschichte – Philologie. FS Ebel. Hg. v. Andreas Fijal et al. Göttingen 2006, S. 189–210.

Gregorius

Online-Resourcen

http://cgi-host.uni-marburg.de/~mrep/liste_inhalt.php?id=149 [Gesamtverzeichnis aller Handschriften und Fragmente].

Ausgaben

LACHMANN (1838) = Karl Lachmann: Gregorius. Eine Erzählung von Hartmann von Aue. Berlin 1838.
NEUMANN (1968) = Gregorius der gute Sünder. Hg. v. Friedrich Neumann. Wiesbaden ³1968.
HEINZE (1974) = Hartmann von Aue: Gregorius. Die Überlieferung des Prologs, der Vaticana-Hs. A und einer Auswahl der übrigen Textzeugen in Abbildungen. Hg. v. Norbert Heinze. Göppingen 1974 [Abbildungen aus nahezu allen Handschriften und Fragmenten].
NEUMANN/KIPPENBERG/KUHN (2003) = Hartmann von Aue: Gregorius der gute Sünder. Mittelhochdeutsch/Neuhochdeutsch. Mittelhochdeutscher Text nach der Ausgabe von Friedrich Neumann. Übertragung von Burkhart Kippenberg. Nachwort von Hugo Kuhn. Stuttgart 2003.
WACHINGER (2004) = Hartmann von Aue: Gregorius. Hg. v. Hermann Paul. Bearb. von Burghart Wachinger. Tübingen 2004.
MERTENS (2004) = Hartmann von Aue: Werke. Vollständige Ausgabe. Bd. 2: Gregorius/Armer Heinrich/Iwein. Hg. v. Volker Mertens. Frankfurt a.M. 2004, S. 9–227, 779–877 [zweisprachige Ausgabe mit Kommentar, Inhaltszusammenfassung, allgemeinem Überblick und Bibliographie].

Französische Vorlage

Saint Grégoire = La vie du pape saint Grégoire ou La légende du bon pécheur = Das Leben des heiligen Papstes Gregorius oder die Legende vom guten Sünder. Text nach der Ausg. von Hendrik B. Sol. Mit Übers. und Vorw. von Ingrid Kasten. München 1991.

„Gesta Gregorii peccatoris"

SCHILLING (1986) = Johannes Schilling: Arnold von Lübeck, Gesta Gregorii Peccatoris. Untersuchung und Edition. Mit einem Beiheft: Die Paderborner Handschrift. Göppingen 1986.

Überlieferung, Rezeption

STACKMANN (1959) = Karl Stackmann: „Der Erwählte". Thomas Manns Mittelalter-Parodie. In: Euphorion 53 (1959), S. 61–74.
ELEMA/WAL (1963) = Johanna Elema und R. van der Wal: Zum Volksbuch „Eine schöne merkwürdige Historie des heiligen Bischofs Gregorii auf dem Stein genannt". In: Euphorion 57 (1963), S. 292–340.
EHRENTREICH (1964) = Swantje Ehrentreich: Erzählhaltung und Erzählerrolle Hartmanns von Aue und Thomas Manns. Dargestellt an ihren beiden Gregoriusdichtungen. Frankfurt a.M. 1964.
WOLF (1964) = Alois Wolf: Gregorius bei Hartmann von Aue und Thomas Mann. Interpretation. München 1964.
EURINGER (1987) = Markus Euringer: Der gute Sünder – Gregorius Peccator. Eine vergleichende Untersuchung zur lateinischen Übersetzung des „Gregorius" Hartmanns von Aue durch Arnold von Lübeck. München 1987.
ZÄCK (1989) = Rainer A. Zäck: Der *guote sündaere* und der *Peccator precipuus*. Eine Untersuchung zu den Deutungsmodellen des „Gregorius" Hartmanns von Aue und der „Gesta Gregorii Peccatoris" Arnolds von Lübeck ausgehend von den Prologen. Göppingen 1989.
PLATE (1994) = Gregorius auf dem Stein. Frühneuhochdeutsche Prosa (15. Jh.) nach dem mittelhochdeutschen Versepos Hartmanns von Aue. Die Legende (Innsbruck UB Cod. 631), der Text aus dem „Heiligen Leben" und die sogenannte Redaktion. Hg. und kommentiert v. Bernward Plate. Darmstadt ²1994.
ERNST (1996) = Ulrich Ernst: Der Gregorius Hartmanns von Aue im Spiegel der handschriftlichen Überlieferung. Vom Nutzen der Kodikologie für die Literaturwissenschaft. In: Euphorion 90 (1996), S. 1–40.
SCHRÖDER (1997) = Jens-Peter Schröder: Arnolds von Lübeck „Gesta Gregorii Peccatoris". Eine Interpretation, ausgehend von einem Vergleich mit Hartmanns von Aue „Gregorius". Frankfurt a.M. et al. 1997.
HÖRNER (2001) = Petra Hörner: Hanna Stephans Gregorius-Legende. Zur Rezeption des mittelalterlichen Gregorius-Stoffes im 20. Jahrhundert. In: Vergessene Literatur. Ungenannte Themen deutscher Schriftstellerinnen. Herausgegeben von Petra Hörner. Frankfurt a.M. et al. 2001, S. 21–42.
BEER (2002) = Ulrike Beer: Das Gregorius-Motiv. Hartmanns von Aue „Gregorius" und seine Rezeption bei Thomas Mann. Meldorf 2002.
MERTENS (2004) = s. Ausgaben.
GOLLER (2005) = s. „Iwein".

Forschungsliteratur

CORMEAU (1966) = Christoph Cormeau: Hartmanns von Aue „Armer Heinrich" und „Gregorius". Studien zur Interpretation mit dem Blick auf die Theologie zur Zeit Hartmanns. München 1966.

HÖLZLE (1977) = Peter Hölzle: Kapitalakkumulation in Hartmanns Gregorius. In: Wolfram-Studien 4 (1977), S. 152–172.

ERNST (1978/79) = Ulrich Ernst: Der Antagonismus von „Vita carnalis" und „Vita spiritualis" im „Gregorius" Hartmanns von Aue. Versuch einer Werkdeutung im Horizont der patristischen und monastischen Tradition. In: Euphorion 72 (1978), S. 160–226 u. 73 (1979), S. 1–105.

HERLEM-PREY (1978) = Brigitte Herlem-Prey: Neues zur Quelle von Hartmanns Gregorius. In: ZfdPh 97 (1978), S. 414–426.

MERTENS (1978) = Volker Mertens: Gregorius Eremita. Eine Lebensform des Adels bei Hartmann von Aue in ihrer Problematik und ihrer Wandlung in der Rezeption. Zürich, München 1978.

WORSTBROCK (1978) = Franz-Josef Worstbrock: Arnold von Lübeck. In: ²VL 1 (1978), Sp. 472–476.

BAYER (1979) = Hans Bayer: Hartmann von Aue. Die theologischen und historischen Grundlagen seiner Dichtung sowie sein Verhältnis zu Gunther von Pairis. Kastellaun 1979.

HIRSCHBERG (1983) = Dagmar Hirschberg: Aspekte des Gattungsproblems in der höfischen Klassik am Beispiel von Hartmanns Gregorius. In: Textsorten und literarische Gattungen. Dokumentation des Germanistentages in Hamburg 1979. Berlin 1983, S. 378–391.

KASTEN (1993) = Ingrid Kasten: Schwester, Geliebte, Mutter, Herrscherin. Die weibliche Hauptfigur in Hartmanns „Gregorius". In: PBB 115 (1993), S. 400–420.

WENZEL/WENZEL (1996) = Edith u. Horst Wenzel: Die Tafel des Gregorius. Memoria im Spannungsfeld von Mündlichkeit und Schriftlichkeit. In: Haferland/Mecklenburg 1996 (s. u.), S. 99–114.

WETZELMAIER (1997) = Wolfgang Wetzelmaier: Zum Problem der Schuld im „Erec" und im „Gregorius" Hartmanns von Aue. Göppingen 1997.

HÖRNER (1998) = Petra Hörner: *gebote, guot* und *êre* in Hartmanns „Gregorius". In: Hörner 1998 (s. o.), S. 11–50.

ERNST (2002) = Ulrich Ernst: Der „Gregorius" Hartmanns von Aue. Theologische Grundlagen – legendarische Strukturen – Überlieferung im geistlichen Schrifttum. Köln et al. 2002.

FIDDY (2004) = Andrea Fiddy: The presentation of the female characters in Hartmann's „Gregorius" and „Der arme Heinrich". Göppingen 2004.

KOHUSHÖLTER (2006) = Sylvia Kohushölter: Die lateinische und deutsche Rezeption von Hartmanns von Aue „Gregorius" im Mittelalter. Untersuchungen und Editionen. Tübingen 2006.

Armer Heinrich

Online-Resourcen

http://www.fgcu.edu/rboggs/hartmann/Heinrich/AhMain/AhHome.htm [Überlieferungsübersicht, Beschreibung und Transkription der Hss. A, Ba, Bb, C, D, E, F, Konkordanz, Reimindex und Namenregister].
http://www.fh-augsburg.de/%7Eharsch/germanica/Chronologie/12Jh/Hartmann/har_hein.html [Übersicht und Komplettabdruck der A-Fassung].
http://www.fgcu.edu/rboggs/hartmann/heinrich/AhImages/AhImages.htm [Handschriften und Fragmente in Abbildungen].
http://cgi-host.uni-marburg.de/~mrep/liste_inhalt.php?id=147 [Gesamtverzeichnis aller Handschriften].

Ausgaben und Kommentare

RIEMER (1912) = Guido C. Riemer: Wörterbuch und Reimverzeichnis zu dem Armen Heinrich Hartmanns von Aue. Göttingen/Baltimore 1912.

BOSTOCK (1965) = John K. Bostock: Der Arme Heinrich. A Poem by Hartmann von Aue. The Critical Text of Erich Gierach with Introduction, Notes and Vocabulary. Oxford ⁴1965.

METTKE (1986) = Hartmann von Aue: Der arme Heinrich. Hg. v. Heinz Mettke. 2., unveränderte Aufl. Leipzig 1986 [mit Parallelabdruck der verbrannten Straßburger Hs. A und der Heidelberger Hs. Ba sowie den Textvarianten aller damals bekannten Handschriften und Fragmente].

RAUTENBERG/GROSSE (1995) = Hartmann von Aue: Der arme Heinrich. Mhd./Nhd. Hg. v. Ursula Rautenberg. Übersetzt von Siegfried Grosse. Stuttgart 1995.

DE BOOR/HENNE (1998) = Hartmann von Aue: Der arme Heinrich. Mittelhochdeutscher Text und Übertragung. Auf der Grundlage der Textedition von Helmut de Boor durchgesehen, neu übertragen, mit Anmerkungen und einem Nachwort versehen v. Hermann Henne. Frankfurt a. M. ¹¹1998.

GÄRTNER (2001) = Hartmann von Aue: Der arme Heinrich. Hg. v. Hermann Paul. 17., durchges. Aufl. v. Kurt Gärtner. Tübingen 2001.

MERTENS (2004) = Hartmann von Aue: Werke. Vollständige Ausgabe. Bd. 2: Gregorius / Armer Heinrich / Iwein. Hg. v. Volker Mertens. Frankfurt a. M. 2004, S. 230–315, 878–941 [zweisprachige Ausgabe mit Kommentar, Inhaltszusammenfassung, allgemeinem Überblick und Bibliographie].

Überlieferung und Rezeption

MÜLLER (1971) = Hartmann von Aue: Der arme Heinrich. Abbildungen und Materialien zur gesamten handschriftlichen Überlieferung. Hg. v. Ulrich Müller. Göppingen 1971.
SOMMER (1973) = Hartmann von Aue: Der arme Heinrich. Fassung der Handschrift Bb – Abbildungen aus dem Kaloczaer Kodex. Hg. v. Cornelius Sommer. Göppingen 1973.
RAUTENBERG (1985) = Ursula Rautenberg: Das „Volksbuch vom armen Heinrich". Studien zur Rezeption Hartmanns von Aue im 19. Jahrhundert und zur Wirkungsgeschichte der Übersetzung Wilhelm Grimms. Berlin 1985.
SCHMIDT-KRAYER (1994) = Barbara Schmidt-Krayer: Kontinuum der Reflexion. Der arme Heinrich. Mittelalterliches Epos Hartmanns von Aue und modernes Drama Gerhart Hauptmanns. Göppingen 1994.
WAGNER (1994) = Fred Wagner: ‚Heinrich und die Folgen'. Zur Rezeption des Armen Heinrich bei Hans Pfitzner, Ricarda Huch, Gerhart Hauptmann und Rudolf Borchardt. In: German narrative literature of the twelfth and thirteenth centuries. Studies presented to Roy Wisbey. Ed. by Volker Honemann. Tübingen 1994, S. 261–274.
SCHRÖDER (1997) = Werner Schröder: „Der arme Heinrich" Hartmanns von Aue in der Hand von Mären-Schreibern. Stuttgart 1997.
GÄRTNER (2001) = s. Ausgabe.

Forschungsliteratur

CORMEAU (1966) = s. „Gregorius"
EIS (1973) = Gerhard Eis: Salernitanisches und Unsalernitanisches im „Armen Heinrich" des Hartmann von Aue. In: Kuhn/Cormeau 1973 (s. o.), S. 135–150.
KUNZE (1979) = Konrad Kunze: „Arme Heinrich"-Reminiszenz in Ovid-Glossar-Handschrift. In: ZfdA 108 (1979), S. 31–33.
RUH (1984) = Kurt Ruh: Hartmanns „Armer Heinrich". Erzählmodell und theologische Implikation. In: Kurt Ruh: Kleine Schriften. Hg. v. Volker Mertens. Bd 1. Berlin 1984, S. 23–37.
KÖNNEKER (1987) = Barbara Könneker: Hartmann von Aue. Der Arme Heinrich. Frankfurt a. M. 1987.
HAFERLACH (1991) = Torsten Haferlach: Die Darstellung von Verletzungen und Krankheiten und ihrer Therapie in mittelalterlicher deutscher Literatur unter gattungsspezifischen Aspekten. Heidelberg 1991.

FREYTAG (2001) = Hartmut Freytag: Zur Paradiesesdarstellung im „Armen Heinrich" Hartmanns von Aue (Vers 773–812). Eine Skizze. In: *swer sînen vriunt behaltet, daz ist lobelîch*. FS Vizkelety. Hg. v. Márta Nagy et al. Piliscsaba et al. 2001, S. 77–86.
SCHIEWER (2002) = Hans-Jochen Schiewer: Acht oder Zwölf. Die Rolle der Meierstochter im „Armen Heinrich" Hartmanns von Aue. In: Meyer/Schiewer 2002 (s. u.), S. 649–667.
FIDDY (2004) = s. „Gregorius".

Klage

Online-Resourcen

http://www.fgcu.edu/rboggs/hartmann/Klage/KlMain/KlHome.htm [Abbildung der Passage aus dem „Ambraser Heldenbuch", Konkordanz, Reimindex und Namenregister].
http://cgi-host.uni-marburg.de/~mrep/liste_inhalt.php?id=752 [Beschreibung des „Ambraser Heldenbuchs"].

Ausgaben und Kommentare

HAUPT (1842) = Die Lieder und Büchlein und Der arme Heinrich von Hartmann von Aue. Hg. v. Moritz Haupt. Leipzig 1842 (2. Aufl. 1881).
ZUTT (1968) = Die Klage und Das zweite Büchlein. Hg. v. Herta Zutt. Berlin 1968.
WOLFF (1972) = Das Klage-Büchlein Hartmanns von Aue. Hg. v. Ludwig Wolff. München 1972.
TAX (1979) = Hartmann von Aue. Das Büchlein. Nach den Vorarbeiten von A. Schirokauer hg. v. Petrus W. Tax. Berlin 1979 [mit knappem Kommentar und Wörterverzeichnis].
KELLER (1986) = Hartmann von Aue. Klagebüchlein. Edited, translated and with an Introduction by Thomas L. Keller. Göppingen 1986 [mit engl. Übersetzung].

Überlieferung

UNTERKIRCHER (1973) = Ambraser Heldenbuch. Vollst. Faksimile-Ausg. im Originalformat. Kommentar Franz Unterkircher. Graz 1973.
JANOTA (1978) = Johannes Janota: Ambraser Heldenbuch. In: ²VL 1 (1978) Sp. 323–327.

Forschungsliteratur

WISNIEWSKI (1963) = Roswitha Wisniewski: Hartmanns Klage-Büchlein. In: Euphorion 57 (1963), S. 341–369.
GLIER (1971) = Ingeborg Glier: Artes amandi. München 1971, S. 20–24.

GEWEHR (1975) = Wolf Gewehr: Hartmanns „Klage-Büchlein" im Lichte der Frühscholastik. Göppingen 1975.

KARNEIN (1985) = Alfred Karnein: De Amore in volkssprachlicher Literatur. Untersuchungen zur Andreas-Capellanus-Rezeption in Mittelalter und Renaissance. Heidelberg 1985 [bes. S. 139, 162].

MERTENS (1988) = Volker Mertens: *factus est per clericum miles cythereus*: Überlegungen zu Entstehungs- und Wirkungsbedingungen von Hartmanns Klage-Büchlein. In: McFarland/Ranawake (s. u.), 1988, S. 1–19.

SALVAN-RENUCCI (1994) = Françoise Salvan-Renucci: Selbstentwurf als Utopie im „Büchlein" Hartmanns von Aue. In: Jahrbücher der Reinekegesellschaft 5 (1994), S. 101–117.

KISCHKEL (1997) = Heinz Kischkel: Kritisches zum Schlußgedicht der „Klage" Hartmanns von Aue. In: ZfdPh 116 (1997), S. 94–100.

Lyrik

Online-Resourcen

http://www.fgcu.edu/rboggs/hartmann/Lyrics/LyMain/LyHome.htm [Überlieferungsübersicht, Abbildungen der Hss. A, B, C, Transkription der Hs. C, Konkordanz, Reimindex und Namenregister].

http://www.fh-augsburg.de/~harsch/germanica/Chronologie/12Jh/Hartmann/har_li00.html [Abdruck der Lieder MF I-XVIII].

http://cgi-host.uni-marburg.de/~mrep/beschreibung.php?id=3956+=4944+=3921+http://web.uni-marburg.de/hosting/mr/mrfd/mrfd116.html [Beschreibungen der Hss. A, B, C, m, s].

http://digi.ub.uni-heidelberg.de/cpg848 [Vollfaksimile der Hs. C].

http://www.hull.ac.uk/denhaagKB/ [Faksimile der „Haager Liederhandschrift" mit Transkriptionen, Beschreibung, Datierung, Lokalisierung etc.].

Ausgaben und Kommentare

REUSNER (1985) = Hartmann von Aue: Lieder. Mittelhochdeutsch/Neuhochdeutsch (mhd. Text aus MF in der 37. Aufl. von 1982). Hg., übersetzt und kommentiert v. Ernst von Reusner. Stuttgart 1985.

MF = Des Minnesangs Frühling. Hg. v. Hugo Moser und Helmut Tervooren. 38., erneut revidierte Aufl. Stuttgart 1988.

Lieder in Auswahl

MEURER/NEUMANN (1978/1995) = Deutscher Minnesang (1150–1300). Einführung sowie Auswahl und Ausgabe der Mittelhochdeutschen Texte von Friedrich Neumann. Nachdichtung von Kurt Erich Meuer. Stuttgart 1978/1995 [2 Lieder Hartmanns].

KASTEN (1990) = Frauenlieder des Mittelalters. Zweisprachig. Übersetzt und hg. v. Ingrid Kasten. Stuttgart 1990 [2 Lieder Hartmanns].

KASTEN (1995/2005) = Deutsche Lyrik des frühen und hohen Mittelalters. Text und Kommentar. Edition der Texte und Kommentare von Ingrid Kasten. Übers. von Margherita Kuhn. Frankfurt a. M. 1995; unveränderte Taschenbuchausgabe 2005 [12 Lieder Hartmanns; mit Übersetzung und Kommentar].

Überlieferung und Bildzeugnisse

KULTUR DER ABTEI REICHENAU (1925) = Die Kultur der Abtei Reichenau. Erinnerungsschrift zur zwölfhundertsten Wiederkehr des Gründungsjahres … Erster Halbband. München 1925 [mit Detailinformationen zu den Wespersbühlern].

MERZ/HEGI (1939) = Die Wappenrolle von Zürich … mit den Wappen aus dem Hause zum Loch. Hg. von Walther Merz und Friedrich Hegi. Zürich/Leipzig 1930.

VETTER (1981) = Ewald M. Vetter: Die Bilder. In: Codex Manesse. Die große Heidelberger Liederhandschrift. Kommentar zum Faksimile des Codex Palatinus Germanicus 848 der UB Heidelberg. Hg. v. Walter Koschorreck u. Wilfried Werner. Kassel 1981, S. 41–100.

CODEX MANESSE (1988) = Codex Manesse. Katalog zur Ausstellung vom 12. Juni bis 4. September 1988 Universitätsbibliothek Heidelberg. Hg. v. Elmar Mittler u. Wilfried Werner. Heidelberg 1988.

CODEX MANESSE (1988a) = Codex Manesse. Die Miniaturen der Großen Heidelberger Liederhandschrift. Hg. v. Ingo F. Walther unter Mitarbeit v. Gisela Siebert. Frankfurt a. M. 1988.

DRÖS (1988) = Harald Drös: Wappen und Stand. In: Codex Manesse (1988), S. 127–152.

DRÖS (1994) = Harald Drös: Das Wappenbuch des Gallus Öhem. Sigmaringen 1994 [mit Beschreibung des Adlerwappens der Wespersbühler].

Forschungsliteratur

BLATTMANN (1968) = Ekkehard Blattmann: Die Lieder Hartmanns von Aue. Berlin 1968.

NELLMANN (1987) = Eberhard Nellmann: Saladin und die Minne. Zu Hartmanns drittem Kreuzlied. In: Philologie als Kulturwissenschaft. Studien zur Literatur und Geschichte des Mittelalters. FS Stackmann. Hg. v. Ludger Grenzmann et al. Göttingen 1987, S. 136–148.

KÜHNEL (1989) = Jürgen Kühnel: Anmerkungen zur

Überlieferung und Textgeschichte der Lieder Hartmanns von Aue. In: *Ist zwivel herzen nachgebur*. FS Schweikle. Hg. v. Rüdiger Krüger et al. Stuttgart 1989, S. 11–41.

EHLERT (1995) = Trude Ehlert: MF 212,37 „Ob man mit lügen die sêle nert" – Wirklich ein Frauenlied Hartmanns von Aue? In: *Dâ hoeret ouch geloube zuo*. Überlieferungs- und Echtheitsfragen. FS Schweikle. Hg. v. Rüdiger Krohn. Stuttgart/Leipzig 1995, S. 37–50.

SCHWEIKLE (1995) = Günther Schweikle: Minnesang. 2. korr. Aufl. Stuttgart/Weimar 1995.

ORTMANN (1996) = Christa Ortmann: Minnedienst – Gottesdienst – Herrendienst. Zur Typologie des Kreuzliedes bei Hartmann von Aue. In: Lied im deutschen Mittelalter. Überlieferung, Typen, Gebrauch. Chiemsee-Colloquium 1991. Hg. v. Cyril Edwards et al. Tübingen 1996, S. 81–99.

HENKEL (1998) = Nikolaus Henkel: Wer verfaßte Hartmanns von Aue Lied XII? Überlegungen zu Autorschaft und Werkbegriff in der höfischen Liebeslyrik. In: Autor und Autorschaft. Kolloquium Meißen 1995. Hg. v. Elisabeth Andersen et al. Tübingen 1998, S. 101–113.

HAFERLAND (2000) = Harald Haferland: Hohe Minne. Zur Beschreibung der Minnekanzone. Berlin 2000.

HASTY (2005) = Will Hasty: Hartmann von Aue as Lyricist. In: Gentry 2005 (s.o.), S. 21–41.

KRAFT (2005) = Karl-Friedrich Kraft: *welt* und *Kristes bluomen*. Überlegungen zu Hartmanns von Aue Lied Nr. V (MF 209, 25 ff.). In: Vom vielfachen Schriftsinn im Mittelalter. FS Schmidtke. Hg. v. Freimut Löser u. Ralf G. Päsler. Hamburg 2005, S. 265–281.

6. Hintergrundinformationen

Altfranzösische, Antike- und Artusliteratur; Fest- und Hofkultur; Lebensformen, Mäzenatentum, Minne, Scham

MÜLLER (1954) = Michael Müller: Die Lehre des Hl. Augustinus von der Paradiesehe. Regensburg 1954.

BORST (1976) = Das Rittertum im Mittelalter. Hg. v. Arno Borst. Darmstadt 1976.

DUBY (1968/1976) = Georges Duby: Die Ursprünge des Rittertums. In: Borst 1976 (s.o.), S. 349–369.

BUMKE (1977) = Joachim Bumke: Studien zum Ritterbegriff im 12. und 13. Jahrhundert. 2. Aufl. mit einem Anhang zum Stand der Ritterforschung. Heidelberg 1977.

DECKER-HAUFF (1977) = Hansmartin Decker-Hauff: Das Staufische Haus. In: Die Zeit der Staufer. Bd. 3. Stuttgart 1977, S. 339–374.

FISCHER (1978) = Steven R. Fischer: The Dream in the Middle High German Epic. Bern et al. 1978.

THUM (1978) = Bernd Thum: Politische Probleme der Stauferzeit im Werk Hartmanns von Aue. Landesherrschaft im „Erec" und „Iwein". Anhang: Hartmann von Aue, *Augia Minor* und die Altdorfer Welfen. In: Stauferzeit. Hg. v. Rüdiger Krohn et al. Stuttgart 1978, S. 47–70.

BUMKE (1979) = Joachim Bumke: Mäzene im Mittelalter. München 1979.

König Artus und seine Tafelrunde. In Zusammenarbeit mit Wolf-Dieter Lange neuhochdt. hg. v. Karl Langosch. Stuttgart 1980. Bibliographisch ergänzte Ausg. Stuttgart 2003 [lat., afrz., mhd. Artus-Texte in nhd. Übersetzung].

EISENHUT (1983) = Werner Eisenhut: Spätantike Trojaerzählungen – mit einem Ausblick auf die mittellateinische Trojaliteratur. In: Mittellateinisches Jb 18 (1983), S. 1–28.

ARTUSRITTERTUM (1984) = Artusrittertum im späten Mittelalter. Ethos und Ideologie. Vorträge des Symposiums der dt. Sektion der Intern. Artusgesellschaft 1983. Hg. v. Friedrich Wolfzettel. Gießen 1984.

MARQUARD (1985) = Rosemarie Marquard: Das höfische Fest im Spiegel der mittelhochdeutschen Dichtung (1140–1240). Göppingen 1985.

BUMKE (1986) = Joachim Bumke: Höfische Kultur, Literatur und Gesellschaft im hohen Mittelalter. München 1986.

MERTENS (1986) = Volker Mertens: Das literarische Mäzenatentum der Zähringer. In: Die Zähringer. Eine Tradition und ihre Erforschung. Hg. v. K. Schmid. Bd. 1. Sigmaringen 1986, S. 117–134.

ZÄHRINGER (1986) = Die Zähringer. Anstoß und Wirkung. Hg. v. H. Schadek und K. Schmid. Katalog zur Ausstellung. Sigmaringen 1986.

JOHANEK (1987) = Peter Johanek: König Arthur und die Plantagenets. Über den Zusammenhang von Historiographie und höfischer Epik in mittelalterlicher Propaganda. In: Frühmittelalterliche Studien 21 (1987), S. 346–389.

V. WILCKENS (1988) = Leonie v. Wilckens: Terminologie und Typologie spätmittelalterlicher Kleidung – Hinweise und Erläuterungen. In: Terminologie und Typologie mittelalterlicher Sachgüter. Das Beispiel der Kleidung. Hg. v. Harry Kühnel. Wien 1988, S. 47–57.

BRÜGGEN (1989) = Elke Brüggen: Kleidung und Mode in der höfischen Epik des 12. und 13. Jh.s. Heidelberg 1989.

GOTZMANN (1989) = Carola L. Gotzmann: Artusdichtung. Stuttgart 1989.

HAUPT (1989) = Barbara Haupt: Das Fest in der Dichtung. Untersuchungen zur historischen Semantik eines literarischen Motivs in der mittelhochdeutschen Epik. Düsseldorf 1989.

CURIALITAS (1990) = Curialitas. Studien zu Grundfragen der höfisch-ritterlichen Kultur. Hg. v. Josef Fleckenstein. Göttingen 1990.

FLECKENSTEIN (1990) = Josef Fleckenstein: Miles und clericus am Königs- und Fürstenhof. Bemerkungen zu den Voraussetzungen, zur Entstehung und zur Trägerschaft der höfisch-ritterlichen Kultur. In: Curialitas 1990 (s. o.), S. 302–325.

HOFFMANN (1990) = Werner Hoffmann: Liebe als Krankheit in der mittelhochdeutschen Lyrik. In: Liebe als Krankheit. Hg. v. Theo Stemmler. Tübingen 1990, S. 221–257.

SCHNELL (1990) = Rüdiger Schnell: Die höfische Liebe als höfischer Diskurs über Liebe. In: Curialitas 1990 (s. o.), S. 231–301.

TERVOOREN (1991) = Helmut Tervooren: Literaturwege: Ida von Boulogne, Gräfin in Geldern, Herzogin von Zähringen. In: ZfdPh 110 (1991), S. 113–120.

BUMKE (1992) = Joachim Bumke: Höfische Kultur. Versuch einer kritischen Bestandsaufnahme. In: PBB 114 (1992), S. 414–492.

BUSBY/NIXON/STONES/WALTERS (1993) = Les Manuscrits de Chrétien de Troyes. 2. Bde. Ed. by Keith Busby/Terry Nixon/Alison Stones/Lori Walters. Amsterdam/Atlanta 1993.

GREEN (1994) = Dennis H. Green: *Vrume rîtr und guote vrouwen / und wise phaffen*. Court Literature and its Audience. In: German narrative literature of the twelfth and thirteenth century. Studies presented to Roy Wisbey. Ed. by Volker Honemann et al. Tübingen 1994, S. 7–23.

MODERNES MITTELALTER (1994) = Modernes Mittelalter. Neue Bilder einer populären Epoche. Hg. v. Joachim Heinzle. Frankfurt a. M./Leipzig 1994.

NELLMANN (1994) = Wolfram von Eschenbach: Parzival, nach der Ausgabe v. Karl Lachmann revidiert und kommentiert v. Eberhard Nellmann, übertragen v. Dieter Kühn. Frankfurt a. M. 1994.

EHRISMANN (1995) = Ottfried Ehrismann: Ehre und Mut, Âventiure und Minne. Höfische Wortgeschichten aus dem Mittelalter. München 1995.

HARTER (1995) = Hans Harter: Die ‚Herren von Ow' im 11. und 12. Jahrhundert. In: Adel am oberen Neckar. Hg. v. Franz Quarthal und Gerhard Faix. Tübingen 1995, S. 127–183.

WELFEN UND IHR BRAUNSCHWEIGER HOF (1995) = Die Welfen und ihr Braunschweiger Hof im hohen Mittelalter. 33. Wolfenbütteler Symposions. Hg. v. Bernd Schneidmüller. Wiesbaden 1995 [darin bes.: Georg Steer: Literatur am Braunschweiger Hof Heinrichs des Löwen, S. 347– 375].

HEINRICH DER LÖWE (1995) = Heinrich der Löwe und seine Zeit. Herrschaft und Repräsentation der Welfen 1125–1235. Katalog der Ausstellung. Hg. v. Jochen Luckhardt/Franz Niehoff. 3 Bde. München 1995 [darin bes. Franz Niehoff: Heinrich der Löwe – Herrschaft und Repräsentation. Vom individuellen Kunstkreis zum interdisziplinären Braunschweiger Hof der Welfen, S. 213–236].

MERTENS (1998) = Volker Mertens: Der deutsche Artusroman. Stuttgart 1998.

ALTHOFF (1999) = Gerd Althoff: Spielen die Dichter mit den Spielregeln der höfischen Gesellschaft? In: Mittelalterliche Literatur im Spannungsfeld von Hof und Kloster. Hg. v. Nigel F. Palmer u. Hans-Jochen Schiewer. Tübingen 1999, S. 53–71.

FRITSCH-RÖßLER (1999) = Waltraud Fritsch-Rößler: Finis Amoris. Ende, Gefährdung und Wandel von Liebe im hochmittelalterlichen deutschen Roman. Tübingen 1999.

ARTHUR OF THE GERMANS (2000) = The Arthur of the Germans. The Arthurian Legend in Medieval German and Dutch Literature. Ed. by William H. Jackson/Silvia A. Ranawake. Cardiff 2000.

ASPEKTE DES 12. JAHRHUNDERTS (2000) = Aspekte des 12. Jahrhunderts. Freisinger Kolloquium 1998. Hg. v. Wolfgang Haubrichs u. Gisela Vollmann-Profe. Berlin 2000.

FEHRING (2000) = Günter P. Fehring: Die Archäologie des Mittelalters. Eine Einführung. 3., verb. und aktualisierte Aufl. Darmstadt 2000.

HAUG (2000) = Walter Haug: Die höfische Liebe im Horizont der erotischen Diskurse des Mittelalters und der Frühen Neuzeit. Berlin/New York 2000.

SCHULZ (2000) = Knut Schulz: Ministerialität, Ministerialen. In: LMA 6 (2000), Sp. 636–639.

SCHULZ-GROBERT (2000) = Jürgen Schulz-Grobert: *von quâdrestein geworhte*. Bautechnische Detailrealismen in Architekturphantasien der höfischen Epik? In: ZfdA 129 (2000), S. 275–295.

DÜLMEN (2001) = Die Entdeckung des Ich – Die Geschichte der Individualisierung vom Mittelalter bis zur Gegenwart. Hg. v. Richard van Dülmen. Köln 2001.

LIENERT (2001) = Elisabeth Lienert: Deutsche Antikenromane des Mittelalters. Berlin 2001.

YEANDLE (2001) = David N. Yeandle: *schame* im Alt- und Mittelhochdeutschen bis um 1210. Eine sprach- und literaturgeschichtliche Untersuchung unter besonderer Berücksichtigung der Herausbildung einer ethischen Bedeutung. Heidelberg 2001.

HARTER (2002) = Hans Harter: Die Grafen von Hohenberg und die ritterlich-höfische Kultur um 1190. Ein Beitrag zur Gönnerfrage Hartmanns von

Aue. In: Herrschaft und Legitimation: Hochmittelalterlicher Adel in Südwestdeutschland. Hg. v. Soenke Lorenz und Stephan Molitor. Leinfelden-Echterdingen 2002, S. 99–129.

HAUG (2002) = Walter Haug: Gibt es einen Zusammenhang zwischen dem klerikalen Konzept der Curialitas und dem höfischen Weltentwurf des vulgärsprachlichen Romans? In: Courtly Literature and Clerical Culture. Hg. v. Christoph Huber/Henrike Lähnemann. Tübingen 2002, S. 57–75.

ZOTZ (2002) = Thomas Zotz: Ritterliche Welt und höfische Lebensformen. In: Rittertum und ritterliche Welt. Hg. v. Josef Fleckenstein unter Mitwirkung von Thomas Zotz. Berlin 2002, S. 173–229.

KERN/EBENBAUR (2003) = Lexikon der antiken Gestalten in den deutschen Texten des Mittelalters. Hg. v. Manfred Kern und Alfred Ebenbauer unter Mitwirkung von Silvia Krämer-Seifert. Berlin/New York 2003.

WANDHOFF (2003) = Haiko Wandhoff: Ekphrasis. Kunstbeschreibungen und virtuelle Räume in der Literatur des Mittelalters. Berlin/New York 2003.

HAUG (2004) = Walter Haug: Die höfische Liebe im Horizont der erotischen Diskurse des Mittelalters und der Frühen Neuzeit. Berlin/New York 2004

HECHBERGER (2004) = Werner Hechberger: Adel, Ministerialität und Rittertum im Mittelalter. München 2004.

WELLER (2004) = Tobias Weller: Die Heiratspolitik des deutschen Hochadels im 12. Jahrhundert. Köln/Weimar/Wien 2004.

HAUPT (2006) = Barbara Haupt: Der höfische Ritter in der mittelhochdeutschen Literatur. In: Rittertum 2006 (s. u.), S. 170–192.

KNAPP (2006) = Andreas, königlicher Kaplan: Von der Liebe. Übersetzung, Anmerkungen, Nachwort von Fritz Peter Knapp. Berlin/New York 2006.

KRASS (2006) = Andreas Kraß: Geschriebene Kleider. Höfische Identität als literarisches Spiel. Tübingen/Basel 2006.

LAUDAGE (2006) = Johannes Laudage: Rittertum und höfische Kultur der Stauferzeit. In: Rittertum 2006 (s. u.), S. 11–35.

RÄDLE (2006) = Andreas Capellanus: Über die Liebe. Eingeleitet, übersetzt und mit Anmerkungen versehen von Fidel Rädle. Stuttgart 2006.

RITTERTUM (2006) = Rittertum und höfische Kultur der Stauferzeit. Hg. von Johannes Laudage und Yvonne Leiverkus. Köln et al. 2006.

ZIMMER (2006) = Stefan Zimmer: Die keltischen Wurzeln der Artussage. Mit einer vollständigen Übersetzung der ältesten Artuserzählung „Culhwch und Olwen". Heidelberg 2006.

ZOTZ (2006) = Thomas Zotz: Rittertum und höfische Kultur der Stauferzeit. Bilanz der Tagung. In: Rittertum 2006 (s.o.), S. 315–326.

Bildungshorizonte, Fiktionalität/Literaturtheorie, Mündlichkeit/Schriftlichkeit

FROMM (1969) = Hans Fromm: ‚Doppelweg'. In: Werk-Typ-Situation. Studien zu poetologischen Bedingungen der älteren deutschen Literatur. FS Kuhn. Hg. v. Ingeborg Glier et al. Stuttgart 1969, S. 64–79.

SCHOLZ (1980) = Manfred G. Scholz: Hören und lesen. Studien zur primären Rezeption der Literatur im 12. und 13. Jh. Wiesbaden 1980.

CURSCHMANN (1984) = Michael Curschmann: Hören – Lesen – Sehen. Buch und Schriftlichkeit im Selbstverständnis der volkssprachlichen literarischen Kultur Deutschlands um 1200. In: PBB 106 (1984), S. 218–257.

KLEIN (1985) = Thomas Klein: Ermittlung, Darstellung und Deutung von Verbreitungstypen in der Handschriftenüberlieferung mittelhochdeutscher Epik. In: Deutsche Handschriften 1100–1400. Oxforder Kolloquium 1985. Hg. v. Volker Honemann/Nigel F. Palmer. Tübingen 1988, S. 110–167.

FLASCH (1988) = Kurt Flasch: Das philosophische Denken im Mittelalter. Von Augustin zu Machiavelli. Stuttgart 1988.

GÄRTNER (1991) = Kurt Gärtner: Stammen die französischen Lehnwörter in Hartmanns „Erec" aus Chrétiens „Erec et Enide"? In: LiLi 83 (1991), S. 76–88.

HENKEL (1991) = Nikolaus Henkel: litteratus – illitteratus. Bildungsgeschichtliche Grundvoraussetzungen bei der Entstehung der höfischen Epik in Deutschland. In: Begegnung mit dem Fremden. Akten des VIII. Internationalen Germanisten-Kongresses. München 1991, Bd. 9, S. 334–345.

HAUG (1992) = Walter Haug: Literaturtheorie im deutschen Mittelalter. Von den Anfängen bis zum Ende des 13. Jahrhunderts. 2., überarb. u. erw. Aufl. Darmstadt 1992.

GREEN (1994) = Dennis H. Green: Medieval Listening and Reading. The primary reception of German literature 800–1300. Cambridge 1994.

STURLESE (1993) = Loris Sturlese: Die deutsche Philosophie im Mittelalter. Von Bonifatius bis zu Albert dem Großen (748–1280). München 1993.

GRÜNKORN (1994) = Gertrud Grünkorn: Die Fiktionalität des höfischen Romans um 1200. Berlin 1994.

OHLY (1995) = Friedrich Ohly: Ausgewählte und neue Schriften. Stuttgart 1995.

WENZEL (1995) = Horst Wenzel: Hören und Sehen – Schrift und Bild: Kultur und Gedächtnis im Mittelalter. München 1995.

BUMKE (1996) = Joachim Bumke: Die vier Fassungen der „Nibelungenklage". Untersuchungen zur Überlieferungsgeschichte und Textkritik der höfischen Epik im 13. Jahrhundert. Berlin/New York

1996 [zu den „Iwein"-Fassungen bes. S. 5–11 u. 33–42].

BURRICHTER (1996) = Brigitte Burrichter: Wahrheit und Fiktion. Der Status der Fiktionalität in der Artusliteratur des 12. Jahrhunderts. München 1996.

KNAPP (1997) = Fritz Peter Knapp: Historie und Fiktion in der mittelalterlichen Gattungspoetik. Sieben Studien und ein Nachwort. Heidelberg 1997.

SCHMID (1999) = Elisabeth Schmid: Weg mit dem Doppelweg. Wider eine Selbstverständlichkeit der germanistischen Artusforschung. In: Erzählstrukturen der Artusliteratur. Forschungsgeschichte und neue Ansätze. Hg. v. Friedrich Wolfzettel u. Peter Ihring. Tübingen 1999, S. 69–85.

IMBACH (2000) = Ruedi Imbach: Selbsterkenntnis und Dialog. Aspekte des philosophischen Denkens im 12. Jh. In: Wolfram-Studien 16 (2000), S. 11–28.

JAEGER (2001) = C. Stephen Jaeger: Die Entstehung höfischer Kultur. Vom höfischen Bischof zum höfischen Ritter. Berlin 2001.

RIDDER (2001) = Klaus Ridder: Fiktionalität und Autorität. Zum Artusroman des 12. Jahrhunderts. In: DVjs 4 (2001), S. 539–560.

KNAPP/NIESNER (2002) = Historisches und fiktionales Erzählen im Mittelalter. Hg. v. Fritz Peter Knapp und Manuela Niesner. Berlin 2002.

SOSNA (2003) = Anette Sosna: Fiktionale Identität im höfischen Roman um 1200: Erec, Iwein, Parzival, Tristan. Stuttgart 2003.

HENKEL (2005) = Nikolaus Henkel: Wann werden die Klassiker klassisch? In: Tradition, Innovation, Invention. Fortschrittsverweigerung und Fortschrittsbewußtsein im Mittelalter. Hg. v. Hans-Joachim Schmidt. Berlin/New York 2005, S. 441–467.

PALMER (2005) = Nigel F. Palmer: Manuscripts for reading. The material evidence for the use of manuscripts containing middle high german narrative verse. In: Orality and Literacy in the Middle Ages. Ed. by Mark Chinca u. Christopher Young. Turnhout 2005, S. 67–102.

WOLF (2005) = Jürgen Wolf: Psalter und Gebetbuch am Hof: Bindeglieder zwischen klerikal-literater und laikal-mündlicher Welt. In: Chinca/Young 2005 (s. o.), S. 139–179.

WOLF (2007) = Jürgen Wolf: Buch und Text. Literatur- und kulturhistorische Untersuchungen zur volkssprachlichen Schriftlichkeit im 12. und 13. Jh. Tübingen 2007.

Register

(Personen- und Ortsnamen stehen kursiv, wenn sie direkt aus den Werken Hartmanns stammen; die Werke Hartmanns und deren jeweilige Titelhelden sind nicht verzeichnet)

Personenregister

Absalon 58, 104
Agnes von Staufen 36
Agnes von Zähringen 20
Alanus ab Insulis 66, 104, 118
Albanus 95
Alexander der Große 58
Aliers 86f.
Anna von Zähringen 20
Aristoteles 11
Arnold II. von Rodank 17
Artus 7f., 42–45, 48f., 52–57, 61f., 69, 72–75, 78–80, 83, 89, 91f.
Ascalon/Askalon 18, 76, 79, 84, 92
Astrolabius 121
Augustinus 52, 55, 59, 100, 102f., 118

Balduin V. von Hennegau und Flandern 38
Bartholomaeus Salernitanus 112
Berthold IV. von Zähringen 38, 132
Berthold V. von Zähringen 20, 38, 132
Bîlêî und Brîans 57
Brixen (Bischof von) 17
Brutus (Trojaner) 42
Burkhard I. von Hohenberg 39
Bligger von Steinach 34

Cadoc von Tefrîol 63
Clementia von Zähringen 38, 96

David 58, 104
Dido 53, 66
Dodines 75, 89

Eleonore von Aquitanien 11, 36, 40, 95, 97f., 132
Enite 12f., 15, 25f., 50–69, 83, 125
Erictô 63
Eva 102f.

Fâmurgân 57, 62–64

Friedrich I. Barbarossa 11, 17, 34–36, 38, 41, 64, 79, 96, 132f.
Friedrich von Hausen 34

Gâlôes 54
Gârel 54
Gawein/Walwein 54, 61f., 75, 78, 83f., 88–91
Geoffrey von Anjou 98
Gimoers 56f.
Ginover 49, 53, 89
von Gliers (Minnesänger) 26, 124
Gornemanz von Grôharz 54
Gregor I. (Pabst) 117
Gregor VIII. (Pabst) 132
Grimm, Wilhelm und Jakob 21f., 30, 109
Guivreiz 61f., 64–67
von Gutenburg (Dichter) 34

Harpin 78, 88
Heinrich der Löwe 9, 17, 36–41, 47f., 57, 95f., 98, 132f.
Heinrich II. von England 11, 36, 41, 95, 132
Heinrich VI. (Kaiser) 34–36, 39, 133
Heinrich von Clairvaux/Albano 130
Henec suctellois fil Gâwîn 54
Heinricus de Owen 34
Henricus de Ouwe 34
Hermann von Owe 34
Hermann I. von Thüringen 17, 133
Hildegard von Bingen 114
Hiob 108, 111, 116f.
Hohenberger (Geschlecht) 12, 36, 39
Hugo von Morville 11
Hugo von St. Victor 56, 118

Ida von Boulogne-sur-Mer 38
Imain 49, 51

Jûno 66
Jûpiter 66

Kalogrenant 73, 75–79, 87, 89, 91
Kapetinger (Geschlecht) 7
Keie 53, 61 f., 75 f., 78 f., 81, 83, 89
Kiburger (Geschlecht) 20
Konrad von Mainz 36
Konrad von Rodank 17
Konstantin 108, 116
Koralus 50 f., 101

Lanfal 54
Lanzelot von Arlac 54
Lauber, Diebold 72
Laudine 18, 70, 80–84, 88, 91–93, 125, 127
Lavinia 56, 66, 121
Leopold von Österreich 34
Lernfras fil Keiîn 54
Liutfridus miles de Owa 34
Ludwig IV. von Thüringen 17
Ludwig VII. von Frankreich 132
Lunete 17 f., 25, 70, 78, 80–82, 84, 88–90, 92
Luzifer (s. auch Teufel) 130 f.

Mabonagrin 67–69, 120
Maheloas 57
Malterer, Anna und Johannes 18
Marguel (Fee) 56 f.
Maria Magdalena 95
Maria (Gottesmutter) 42, 50, 117
Mathilde von England 36 f., 39 f., 98
Maximilian (Kaiser) 21, 119
Meljanz von Liz 54
Metro von Verona 95
Michael de Leone 123

Narison (Gräfin von) 87
Nennius 42

Ödipus 95
Oringles 51, 63 f.
Otto IV. von Braunschweig 9, 48, 71, 98, 133

Peter von Talheim 72
Petrus Abaelard 104

Petrus Lombardus 102, 104
Philipp von Flandern 38 f.
Philipp von Schwaben 71, 133
Plantagenets (Geschlecht) 7, 132

Raimund von Antiochia 98
Richard Löwenherz 11, 36, 133
Ried, Hans 54, 57, 61, 65, 119
Robert Grosseteste 114
Rudolf von Zähringen 38

Salahaddin Yusufs ibn Ayyub (Saladin) 8, 29, 35, 132 f.
Salomon 58, 91
Samson 58
Segremors 54, 75, 89
Sibillâ von Cumae 63
Silvester 108, 116
Staufer (Geschlecht) 7, 9, 12, 17, 36–39, 41, 133

Tengen (Freiherren) 20, 34
Teufel (s. auch Luzifer) 63, 98, 102–104, 130 f.
Thomas von Aquin 104
Titurel 54

Urach (Grafen) 20
Utherpendragon 42

Vintler (Patrizier) 18

Walwein/Gawein 54, 61 f., 75, 78, 83 f., 88–91
Walther von der Vogelweide 22, 25, 29, 37, 123 f., 129, 131, 133
Welf VI. 37 f., 41, 132 f.
Welfen 8, 12, 34, 36–41, 47 f., 71, 96, 98, 132 f.
Wespersbühler (Geschlecht) 19 f., 34
Wilhelm von Lüneburg 37, 95 f., 98
Wintwalite 61

Zähringer (Geschlecht) 12, 19 f., 34, 36–39, 41, 96, 132 f.
Zollern (Grafen) 34

Werk- und Autorenregister

Alberich: Roman d'Alexander 12
Albertus pauper 108 f.
Ambraser Heldenbuch 10, 15, 21, 28, 46, 48, 70 f., 118 f.
Amicus und Amelius 108
Andreas Capellanus: De amore 55
Annales Cambriae 42
Anselm von Canterbury: De libertate arbitrii 101
Anton von Halem, Gerhard: Ritter Twein 22
Arnold von Lübeck: Gregorius Peccator 10, 94–98
Augustinus: De civitate Dei 102 f.

Bartholomaeus Salernitanus 112
Beda Venerabilis: Historia ecclesiastica gentis Anglorum 42
Bernhard von Clairvaux 8, 13, 51 f., 76, 86, 114, 132
– De laude novae militae 13, 52, 76,
Berthold von Herbolzheim: Alexanderepos 38
Braunschweiger Reimchronik 96
Bussard 72

Chamisso, Adalbert: Der Arme Heinrich 109
Chanson de Roland 12
Chrétien de Troyes 10, 12 f., 38, 41, 43 f., 54 f., 132
– Cligés 132
– Lancelot 89, 132
– Yvain 10, 12, 14, 44, 70 f., 74, 78–80, 82 f., 89, 132
– Erec et Enide 10, 12, 26, 41, 44, 46–49, 56 f., 59–63, 65, 132
– Perceval 132

Decretum Gratiani 56
Dorst, Tankred: Armer Heinrich 109
Draco Normannicus 62

Eike von Repgow: Sachsenspiegel 83–85, 88
Eilhart von Oberge: Tristrant 36, 95, 132
Ein schöne merkwürdige Historie des heiligen Bischofs Gregorius auf dem Stein 97

Friedrich von Schwaben 46, 48
Füetrer, Ulrich
– Buch der Abenteuer 21, 72
– Iban 72

Geoffrey of Monmouth
– Historia regum Britanniae 42 f., 54, 56 f., 62, 74, 132

– Vita Merlini 56 f., 62
Gervasius von Tilbury: Otia Imperalia 9, 43, 95
Gesta Romanorum 10, 21, 96 f.
Gildas: De excidio et conquestu Britanniae 42
Giraldus Cambrensis: Topographia Hibernica 57
Gottfried von Straßburg: Tristan 7, 22, 24–26, 48, 72, 74, 133
Gottfried von Viterbo: Pantheon 9, 11, 42 f., 79
Guter Gerhard 14

Hauptmann, Gerhard: Der arme Heinrich 109
Heiligenleben 10
Heinrich von dem Türlin: Crône 20, 25 f., 33, 47 f., 124, 133
Heinrich von Veldeke: Eneas (auch: Eneit) 7, 12, 15, 24, 47, 53, 56, 66, 121
Henricus pauper 108 f.
Herbort von Fritzlar: Liet von Troye 47
Historia Brittonum 42
Historia Welforum 37
Homerus latinus 66
Honorius Augustodunensis
– Elucidarium 9, 66
– Imago mundi 66
Huch, Ricarda: Der arme Heinrich 109
Hugo von Macon: Gesta militum 14
Hugo von Trimberg: Renner 17, 73

Isidor von Sevilla: Etymologien 52, 57, 64, 66, 87

Jüngerer Titurel 48

Kaiserchronik 67, 108, 121, 132
Konrad von Stoffeln: Gauriel von Muntabel 26, 48
Konrad, Pfaffe: Rolandslied 12, 36, 40, 132
Kugler, Franz: Gregor auf dem Stein 97

Lamprecht, Pfaffe: Alexander 7, 12, 58
Liederhandschriften
– Große Heidelberger Liederhandschrift (C) 15, 18 f., 36, 123 f., 126–131
– Haager Liederhandschrift (s) 124
– Kleine Heidelberger Liederhandschrift (A) 15, 123 f.
– Mösersche Bruchstücke (m) 124
– Weingartner Liederhandschrift (B) 18, 123, 126–128, 130 f.
– Würzburger Liederhandschrift (E) 123 f.

Longfellow, Henry Wadsworth: The Golden Legend 109
Lucan: Pharsalia 63, 66
Lucidarius 9, 36, 133

Mann, Thomas: Der Erwählte 97
Marbach, Gotthold Oswald: Volksbuchausgabe 109
Marie de France: Lais Lanval 54, 132
Martin von Cochem: Außerlesen-History-Buch 21, 97
Meyer, Conrad Ferdinand: Huttens letzte Tage 109
Mostar, Gerhart Hermann: Der arme Heinrich 109
Myller, Christoph Heinrich 21, 109

Nepomuk, Johann Graf Mailáth: Auserlesene altdeutsche Gedichte 109

Otto von St. Blasien: Chronik 57
Ottokar von Steiermark: Österreichische Reimchronik 26
Ovid
– Ars armatoria 55
– Metamorphosen 66

Petrus Abaelard: Ethica 104
Pfitzner, Hans: Der arme Heinrich 109
Pleier: Meleranz 26
Pöhnl, Hans: Deutsche Volksbühnenspiele 109
Prosa-Lancelot 54, 133

Reinmar der Alte 26, 29, 123 f., 128, 131
Roman d'Eneas 12
Roman de Thebes 95
Rudolf von Ems 25
– Alexander 26, 38

– Willehalm von Orlens 26

Schwab, Gustav: Buch der schönsten Geschichten und Sagen für Alt und Jung 109
Schwabenspiegel 94
St. Trudperter Hohelied 118
Statius: Thebais 95
Stephan, Hanna: Die glückhafte Schuld = Gregorius auf dem Stein 97
Stricker
– Daniel vom blühenden Tal 133
– Karl der Große 94

Thomasin von Zerklaere: Welscher Gast 17, 33, 73

Ulrich von Zatzikhoven: Lanzelet 11, 14, 133
Un samedi par nuit 118

Vie du pape Gregoire 13, 95, 97
Visio Fulberti 119

Wace: Roman de Brut 43 f., 54, 74, 132
Wallersteiner Margarete 38
Walther von Châtillon: Alexandreis 58
Wappenbuch des Gallus Öhem 19
Werner, Markus: Bis bald 109
Wilhem von Conches: Philosophia 66
Wirnt von Grafenberg: Wigalois 47 f., 54, 94, 133
Wolfram von Eschenbach 7, 22, 25 f., 74
– Parzival 25, 27, 47 f., 54, 72, 133
– Titurel 54, 133

Y Goddodin 42

Zweites Büchlein 118

Ortsregister

Antipoden 57f.
Aquitanien 97–99, 105, 107
Au bei Freiburg 34f.
Aue/Owe 34f., 109
Augsburg 37
Avalon 43, 56f.

Badon (mons Badonis) 42
Bari 36
Bayern 37–39
Brabant 38
Brandigan 67–69
Braunschweig 36–38
Breziljan 75

Caradigan 48

Destregales 58

Eglisau am Rhein 34f.
Elisina 37
England 7, 91
Erfurter Weingärten 71

Frankreich 7, 11, 32, 91, 118, 122
Freiburg i. Br. 15, 18, 34f., 71
Friaul 49

Gelnhausen 41
Glasinsel 56f.
Grafenstein (Grabštejn bei Liberec) 15, 17, 72
Gunzenlee 37

Hagenau 11, 36, 79
Haspengau 38
Hattin 8
Heiliges Land 7f., 36
Hennegau 38

Ikonium 47, 57f.

Jerusalem 8, 13, 47, 99, 131f.

Kärlingen (Frankreich) 118

Karthago 66
Krakau 15f., 39

Lübeck 38, 95
Lüneburg 37, 96
Luntaguel 57
Lutra (Kaiserslautern) 64
Lüttich 38f.

Mainz 36, 130–132
Montpellier 9, 111
München 38

Niedernau 34f.
Nürnberg 58

Obernau 34f.
Owen a. d. Lauter 34f.

Paradies 58, 64, 68, 102f., 115
Penefrec 64

Reichenau 34f.
Rodenegg 15–17, 39, 71, 80
Rom 105–107
Rottenburg 34f.
Runkelstein bei Bozen 15, 17f., 72

Salerno 9, 111f., 114–116
Schmalkalden (Hessenhof) 15, 17, 71
Schwaben 37, 110
Spoleto 37

Tilleda (Kaiserpfalz) 91
Tintaguel 57
Tirol 17
Tolmein am Isinzo 49
Troja 42, 47, 66
Tulmein 49
Tuscien 37

Wales 42, 54, 80
Weißenau bei Ravensburg 34f.